やわらかアカデミズム
〈わかる〉シリーズ

よくわかる
インクルーシブ保育

尾崎康子/阿部美穂子/水内豊和

|編著|

ミネルヴァ書房

は じ め に

　近年，保育現場における障害児の保育の状況が，大きく変わってきています。地域によっては，つい最近まで障害児の受け入れに難色を示す幼稚園・保育所等があったことと思います。我々もそのような状況をとても悲しく思ったものでした。しかし，今では，障害児を取り巻く状況は大きく変わり，そのような障害児の受け入れ拒否は，障害児差別として違法になります。保育者は，これまでの障害児保育に対する概念を大きく変えなければなりません。

　一方では，障害児の保育に大変熱心な幼稚園・保育所等も多くあり，そのような施設の存在により，我が国の障害児保育は，素晴らしい保育実践を積み重ねてきました。それらの障害児保育の多くは，定型発達の子どもの集団に障害児を如何に適応させていくかという統合保育の概念で行われてきました。しかし，現在の障害児保育は，統合保育からインクルーシブ保育へと変換することが求められています。インクルーシブ保育とは，定型発達の子どもも障害児もそれぞれの特徴を認め合い，共に育ち合う保育です。このインクルーシブな取り組みは，国連が主導する国際的な取り組みであり，我が国では文部科学省の後押しによって着々と進められています。

　このように障害児の保育は，国際的な動向の中で大きく変わろうとしています。保育者も是非この動向を捉えて，障害児の保育をどのようにすべきかを考えてください。しかし，ただ上からの指示で障害児保育の概念を変更しなければならないというのではありません。インクルーシブ保育の概念は，何よりも障害児や社会的弱者である子どもの立場を尊重したものです。マジョリティーである定型発達の人々の社会に，マイノリティである障害の人々が入れさせてもらうという発想ではなく，障害も一つの個性と捉えて，定型発達とか障害とかの壁をなくしていこうとしています。もし，自分が障害をもつ当事者であったら，このような社会はとても住みやすいのではないでしょうか。

　我が国では，インクルーシブ保育の取り組みは始まったばかりです。まだまだインクルーシブ保育のあり方に混乱が見られますが，障害を持つ子どもと持たない子どもがともに健やかに育つように，我が国のインクルーシブ保育が充実することを期待しています。

2020年1月

編集者一同

もくじ

症例等名称の表記について

　本書内では，発達障害に関する名称として，「知的障害」，「自閉症スペクトラム障害」，「注意欠如・多動性障害」，「学習障害」を用います。これらは，アメリカ精神医学会の診断手引である DSM-5 日本語版に表記されている正式の診断名ではありませんが，本書では，社会的に広く用いられている名称を使用することにします。

　なお，以下に示すように，DSM，ICD（WHO の疾病分類），日本の行政や法律などでは，これまで様々な名称が使われてきました。これらの名称を文脈に応じて，本書で使用することがあります。

1. 知的障害に関する名称
① DSM-5

　知的能力障害［知的発達症/知的発達障害］（Intellectual Disability［Intellectual Developmental Disorder］）

② DSM-IV および DSM-IV-TR

　精神遅滞（Mental Retardation）

③ ICD-10

　知的障害（精神遅滞）Intellectual Disability（Mental Retardation）

④ 文部科学省「就学指導資料」（2002）

　知的障害

⑤ 精神薄弱の用語の整理のための関係法律の一部を改正する法律（1998）

　知的障害

2. 自閉症スペクトラム障害（ASD）に関する名称
① DSM-5
- 自閉スペクトラム症/自閉症スペクトラム障害（Autism Spectrum Disorder：ASD）
　＊「自閉スペクトラム症」が正式の診断名ですが，社会的に広く使われている「自閉症スペクトラム障害」が並記されています。

② DSM-IV および DSM-IV-TR
- 広汎性発達障害（Pervasive Developmental Disorders：PDD）
- 自閉性障害（Autistic Disorder）
- アスペルガー障害（Asperger's Disorder）

③ ICD-10
- 広汎性発達障害（Pervasive Developmental Disorders：PDD）

- 自閉症（Autism, Autistic disorder）
- アスペルガー症候群（Asperger's Syndrome）

④ 文部科学省「今後の特別支援教育の在り方について（最終報告）」(2003)

- 広汎性発達障害
- 自閉症（Autistic Disorder）
- 高機能自閉症（High-Functioning Autism）
- アスペルガー症候群

⑤ 発達障害者支援法（2004）

- 広汎性発達障害
- 自閉症
- アスペルガー症候群

3．注意欠如・多動性障害（ADHD）に関する名称

① DSM-5

注意欠如・多動症/注意欠如・多動性障害（Attention-Deficit/Hyperactivity Disorder：ADHD）

　＊「注意欠如・多動症」が正式の診断名ですが，社会的に広く使われている「注意欠如・多動性障害」が並記されています。

② DSM-IV および DSM-IV-TR

注意欠陥／多動性障害（Attention-Deficit/Hyperactivity Disorder：AD/HD）

③ ICD-10

多動性障害（Hyperkinetic Disorders）

④ 文部科学省「今後の特別支援教育の在り方について（最終報告）」(2003)

注意欠陥／多動性障害（Attention-Deficit/Hyperactivity Disorder：ADHD）

⑤ 発達障害者支援法（2004）

注意欠陥多動性障害

⑥ 日本精神神経学会『精神神経学用語集　改訂6版』(2008)

注意欠如・多動性障害（Attention-Deficit/Hyperactivity Disorder：ADHD）

4．学習障害（LD）に関する名称

① DSM-5

限局性学習症/限局性学習障害（Specific Learning Disorder）

② DSM-IV 及び DSM-IV-TR

学習障害（Learning Disorders）

③ ICD-10

学力の特異的発達障害（Specific developmental disorders scholastic skills）

④ 文部科学省「今後の特別支援教育の在り方について（最終報告）」(2003)

学習障害

⑤ 発達障害者支援法 (2004)

学習障害

第1部

理論編

第 1 章
インクルーシブ保育とは

　インクルーシブ保育は，国際的な枠組みであり，現在，多くの国で取り組まれています。この国際的な取り組みの経過を知ると，インクルーシブ保育の基本がよくわかります。インクルーシブ保育の具体的な取り組みを述べる前に，第1章では，まずインクルーシブ保育の基本として，その概念，歴史，そしてインクルーシブ保育が対象とする子どもについて学びます。

　なお，インクルーシブ保育の対象は，現在，障害のある子どもだけでなく，様々な特別な支援ニーズのある子どもに広げられています。しかし，本書では，我が国の保育現場でもっとも対応が求められている知的障害や発達障害の子どもに焦点をあてて，インクルーシブ保育について紹介していきます。

第1章 インクルーシブ保育とは

 インクルーシブ保育とは

1 インクルーシブ保育とは何か

　近年，幼稚園・保育所等の保育現場において，インクルーシブ保育に関心が寄せられています。インクルーシブ保育は，最初から障害の有無を前提とせず，すべての子どもを対象とし，一人一人が異なることを踏まえ，そのニーズに応じた保育を行うことを表わしています[◁1]。その際，子ども一人一人の多様性と基本的人権を保障して，どの子どもも保育の活動に参加することを実現させていくことが必要です[◁2]。

　これまで，保育現場における障害児への対応は，障害児保育の枠組みの中で行われてきました。我が国では，1974年に，厚生省から「障害児保育事業の実施について」が通知され，文部省からは「心身障害児幼稚園助成事業補助金交付要綱」などが出されたことにより，幼稚園と保育所における障害児保育が国の制度として始まりました[◁3]。そして，2007年に厚生労働省による障害児の受入促進事業が提示されると，保育現場で受け入れる障害児がさらに増加していき，今日に至っています。1970年代に障害児保育が行われるようになると，障害のある子どもを障害のない子どもの通常保育に入れて，それに適応させるという理念のもとに統合保育という名称が使われるようになります[◁4]。この統合保育は，最近ようやく保育システムの中に定着してきたところでした。そのため，インクルーシブ保育の導入にあたって，統合保育との違いがわからない，考え方の変更が難しい，どのような保育をすればいいかわからないなど，保育現場では少なからず混乱が見られます。

　インクルーシブ保育は，障害の有無にかかわらず共に育ちあう保育であり，子どものニーズに合わせて適切な配慮を行うことを目指す保育です。その理念とそれを実現する保育方法をしっかりと把握することが必要です。しかし，障害のある子どもと障害のない子どもが一緒の場で保育を受けるこれまでの統合保育の環境は，インクルーシブな環境であるともいえます。したがって，統合保育からインクルーシブ保育への転換にいたずらに翻弄されるのではなく，統合保育の実践の蓄積とその成果を大事にしながら，より子どものニーズに配慮したインクルーシブ保育を推進していくことが大切です。

▷1 山本佳代子・山根正夫（2006）．インクルーシブ保育実践における保育者の専門性に関する一考察：専門的知識と技術の観点から 山口県立大学社会福祉学部紀要，12，53-60。

▷2 浜谷直人（2014）．インクルーシブ保育と子どもの参加を支援する巡回相談 障害者問題研究，42，178-185。

▷3 1974年に，厚生省からは，「障害児保育事業実施要綱」を含む「障害児保育事業の実施について」の通知が出され，文部省からは「心身障害児幼稚園助成事業補助金交付要綱」と「私立幼稚園特殊教育費国庫補助金制度」が出された。

▷4 統合保育の詳細については，第1章2を参照。

② インクルーシブ教育・保育の国際的取り組み ◁5

　インクルーシブ保育は，比較的最近使われるようになった名称です。最初に
インクルーシブ教育が提唱され，その考え方を保育に取り入れてインクルーシ
ブ保育と呼ばれるようになりました。

　我が国でインクルーシブ教育の名称が公的に使われるようになったのは，
2006年に国連総会で採択された「障害者の権利に関する条約 ◁6（以下，障害者権利
条約）」の第24条にインクルーシブ教育システム（inclusive education system）と明
記されたことに始まります。インクルーシブ教育システムとは「人間の多様性
の尊重等を強化し，障害者が精神的及び身体的な能力等を可能な最大限度まで
発達させ，自由な社会に効果的に参加することを可能にするという目的のもと，
障害のある者と障害のない者が共に学ぶインクルーシブ教育の仕組み」です。
障害者権利条約は，我が国だけでなく世界各国の政府の合意を得たものであり，
この条約のもとに提唱されているインクルーシブ教育・保育は国際的な潮流と
して様々な国で実践されています。この国際的な時代にあって，我が国でもイ
ンクルーシブ教育・保育が行政の主導のもとに進められています。

③ インクルーシブ教育・保育と特別支援教育

　インクルーシブ教育が，障害のある者とない者が共に学ぶことであるならば，
障害のある子どもだけを対象にした特別支援教育は，インクルーシブな対応で
はないという意見もあります。この問題に対して，文部科学省は，「インク◁7
ルーシブ教育システムにおいては，同じ場で共に学ぶことを追求するとともに，
個別の教育的ニーズのある幼児児童生徒に対して，自立と社会参加を見据えて，
その時点で教育的ニーズに最も的確に応える指導を提供できる，多様で柔軟な
仕組みを整備することが重要である」として，特別支援学級や特別支援学校な
どの多様な学びの場を用意しておくことが必要であるという立場をとっていま
す。したがって，我が国の行政では，特別支援教育がインクルーシブ教育の理
念と相反するものではないと捉えて，教育施策を展開しています。これは，保
育においても同様の考え方といえます。

④ インクルーシブ教育・保育の対象 ◁8

　インクルーシブ教育・保育は，障害児保育との関係で言及されることが多い
ですが，インクルーシブ保育が対象としている特別なニーズをもつ子どもとし
て，障害をもつ子どもだけではなく，宗教的，人種的，性的などのマイノリ
ティの人々を含めることが提言されていますが，本書では，保育現場で関わる
ことの多い障害をもつ子ども，主に発達障害の子どものインクルーシブ保育に
ついて記載しています。

　　　　　　　　　　　　　　　　　　　　　　　　　　　　（尾崎康子）

▷5　インクルーシブ保育
の国際的取り組みの詳細に
ついては，第3章コラム6
を参照。

▷6　本条約は，2006年に
国連総会で採択された。日
本政府は，障害者基本法の
改正，障害者差別解消法の
成立など必要な国内法令の
整備等を進めた上で，2014
年に批准した。教育につい
ては第24条に記載されてお
り，同条約が求めるインク
ルーシブ教育システムの定
義が示されるとともに，障
害のある者が一般的な教育
制度から排除されないこと，
自己の生活する地域におい
て初等中等教育の機会が与
えられること，個人に必要
な「合理的配慮」が提供さ
れること等が必要であるこ
とが明記されている。
条約の本文については，以
下を参照。
http://www.mofa.go.jp/mo
faj/files/000018093.pdf

▷7　「共生社会の形成に
向けたインクルーシブ教育
システム構築のための特別
支援教育の推進（報告）」
（中央教育審議会初等中等
教育分科会　平成24年7月
23日）において記載されて
いる。
中教審初等中等教育分科会
報告【1-(1)】
http://www.mext.go.jp/b_
menu/shingi/chukyo/chuk
yo3/044/houkoku/132166
7.htm

▷8　インクルーシブ保育
の対象の詳細については，
第1章コラムを参照のこと。

第1章　インクルーシブ保育とは

 # インクルーシブ保育と統合保育

① 分離された教育から統合教育へ

　インクルーシブ保育は，従来の「統合保育」から発展した，新しい保育のあり方です。両者は何が違うのでしょうか。その違いを理解するためには，障害児教育の歴史を知っておく必要があります。

　かつて障害児には，定型発達児から分離された場での「特殊教育」が主流でした。わが国には「療育」という独自の概念も存在します。療育とは，「医療，訓練，教育など現代の科学を総動員して障害をできるだけ克服し，その子どもが持つ発達能力をできるだけ有効に育て上げ，自立に向かって育成すること」[1]であり，子どもの発達評価や発達促進，家族への支援などが含まれます。障害のはっきりした子どもたちには，こうした専門的な支援が必要です。

　一方，分離政策は，障害者への差別や偏見[2]を背景に，「定型発達児と生活の場を共にしたい」という障害児本人や家族の願いを長らく阻み続けてきました。1950年代末，デンマークでノーマライゼーションの理念[3]が提唱され，またたく間に世界中に広がると，障害児教育にも改革が始まり，統合教育の理念が生まれるに至ったのです。

② 統合教育の理念と実際

　統合教育とは，「障害のある子どもを対象にして，通常の教育の中で特別な教育を施す」ことを意味します。始まりは1975年，米国の「全障害児教育法」です。すべての障害児に「可能な限り統合教育を進める」ことが規定されており，当時としては非常に画期的な政策理念でした。

　しかし，統合教育には思ったほどの効果がみられませんでした。要因として，統合教育では定型発達児を中心とした通常の教育への参加を前提とすることが挙げられます。通常の教育の内容自体を変えようという発想ではなく，障害児本人をその場へ適応させることが重視されました。加えて，そのための方法論や支援体制にかんする議論が不十分でした。その結果，障害児を通常の教育の中に「投げ込む（ダンピング）」事態がしばしば起こりました。これでは，障害児本人に苦痛とストレスを与えるだけになります。

　また，統合教育の対象は，政策上，障害と認定されたわずか2％の子どもに限られていました。当時の調査報告書で18％は存在すると想定されていた「特

▷1　高松鶴吉（1990）.療育とはなにか　ぶどう社, 108-117.

▷2　ゴールトン（Goulton, F.）が『人間の知性とその発達』（1983）で「優生学」という用語を使用した。

▷3　デンマークのバンク・ミケルセン（Bank・Mikkelsen, N. E.）が概念化した障害児教育・障害者福祉の理念。親たちによる「障害があっても，健常な子どもと同じように生活することがノーマルではないのか」という処遇改善の訴えが始まりといわれる。

▷4　1978年の英国の障害児調査委員会による報告書（「ウォーノック報告」）。これを受けて英国では1981年，「特別な教育的ニーズを持つ子ども」という概念を定義した教育法が制定された。

別な教育的ニーズを要するが，障害とは認定されない子どもたち」は，依然として教育現場の中で放置され続けていたのです。

③ インクルーシブ教育の登場

1994年，ユネスコとスペイン政府は「特別なニーズ教育に関する世界大会」を共催し，そこで提唱された「サラマンカ宣言」と行動大綱において，インクルーシブ教育という新たな理念が登場しました。インクルーシブ教育では，障害と認定された子どもだけを対象とするのではなく，「すべての子どもがユニークな性格，興味，能力と教育的ニーズをもっている」ことを前提に，その中で「特別な教育的ニーズを有する子どもに対しては，効果的な教育を確保するために特別な援助が必要」だと考えます。障害やその特性をもつ子どもを通常の教育に適応させるのではなく，一人ひとりのもつユニークな教育的ニーズに合わせて，ときにはオーダーメイドの教育も行っていく，という発想の転換が，統合教育とインクルーシブ教育の違いといえるでしょう。

背景には，「障害者のニーズとその満たし方を最もよく知る者は障害者自身である」という障害者の自立生活運動を通じて，従来の「医学モデル」に代わり「社会モデル」の理念が広く浸透したことの影響が考えられます。また，今日インクルーシブ教育の対象には，多くの「自閉スペクトラム症」の特性をもつ子どもが含まれますが，「障害」と「非障害」を区別せず連続体と捉える「スペクトラム」という概念が登場したのも，ちょうどこの時期でした。

④ フルインクルージョンをめぐる議論

インクルーシブ教育における特別な援助には，定型発達児と共に学ぶ場（通常学級など）で行う「合理的配慮」のほかに，特別な教育的ニーズに対してより専門的・個別的に行う「専門的支援」があります。専門的支援はどこで行うのがよいでしょうか。すべての配慮・支援を通常学級の中だけで行う「フルインクルージョン」は，本当に望ましい方法だといえるでしょうか。

この疑問に対して，欧米では数多くの議論が重ねられています。米国のメジホフ（Mesibov, G.）らは，これらの文献をまとめ，フルインクルージョンが効果を発揮するのは主に障害の軽い子どもたちであり，障害の重い子どもの場合は，環境的・人的な配慮の行き届いた特別支援学校や特別支援学級を併用する方が効果的であると述べています。サラマンカ宣言と行動大綱を世界で初めて公約に掲げた英国ブレア政権の政策文書でも，「分離した教育措置も，特定の目標のためには必要」だと意義を認めています。

インクルーシブ保育においても，保護者の理解と協力のもと，専門的支援を担う療育センターや児童発達支援事業所，相談機関と連携や役割分担しつつ，保育集団の中で合理的配慮が行えるとよいでしょう。　　　　　　（日戸由刈）

▷5 「医学モデル」では障害を個人の問題として捉え，訓練による適応と行動変容を目標とする。「社会モデル」では障害を社会によってつくられた問題とみなし，社会参加に必要な環境の変更を社会全体に求める。統合教育は医学モデルの影響が強い時代に展開されていた。

▷6 ウィング（Wing, L.）は1996年に The Autistic Spectrum を出版した（日本語版は1998年，東京書籍）。

▷7 「合理的配慮」は，障害者権利条約の締結に向けた国内法として2013年に制定された障害者差別解消法で明示された。障害者からの社会的障壁の除去を求める意思表明に対し，「過度の負担」のない範囲で対応することを意味する。

▷8 Mesibov, G. & Shea, V. (1996). Fullinclusion and students with autism. *Journal of Autism and Developmental Disorders*, 26(3), 337-346 を参照。

（参考文献）
中村満紀男・荒川智（編）(2003). 障害児教育の歴史　明石書店.
清水貞夫・藤本文朗（編）(2005). キーワードブック障害児教育（第3版）クリエイツかもがわ.

第1章　インクルーシブ保育とは

3 インクルーシブ保育の対象となる子ども

▷1　「障害者の権利に関する条約」に関しては，第1章1を参照のこと。

▷2　多様なニーズをもつ人々については，第1章コラムを参照のこと。

▷3　UNESCO (2009). Policy guidelines on inclusion in education.

▷4　文部科学省では自閉症と表記するが，DSM-5では，自閉スペクトラム症（ASD）という。

▷5　文部科学省では学習障害と表記するが，DSM-5では限局性学習障害（SLD）という。

▷6　文部科学省では，注意欠陥多動性障害と表記するが，DSM-5では注意欠

1　インクルーシブ教育・保育はだれのためのものか

　我が国でインクルーシブ保育が推進されてきた背景には「障害者の権利に関する条約[1]」の批准があります。そのため，主に障害児を対象にしたインクルーシブ保育が進められてきました。しかし，「インクルーシブ（inclusive）」の語源である「インクルージョン（inclusion）」は，一人一人の子どもや大人が，それぞれの違いを尊重しながら共生していくという理念に基づいています。そのためインクルーシブ保育の対象を，障害だけでなく社会的な多様なニーズ[2]をもつ人々をも広く含めることが提言されています。ユネスコ（国連教育科学文化機関）は，そのガイドライン[3]において，インクルーシブ教育・保育は，ジェンダーにかかわらず，民族的及び言語的マイノリティ出身の子ども，過疎地に住む子ども，HIVやAIDSに罹患した子ども，そして障害や学習困難をもつ子どもなどを含む全ての子どもに提供するものであることを明記しています。

　わが国のインクルーシブ保育では，このような多様な社会的ニーズに応える受け入れ態勢が整っていないのが現状ですが，昨今の国際化の進展に応じて多様なニーズをもつ子どもが増加していくことは確実であるため，早急な対策が求められます。

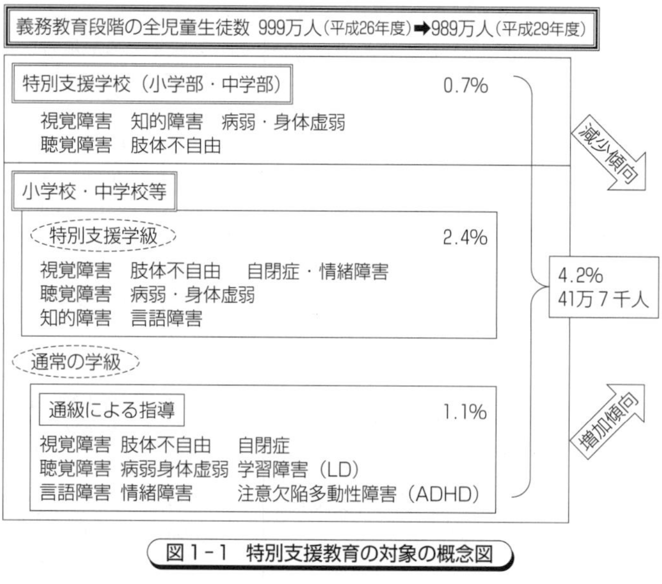

2　インクルーシブ教育・保育が対象にする障害の種類

　インクルーシブ教育・保育が対象にする障害のある子どもといっても，障害の種類は多様であり，その程度も様々です。そして，その種類や程度によって，教育や保育における対応や配慮も異なってきます。

　特別支援教育における障害の種類とその程度についてみると（図1-1），特別支援学校では，視覚障害，聴覚障害，知的障害，肢体不自由，病弱・身体虚弱が対象です。そして，通常の小

義務教育段階の全児童生徒数　999万人（平成26年度）➡989万人（平成29年度）

特別支援学校（小学部・中学部）	0.7%
視覚障害　知的障害　病弱・身体虚弱 聴覚障害　肢体不自由	

減少傾向

小学校・中学校等

特別支援学級	2.4%
視覚障害　肢体不自由　　自閉症・情緒障害 聴覚障害　病弱・身体虚弱 知的障害　言語障害	

通常の学級

通級による指導	1.1%
視覚障害　肢体不自由　　自閉症 聴覚障害　病弱身体虚弱　学習障害（LD） 言語障害　情緒障害　　　注意欠陥多動性障害（ADHD）	

4.2%
41万7千人

増加傾向

図1-1　特別支援教育の対象の概念図

出所：文部科学省（2018）.

中学校に設置されている特別支援学級には，一般的に，特別支援学校よりも障害の程度が比較的軽い子どもが在籍しています。特別支援学級では，自閉症・情緒障害と言語障害も対象になります。さらに障害の程度が軽い子どもは，通常の学級に在籍している傾向にあります。通常の学級には，学習障害（LD），注意欠陥多動性障害[◁6]（ADHD），高機能自閉症[◁7]などの発達障害の可能性のある子どもが在籍しており，その割合は6.5%[◁8]といわれています。インクルーシブ教育では，これらの多様な障害のある子どもを対象としています。

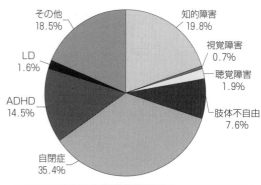

図1-2 保育所における障害児の障害の種類の内訳

その他 18.5%
知的障害 19.8%
視覚障害 0.7%
聴覚障害 1.9%
肢体不自由 7.6%
自閉症 35.4%
ADHD 14.5%
LD 1.6%

出所：日本保育協会（2015）.

幼稚園・保育所等においては，まだ診断が確定されていない子どもも含めて，障害の程度が比較的軽度の子どもが在籍している傾向にあります。障害が診断されている子どもについては，図1-2の保育所における障害児の種類の内訳（日本保育協会，2015）[◁9]で示されるように，保育の場では，知的障害そして自閉症，ADHD[◁10]，LD[◁11]などの発達障害の子どもが多いことが分かります。

③ 障害の定義

幼稚園・保育所等では，知的障害や発達障害以外にも視覚障害，聴覚障害，肢体不自由などの障害のある子どもが在籍しているので，それらの障害の定義を下記に示します。

- 視覚障害とは，目でものを見る機能が永続的に低下している状態のことです。視覚障害の状態によって，視覚情報の活用が困難な「盲」と矯正視力が0.3未満の「弱視」に大別されます。
- 聴覚障害とは，聴覚機能に何らかの損傷が起き，聞こえに障害がある状態のことです。聞こえの程度は，どのくらいの大きさの音（dB）が聞けるかで判定します。WHOの分類では，聴力レベル26～40dBを軽度難聴，41～55dBを中等度難聴，71～90dBを重度難聴としています。補聴器が必要となるのは40dB以上です。
- 肢体不自由とは，上肢や下肢，体幹の機能に永続的な障害があり，運動や動作に不自由がある状態のことです。例えば，上下肢の生得的な欠損や中枢神経系の病気などで生じる障害があげられます。
- 言語障害には，音を作り出すスピーチの能力の障害と語彙や文法を理解したり使ったりするランゲージの障害があります。スピーチの障害には構音障害，吃音，音声障害などがあり，ランゲージの障害には言語発達の遅れなどがあります。

（尾崎康子）

如多動症（ADHD）という。

▷7 高機能自閉症とは，知的障害を伴わない自閉症を言う。なお，文部科学省ではこの表記を用いているが，DSM-5の正式な診断名ではない。

▷8 通常学級における発達障害の児童生徒の在籍率は，通常の学級に在籍する発達障害の可能性のある特別な教育的支援を必要とする児童生徒に関する調査によって，6.5%前後であることが示された。なお，これは，実際に発達障害の診断を受けた児童生徒数の割合を示すものではない。

▷9 社会福祉法人日本保育協会は，2015年に，全国認可保育所に対し層化無作為抽出法を行い，10分の1に当たる約2,400施設を対象として，保育所に在籍する障害児の障害種類と人数の調査を行った。

▷10 LDは，就学後に診断されることが多いため，幼児期には発達が気になる子として扱われていることが多い。

▷11 インクルーシブ保育の対象となる発達障害については，第1章コラム1を参照。

コラム 1

特別な支援ニーズのある子ども(1)——発達障害

1 発達障害の特性を有する子どもたち

発達障害とは，自閉スペクトラム症（ASD），注意欠如・多動症（ADHD），学習障害（LD）などを指します。これらは，それぞれに特有の行動特性を根拠に，専門医により診断されます。診断される程度ではないが類似の行動特性を有する子どもは，「発達の気になる子」，「グレーゾーン」と呼ばれたりします。

インクルーシブ保育の対象には，こうした子どもたちも含まれ，以下に述べる行動特性に基づく特別な支援ニーズへの対応が求められます。

① 自閉スペクトラム症（ASD）

ASD は「社会的コミュニケーションおよび対人的相互反応」と「行動，興味，または活動の限定された反復的な様式（こだわり）」の 2 領域の行動特性により診断されます。後者には，感覚刺激に対する過敏さまたは鈍感さも含まれます。

幼児期には，言語発達の遅れ，相互的な会話の難しさや奇妙さ，話題の偏りが目立ちます。また，自分なりのやり方や手順へのこだわり，反復的・儀式的な行動，限定的な興味や執着の強さなどもみられます。対人共感性が弱く，集団場面では友達同士の関わりにあまり関心を示しません。一斉指示で皆と一緒に行動することが難しく，自分のペースや関心に沿って動いてしまうため，しばしば個別的な関わりを必要とします。

これらの行動の背景には，物事の理解や感じ方における「ASDの学習スタイル」が想定されています。

たとえば，ASD の人たちは，瞬時に複数の要素に注目し内容を把握すること，直感的に相手の意図や要点を捉え，社会的に判断することが苦手です。人より物や活動に注目しがちで，口頭指示の理解や人とのやりとりにも困難を感じるようです。ゆえに，状況や文脈から外れた行動やこだわりが目立ってしまいます。

また，ASD の人たちの多くは，感覚刺激の衝撃を調整することが難しいようです。ガヤガヤした教室の中では，1 対 1 の静かな環境であればわかるような事柄でも理解できなくなり，刺激に圧倒されて自発的に動けず，活動のとりまとめが難しくなってしまいます。

ASD の特性をもつ子どもには，「するべきことを視覚的にわかりやすく順序立てて呈示する」ことや「教室内の不要な刺激（音声言語での長々とした指示を含む）をできる限り減らす」などの対応が，特別な支援ニーズに合致した「合理的配慮」と考えられます。

② 注意欠如・多動症（ADHD）

ADHD は「注意の欠如，多動，衝動性」という 3 つの行動特性からなる行動的症候群です。主に就学後に，これらの行動が発達水準に不相応な状態で見られ，生活上支障をきたす場合に診断されます。

ただし，幼児期の時点でも多動や衝動性が目立ち，親からは「目が離せない。何度注意してもダメ」という訴えがしばしば聞かれ，叱責がエスカレートすることも少なくありません。周囲からは，しつけの問題や甘やかしだとみられることもあります。

集団場面では，座っていられず，先生の話が聞けず，

順番が待てません。友達と楽しく遊んでいたかと思えばちょっかいを出し，相手の物を勝手に触るなどして，トラブルが絶えません。持ち物管理が苦手で，忘れ物や失くし物が多いのも特徴です。先生や友達から叱責され疎まれることが増え，「悪い子」と捉えられて，子ども自身が自己肯定感を低下させてしまいがちです。

　これらの行動の背景には，特有の実行機能の弱さが想定されています。実行機能とは，「計画を立てる（プランニング）」「目標を覚え続けている（ワーキングメモリー）」「衝動をコントロールする（抑制）」などの要素から構成されます。

　ADHDの子どもは衝動性や注意の問題から，自分の行動の結果を予測することが困難です。トラブルを防ぐためには，場面や活動ごとに具体的な「約束」を伝える必要があります。トラブルが起きた場合は，本人にとっても「想定外」の出来事で意図的ではないと理解し，過度な叱責や反省の要求は控えましょう。

　また，ワーキングメモリーの弱さを補うために，子どもへの指示は内容を1つか2つに絞りましょう。さらに，気になる物が目に入ると，今何をすべきかを見失ってしまいます。壁の掲示物を整理する，机の上には今使うものだけを出すなど，教室環境をシンプルにすることも効果的な「合理的配慮」となります。

③ 学習障害（LD）

　LDは，「全般的な知的発達に遅れはないが，聞く，話す，読む，書く，計算する，推論するなどの特定の能力の習得と使用に著しい困難を示す」状態を指します。[2] 就学後，学習上のつまずきで明らかになりますが，幼児期から手先の不器用さや目と手の協応の苦手さ，音韻認識の弱さなどがみられる場合もあります。

　一般に，手先や言葉の発達は，粗大運動を通じた体幹の発達や様々な感覚の経験が基盤となって促進されます。幼児期には，不器用な子どもに限らず，スキル練習よりも，体を使う外遊びや，多様な素材に触れて

遊ぶ経験の蓄積が，最も大切な支援と考えられます。

2　アセスメントと保護者支援

　発達の気になる子どもの状態は，多様で複雑です。保育の導入期には，日常生活の支障になっている特性と，強みとして活かせる特性のアセスメントから始めましょう。ポイントは，保育者にとって困ること，子どもの苦手なことばかりに着目するのではなく，子どものできそうなこと，得意なことや興味のあること，安心感のもてる場所や相手を，日々の関わりや観察を通して具体的に把握することです。

　また，アセスメントや支援計画の内容を，保育者同士や保護者との間で共有する機会をもちましょう。子どもを取り巻く大人が共通の目標をもち，一貫性のある対応をすることは，何より効果的な支援となります。

　最後に，発達が気になる子どもの保護者に対して，想定される障害や診断名を挙げて，不安を煽ることは控えます。日常的な子育ての大変さに共感しつつ，園での子どもの具体的な行動を挙げて，「〜のように対応をしたら，うまくできました」など，日々の配慮や工夫を肯定的な表現を用いて報告しましょう。また，就学への気がかりが残る場合は，保護者に小学校への事前相談や公開授業などの参観を助言し，了解を得てから引き継ぎを行うとよいでしょう。

▷1　日本精神神経学会（日本語版用語監修），高橋三郎・大野裕（監訳）（2014）．DSM-5精神疾患の診断・統計マニュアル　医学書院．
▷2　文部省（1999）．「学習障害児に対する指導について」http://www.mext.go.jp/a_menu/shotou/tokubetu/material/002.htm（2019年7月14日閲覧）
▷3　メジボフ他（2007）．TEACCHとは何か——スペクトラム障害の人へのトータル・アプローチ——　エンパワメント研究所．

（日戸由刈）

コラム 2

医学的に見た発達障害

1 知的・発達障害の診断

知的・発達障害の診断にあたって日本の医療現場でもっとも多く使用されている基準は，世界保健機関WHOの「国際疾病分類（ICD）」と，アメリカ精神医学会の「精神障害の診断と統計の手引き（DSM）」です。知的・発達障害は，ICD-10 でいう「F70-79 知的障害」「F80-F89 心理的発達の障害」に，DSM-IV では「通常，幼児期，小児期または青年期に初めて診断される障害」として分類されていましたが，それぞれの改訂版である ICD-11（2018年 6 月改定），DSM-5（2013年 5 月改定）では「神経発達症群（Neurodevelopmental disorders）」にまとめられ，二つの基準で異なっていた診断名（広汎性発達障害と自閉症スペクトラム障害など）がほぼ一致することとなりました。

2 知的・発達障害の病態

知的・発達障害は先天性，および発達期のさまざまな原因によって生じた脳障害による行動，認知機能障害ととらえられています。脳科学研究の進歩により，脳の部位がそれぞれ異なる機能を担っていること（脳の機能局在）がわかってきました。そして，それぞれの部位で担っている機能を統合して，高度なヒトの行動，認知機能を作り出していることも，徐々に明らかにされてきています（図1-3）。この脳の高度な行動，認知機能は生まれたときから完成されているわけではなく，幼小児期から成人期にかけて，脳のそれぞれの部位の機能は様々な経験や学習によって向上し，統合

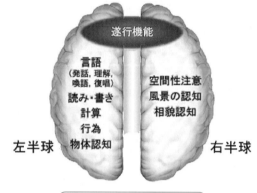

図1-3 大脳半球の機能局在

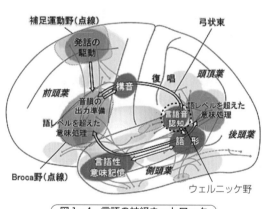

図1-4 言語の神経ネットワーク

されて完成していきます。成人で頭部外傷や脳梗塞などの病気により，この脳の高度な行動，認知機能が障害されると高次脳機能障害となります。例えば，左上側頭回の後部（ウェルニッケ野）が障害されると，言葉を聞いて理解することが困難となるウェルニッケ失語といわれる状態になります（図1-4）。成人の高次脳機能障害の特徴は，すでに獲得されている高度な行

動，認知機能が低下，もしくは失われることにあります。知的・発達障害も，この脳の高度な行動，認知機能の障害ですが，生まれつき，もしくは出生後早期のさまざまな要因により脳の一部，もしくは多くの部分の機能が低下，もしくは失われていることにより，発達過程において高度な行動，認知機能のスムーズな向上，獲得が困難な状態ということができます。

3 知的・発達障害の要因

　知的・発達障害は脳の形態・機能に影響を与える様々な要因が原因となります。遺伝子異常や出生時の低酸素など，先天的もしくは出生後早期の脳機能の障害が原因と考えられていますが，特に自閉症では1950年から1970年代にかけて，親の育て方が原因だと考えられていた時期がありました。現在では多くの研究により，この考え方は否定されています。しかし，その後の知的・発達障害が，先天的もしくは出生後早期の脳機能の障害が原因だという考え方は，環境要因を排除してしまうという別の誤解を生む可能性を指摘されるようになりました。そして，「脳は遺伝要因と環境要因の両方の影響を受けながら発達していくものであり，先天的要因のみで，もしくは環境的要因のみで，すべてが決定されているという考え方は間違いである。先天的要因と環境要因の両方が重要であるという大前提のもとに，発達に関する研究や議論を進めるべきである。」と考えられるようになってきています。たしかに自閉症スペクトラム障害では候補となる遺伝子異常が多数報告されていますが，同じ遺伝子異常をもっていても自閉症スペクトラム障害を発症するのはごく一部です。また，近年増加している発達障害児の存在（図1-5）は遺伝的な要因のみでは説明できず，発達障害への関心の高まり，診断の拡大解釈といった理由を含めても説明できません。このようなことから，発達障害の発症には環境要因が関与していることが強く示唆されますが，水銀などの環境物質，妊娠中のビタ

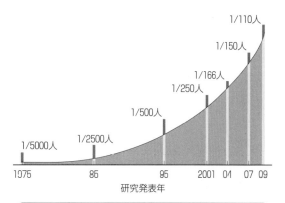

図1-5　自閉症スペクトラム障害と診断される子どもたちの増加

出所：Weintraub, K. (2011). "The prevalence puzzle: Autism counts" *Nature*, 479, 22-24.

ミン不足，メディアの視聴時間といった環境要因のみでは説明することができません。しかし，この数十年で子どもたちの生活環境は大きく変化しています。この生活環境の変化に影響を受けやすいタイプの子どもたちと受けにくい子どもたちがいるという視点で，もう一度，子どもたちの生活環境を考えていく必要があるのではないでしょうか。

▷1　石合純夫（2014）．高次脳機能障害の定義—病巣と症候の整理—　*Jpn J Rehabil Med*, 51, 771, 773
▷2　鷲見聡（2015）．環境要因の影響について　脳と発達　47, 220-224.
▷3　杉江陽子・杉江秀夫（2012）．自閉症スペクトラム障害の発症脆弱性と環境　精神神經學雑誌, 114, 928-933.

（宮　一志）

特別な支援ニーズのある子ども(2)
──人種的, 言語的, 性的マイノリティ他

1　特別な支援ニーズのある子どもとは

　保育現場では, 落ち着きがない, 友だちとうまく遊べない, 言葉によるコミュニケーションが難しいなど, 保育者にとって「気になる」子どもたちがいます。これまで子どもの「気になる」背景の一つには, 診断が早期に確定しない発達障害などが想定されてきました。▷1 しかし最近, 保育者からは, これらとは異なる子どもたちの様子が語られています。例えば, 「何日も同じ服を着ていて臭いがする」「給食をむさぼるように食べる」「ちょっとしたことでキレやすく友だちに対して暴言・暴力を繰り返す」「何事に対しても意欲を示さない」などといった姿です。

　このような子どもたちには, 保育の様々な場面において, 保育者が個別に対応し, 保護者と綿密に連絡をとるなど, より丁寧なかかわりがもたれています。つまり, このようなかかわりや個別の配慮がなければ, この子どもたちは集団への参加が難しいばかりか, 安心して園での生活を送ることができず, 成長・発達にも影響を及ぼしてしまうのではないかと懸念されているのです。保育における一般的な対応に加えて, 一人ひとりに合わせた個別的な対応が必要な子どもたちを「特別な支援ニーズのある子ども」と呼びたいと思います。

　少し時代は遡りますが, ユネスコ（国連教育科学文化機関）は, サラマンカ声明において「特別なニーズ教育」という概念を提起しました。▷2 この声明では, 障害のある子どもの他に, 不登校や学校不適応状態にあ

る子ども, 心身症や神経症などの心理的に不安定な子ども, 慢性疾患があり病気療養中の子ども, 非行・いじめ・被虐待などの状態にある子ども, 外国籍の子どもや帰国子女などの中に「特別な教育的配慮を要する子ども」がおり, 学校は, この子らを含む「すべての子ども」を受け入れなければならないと提起しました。

　この声明から30年を経て, 2006年に国連では「障害者の権利に関する条約」（以下, 「障害者権利条約」）が採択され, 日本は2014年に批准しました。この条約の基本理念として「ソーシャル・インクルージョン」の実現が掲げられ, それにつながる基礎として, すべての子どもたちを包摂（インクルーシブ）する保育・教育の実践が求められています。

　また, 保育所保育指針では, 「解説」において, 障害のある子どもへの特別な配慮を求めるとともに, 「外国籍家庭や外国にルーツをもつ家庭, ひとり親家庭, 貧困家庭等, 特別な配慮を必要とする家庭では, 社会的困難を抱えている場合も多い」と（第4章2（2）ウ）し, 支援の必要性について述べています。

　さらに, 幼稚園教育要領では, 第1章に「第5　特別な配慮を必要とする幼児への指導」という節が設けられ, その「解説」では「各幼稚園では, 障害のある幼児のみならず, 教育上特別の支援を必要とする幼児が在籍している可能性があることを前提に」（第1章第5節1）すべきと記されています。

　障害者権利条約・保育所保育指針・幼稚園教育要領などで述べられていることを整理するならば, ①診断・判定などの有無にかかわらず, 個別的な配慮を必

要とする子どもが保育現場に存在しており，それを保育実践の前提とすること。②このような子どもの背景には旧来の「障害」に限らないものがあり，それらへの適切な対応が，可能な限り通常の保育現場に包摂（インクルーシブ）された状況において求められること。③子どもたちの健やかな成長・発達を保障し，保育現場がこの子らの「居場所」となるために，保育者には「特別な支援ニーズ」に対応する知識・技量が求められること，などがいえます。

さて，「特別な支援ニーズのある子ども」という言葉が，新たなスティグマ[◁3]をつくるのではないかといった懸念もあります。筆者は，将来的にはこの言葉自体が解消されるべきものと考えますが，現状においては「ニーズ」を可視化することにより，その権利性と対応の必要性を明らかにすべきであると考えています。つまり，ニーズに適切な対応をせずに子どもを集団に入れただけでは，結果として，保育現場がニーズのある子どもの居場所にはならず，ダンピング（投げ込み）として「排除」することにつながりかねないのです。

2　セクシャルマイノリティの子ども

人間の性（セクシャリティ）は，これまで「男性―女性」といった二元論で捉えられてきましたが，今日ではそれにとどまらず，一人ひとり異なる多様さ，豊かさがある多元的なものと考えられています。

性は，次の3つの要素から考えることができます。まず，身体の特徴が女性か，男性か，それ以外かといった「生物学的な性」（からだの性）です。次に，からだとは別に，自分が女性と感じるのか，男性と感じるのか，その他なのかなど，どのような性に帰属意識をもっているかという「性自認」（こころの性）があります。そして，恋愛感情や性的関心がどのような性別に向いているのかという「性的指向」です。

最近，LGBT という言葉を聞くことがあると思い

ます。これは，①レズビアン＝「L」，②ゲイ＝「G」，③バイセクシャル＝「B」，④トランスジェンダー＝「T」のそれぞれの頭文字をとって表現したものであり，先に述べた性にかかわる3つの要素について，その多様さの一端を示しています。さらに，最近ではそれらに加え LGBTQ[◁4] といった表現や SOGI（Sexual Orientation and Gender Identity）といった考え方も提起されています。SOGI とは，セクシャリティをある基準・尺度に基づいて「マジョリティ―マイノリティ」に分けるのではなく，誰もが多様な性の当事者であり，その在り様は一人ひとり異なるといった包括的視点として用いられています。

保育現場において特に配慮を要するのは，トランスジェンダーの子どもです。ある調査によると，FTM[◁5][◁6]のおよそ7割が，また MTF[◁7] の3割が小学校入学以前に性別違和を自覚したと回答しています。

保育現場では，保育者の意図の有無にかかわらず，たびたび男女のグループに分けられ，そこでの振る舞い方として「男の子らしさ」「女の子らしさ」が求められることがあります。また，名前カードの文字や縁取りは「男の子は青，女の子はピンク」であったり，発表会の演目も「男の子」と「女の子」で分けられることがあります。遡及的なものではありますが，当事者の語りからは，自分が女子（あるいは男子）として括られることへの違和感とともに，指定された色・グループとは「違う方がいい」と意思表示をしても，保育者には受け入れられず，幼児期から自分の本音とは別に，大人の顔色をうかがいながら振る舞ってきたと語る人もいます。

日々の保育実践を通して，保育者自身の中にあるジェンダーバイアスを相対化するとともに，性にかかわる言動によって傷ついたり，戸惑ったりする子どもたちがいるかもしれないことを想定した取り組みが求められます。セクシャルマイノリティの子どもは，保育現場に「居ない」のではなく，そこでのニーズを

「言えない」のかもしれません。

3　子どもの貧困

「国民生活基礎調査」（厚生労働省，2015年）によると，OECD（経済協力開発機構）の基準に基づき算出された日本の子どもの貧困率は13.9％であり，子ども7人に1人が貧困の状態にあるといわれています。これは，2013年調査の16.3％からは改善傾向にあるものの，いまだに深刻な状況といえます。一方，ひとり親世帯の貧困は50.8％であり，2人に1人の子どもが貧困の状態にあります。ひとり親世帯では，例えば母子世帯の就業率が8割を超えているにもかかわらず，非正規就業率が4割と高く，平均年間就労収入は200万円にとどまっている状況が背景にあります。

2014年には「子どもの貧困対策の推進に関する法律」が施行されました。その第1条には「この法律は，子どもの将来がその生まれ育った環境によって左右されることのないよう，（中略）子どもの貧困対策を総合的に推進することを目的とする」と規定されています。つまり，子どもの貧困は，その状況下にある「いま，ここ」だけではなく，「子どもが経済的困窮の状態におかれ，発達の諸段階におけるさまざまな機会が奪われた結果，人生全体に影響をもたらすほどの深刻な不利を背負ってしまうこと」という認識が必要です。

保育現場においては，このような困難を抱えている子どもと保護者に「気づく」ことから対応が始まります。保護者の中には，今日の社会情勢や労働環境の影響を受けて「自己責任論」を内面化している人も少なくありません。保育者に対して「貧困の状態にあって生活が苦しい」といった生活状況や，それを背景にした「子どもと丁寧にかかわる精神的な余裕がない」といった心の在り様などを話せるとは限りません。保育者は，日頃から相談できる相手として信頼関係の形成に努める中で，「この先生ならば自分が否定されない」「自分の話を丁寧に受け止めてもらえそう」といった

見通しをもってもらうことが大切です。

貧困状態にある子どもの様子として，朝から元気がない，不安感が強くイライラしている，給食をむさぼるように食べる，あるいは好き嫌いが激しい，汚れたままの衣服を何日も着ている，極端に生活経験が乏しいといったことがサインの一つとなります。一方，保護者の様子としては，送迎の際に体調不良や疲労困憊の様子が見られたり，納入金が滞ったり，登園時間がバラバラであったり，忘れ物が多いといったことなどがサインとなります。

このようなサインに気づいた時には，より丁寧に子どもと家庭の状況の把握を行う必要があります。園内で情報を共有し，他の職員にもこの子どもと保護者を観察してもらい，複数の視点から情報を得ることが必要です。

さらに，サインを出している子どもを園内で丁寧に受け止めることが大切です。子どもは，先に述べたように，保育現場においてネガティブな姿として表現させることが多く，「叱られる」ことも少なくありません。しかし，保育者が子どもの生活背景を知り，そこでの困難さを想像するならば，かかわり方，叱り方が変わるはずです。

また保護者に対しては，情報提供を含め，必要であるならば外部機関とのつながりをコーディネートすることが求められます。貧困という状況は，子育ての困難につながりやすく，後述する児童虐待に発展するリスクの一つともなります。保育者からは，「だらしのない親子」「子どものことを真剣に考えていない保護者」といった印象が語られる場合があります。しかし保育者には，そのように感じる現象を振り返って相対化させつつ，評価的な視点を一旦横に置いて，その背景にある「そうせざるを得ない」理由について考え，そこから対応を導き出すことが求められます。

4 児童虐待

2000年には「児童虐待の防止等に関する法律」（以下，「児童虐待防止法」）が成立し，わが国ではじめて「児童虐待」の定義が明確にされました。その後の同法改正では，「児童を現に監護する者[9]」による行為も児童虐待に加えられました。また，「通告の義務」（児童虐待防止法第6条）では，通告となる対象を児童虐待を「受けたと思われる児童」まで拡大しています。学校及び児童福祉施設の職員は，「児童虐待を発見しやすい立場にある」（児童虐待防止法第5条）として，予防と早期発見の努力義務が課せられています。

2017年度における全国の児童相談所における児童虐待相談対応件数は，13万3778件（前年度比1万1203件増）で過去最多となり，その背景として警察からの通告による心理的虐待（特にドメスティック・バイオレンス）の増加があげられます。また，その4割以上を乳幼児期の子どもが占めています。

児童虐待は，保育現場での「子どもの様子」から発見されることがあります。AD/HDとの鑑別の難しさが指摘されていますが，多動や衝動性，感情の起伏の激しさや，また意欲の喪失といった状態もあります。

児童虐待として通告された家庭の背景を分析した結果として，① 経済的困難，② 養育者を支える友人や親族が確認できず社会的孤立度が高い，③ 離婚などの家族変動などの経験，④ 夫婦間の暴力あるいはその疑い，⑤ 児童の障害あるいはきょうだいの障害，⑥ 不登園・不登校など，⑦ 養育者の疾患や障害，の7点が報告されています[10]。

児童虐待は，単一の要因によって発生するというよりは，上記の背景が複合的に連鎖する中で生起し，深刻化します。保育者は，これらの背景をもつ家庭や要支援児童を丁寧に把握し，他機関と連携・協働して予防・早期発見に努める必要があります。

なお，2016年の法改正を踏まえ，要支援児童などに関して知り得た情報を市町村に提供することは，例外的に本人の同意を得ずに情報を提供した場合でも，個人情報保護法違反にはあたらないとの通知が出されました。「通告」に至らない事案であっても，市町村に対して情報を提供し相談することが必要な場合があるのです。

児童虐待への対応は，子どもや保護者と日常的にかかわる保育現場だからこそできることと，できないことがあります。保育者ならではの特質と限界を見極めつつ，要保護児童対策地域協議会をはじめとする地域ネットワークの一員としての役割があることを念頭においてください。

▷1 尾崎康子（2006）．コラム1 保育現場で「気になる子」 よくわかる障害児保育 ミネルヴァ書房，8-9.
▷2 スペインのサラマンカにおいて，ユネスコ・スペイン政府によって「特別なニーズ教育に関する世界会議」が開催され，満場一致で採択された声明。
▷3 否定的な烙印を押されるという意。
▷4 「Questioning（クエスチョニング）」もしくは「Queer（クィア）」の意。クエスチョニングとは，性のあり方を決められなかったり，迷ったりしている人，または決めたくない人のこと。一方，クィアとは，セクシュアルマイノリティ全般を表した言葉。前者の意で使われることが多い。
▷5 中塚幹也（2013）．学校の中の「性別違和感」を持つ子ども―性同一性障害の生徒に向き合う― 岡山市.
▷6 生物学的な性は女性だが，性自認は男性のこと。
▷7 生物学的な性は男性だが，性自認は女性のこと。
▷8 小西祐馬他（2016）．貧困と保育 かもがわ出版.
▷9 子どもの「保護者」ではないが，保護者と事実婚状態にあって同居をしている成人などを指す。
▷10 松本伊智朗（2013）．子ども虐待と家族―「重なり合う不利」と社会支援― 明石書店.

（戸田竜也）

第2章
インクルーシブ保育のシステム

　インクルーシブ保育を実施するには，まず保育現場におけるシステム作りが重要です。実際に保育を担うのは保育者であり，保育者にはスキルが求められますが，いくら保育者が有能であり，意欲をもっていても，保育者を支えるシステムがしっかりと整っていないと，保育者だけの力では限界があります。

　まずは，政府や地域の行政が，インクルーシブ保育を推進するためのシステムや法律を整え，サポートを行うことが必要です。そして，最も身近で必要なのは，幼稚園・保育所等が，インクルーシブ保育ができる環境を整備し，保育者を支えていくシステムを作っていくことです。

　第2章では，幼稚園・保育所等におけるインクルーシブ保育に関する環境の整備とシステム作りについて紹介していきます。

第 2 章　インクルーシブ保育のシステム

 # インクルーシブ保育の実施体制 ①
園内における保育体制

1 園内における保育体制

　インクルーシブ保育を実践しようとするとき，どの子どもも活動に参加するということはどのようなことなのかを，保育者はまず考えていく必要があります。インクルーシブ（inclusive）とは，「包まれている，含まれている，いっしょの，一体にした」という意味のことばになります。保育の営みの中で考えると，障害やその他の理由で特別なニーズを有するすべての子ども▷1が，他の子どもたちと共に過ごすいっしょの保育という意味になります。幼稚園・保育所等では子どもたちは，同じ場で同じ時間をともに過ごしますから，ともすると「その場にいること」がインクルーシブ保育と考えてしまうかもしれません。しかし，単に同じ場で，同じ時間を共に過ごすだけでは，インクルーシブ保育とは言えません。浜谷（2009）は，「集団と類似の行動を共にしている」ないしは，「集団と同じ場所にいる，または近接した場所にいる」ということで，保育に「参加」していると考えることは妥当ではない。としています。インクルーシブ保育を考える上で，大切な視点として，特別なニーズを必要とする子もしない子も，共にいて当たり前である保育を考え，どの子にも等しく様々な経験の機会を保障することが求められます。それぞれの育ちのペースや経験を保障するためには，加配▷2などの形で特別に人をつける場合があります。細やかで手厚い保育には，一定の人手は必要です。

　2016（平成28）年度子ども・子育て支援推進調査研究事業により作成された報告書によれば，障害児保育を行うための補助金を実際に活用している園は，図2-1に示したように，6割強にとどまっています。このような状況を踏まえて，国は2018（平成30）年度の予算を拡充し，支援内容の充実▷3を図っています。障害のある子どもの保育については，一人一人の子ども▷4の発達過程や障害の状態を把握し，適切な環境の下で実施される必要があることや，家庭や関係機関と連携した支援が必要であることから，おおむね障害児2名に対し，保育士1名を水準としつつ，適切に保育士を配置するように求めています。

▷1　障害のある子ども，パステルゾーンの子ども，医学的配慮の必要な子ども，日本語を母語としない子ども，外国の文化をもつ子どもなど，文化的・社会的・民族的・性的マイノリティの子どもの総称。

▷2　特別な配慮が求められる子どもに対し，必要なケアを行いながら保育をするために配置される人員。

▷3　療育支援加算，障害児保育加算，保育士等キャリアアップ研修を活用したリーダー的職員の育成・処遇改善，保育環境改善等事業，保育所等訪問支援，地域生活支援事業，ペアレントプログラム・ペアレントトレーニングの導入。

▷4　保育所保育指針第1章3（2）「指導計画の作成」キ

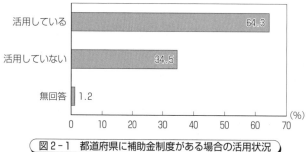

図2-1　都道府県に補助金制度がある場合の活用状況

出所：みずほ情報総研株式会社（2017）保育所における障害児保育に関する研究報告書に基づき作成.

どの子どもにも，等しく保育を保障していくために，このような制度を積極的に活用していくことが求められます。加配申請方法については，市区町村によって違いはありますが，保護者からの依頼を受けて，医療機関や医療機関から「加配が必要である」という証明書もしくは，医師の診断書と障害児枠加配申請書類を市区町村の担当部署に提出後，対象児の行動観察等の審査を受け，審査会議を経て加配の有無が決定されます。申請の流れの例について図2-2に示します。

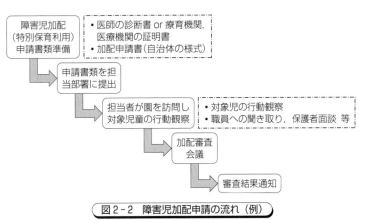

図2-2 障害児加配申請の流れ（例）

出所：筆者作成.

2 保育者としての視点

保育所保育指針の第1章総則1．保育所保育に関する基本原則（3）「保育の方法」には，「ウ 子どもの発達について理解し，一人一人の発達過程に応じて保育をすること。その際，子どもの個人差に十分配慮すること」とされています。また，「子どもは遊びや生活を通して，仲間との関係を育み，その中でこの成長も促される」（第2章1（5））と述べられています。保育活動における生活や遊びを考えていくときに，保育者はともすると，子どもの発達の先へ先へと考えて支援してしまいがちです。インクルーシブ保育を実践するためには，まずは，目の前にいる子どもたちの現状《どんな遊びをしているか》，ニーズ《どのように遊びたいと思っているのか，困っていることはなにか》に合わせて教育・保育を創り出していくことが重要な視点のひとつとなります。鬼頭（2017）は，障害児保育からインクルーシブ保育へ取り組んできた2つの園の実践から，保育者の視点について報告しています。周りの子どもに足並みを揃える視点から，多様性を認め，どの子ももっている力を伸ばす視点に変えることによって「多様である」ことが当たり前という意識が保育者や周囲の子どもにも生まれ，互いを認め，助け合うことで育ち合っていくことが証明されていると述べています。

保育者が先入観をもたずに，違って当たり前という視点をもつことは，周囲の子どもたちの育ちを支える上でも，保育者の専門性として重要な視点であるといえます。

（藤川志つ子）

▷5 子どもには一人一人違う発達の筋道がある。その子らしい育ちの筋道に沿って保育をするということ。

参考文献

鬼頭弥生（2017）．インクルーシブ保育の理念と方法─保育実践の分析より─ 豊岡短期大学第14号，433-442.

浜谷直人（編著）（2009）．発達障害児・気になる子の巡回相談─すべての子どもが「参加」する保育へ─ ミネルヴァ書房.

浜谷直人・芦澤清音・五十嵐元子・三山岳（2018）．多様性がいきるインクルーシブ保育─対話と活動が生み出す豊かな実践に学ぶ─ ミネルヴァ書房.

厚生労働省（編）（2018）．保育所保育指針解説.

第2章 インクルーシブ保育のシステム

インクルーシブ保育の実施体制 ②
他機関や専門家との連携

1 発達支援センターとの連携：インクルーシブ保育に関わる専門家

 表2-1 障害をもつ子どもに関わる主な専門家

名　称	仕事内容
理学療法士 (Physical therapist)	日常生活に必要な基本動作を行う運動機能のリハビリテーション。装具などの調整など。
作業療法士 (Occupational therapist)	機能訓練を通して適切な感覚刺激の入力や年齢に応じた遊びの獲得。運動面での評価や自助具の作成など。
言語聴覚士 (Speech therapist)	言語機能をはじめ、コミュニケーション機能の向上と維持のための指導。言語評価、摂食指導など。
心理相談員：公認心理師・臨床心理士・臨床発達心理士 (Psychological counselors)	保護者の障害理解の促しや子どもの特性をふまえた、関わり方の提案を含め、心理的なサポート。発達検査・知能検査・心理検査なども実施。

出所：筆者作成.

▷1　意識しなくても筋肉に一定の力が入っている状態が筋緊張。姿勢保持をコントロールするためには筋緊張が必要だが、緊張の度合いが低いと難しくなる。

▷2　会話のできない障害をもつ人を対象に作られたコミュニケーション方法。「音声言語」「動作によるサイン」「線画シンボル」の3つのコミュニケーション様式を同時に用いることを基本とする。日本では英国マカトン協会の支部として、日本マカトン協会が普及に努めている。

▷3　AAC とは「Augmentative & Alternative Communication」との略で、話すこと・聴くこと・読むこと・書くこと等のコミュニケーションに障害のある人が、残存能力によって自分の意思を相手に伝える技法のことで、技法の種類に

特別なニーズをもつすべての子どもが、保育活動に参加することを実現するためには、専門家の助言を積極的に活用していくことが必要です。特に障害をもつ子どもに関わる専門家として表2-1に示した理学療法士、作業療法士、言語聴覚士、心理相談員（公認心理師・臨床心理士・臨床発達心理士）があげられます。

特に、定期的に医療機関や発達支援センターに通っている場合、子どもの特性を踏まえて、それぞれの専門性を活かした支援を個別や小集団で実施しています。それらの実践を保育の生活や遊びの中で無理なく取り入れられるヒントがあれば、積極的に情報交換をして活用する姿勢をもつことは、子どもの育つ権利を保障する上でも重要です。

たとえば、椅子に座って絵本を見るときに、筋緊張が低いため姿勢を保つことができないA児の場合、せっかく絵本に興味があっても、見続けることができず、結果的に見ることをあきらめてしまうかもしれません。学ぶ意欲があっても、適切な配慮がされなければ、その意欲を奪ってしまうことになりかねません。学ぶ機会を保障するために、A児の身体にあった補助具の提案や、椅子に座る以外に楽な姿勢で絵本を見るなどの方法の提案を専門家から受けると、保育の中で試すことができます。そのことが、A児の意欲的な学びを保障することになります。

また、思いはあってもうまく言葉にならず、コミュニケーションが取れないB児の場合、B児に合ったマカトンサインなどの AAC（拡大代替コミュニケーション）の使用の提案を受けることによって、コミュニケーション手段を得ることができます。適切なコミュニケーションツールを身に付けることで、周囲の子どもたちとのかかわりが広がる可能性があります。そうなると、B児も自ら周囲に働きかけができることにつながります。

② 保育所等訪問支援の活用

2012年に創設された「保育所等訪問支援」はこれまでの「障害児等療育支援事業」，「巡回支援専門員整備」とは異なり，子どもへの「直接支援」とスタッフへの「間接支援」を行うサービスです。集団から抜き出して固有の発達課題について支援する場合もありますが，基本的に訪問先での生活の流れや保育・教育活動の妨げにならないよう十分に配慮しながら支援することになります。相談員が対象となる子どもへ「直接支援」を行う様子を，保育者が見ることで，保育の中での関わりのヒントとなっていきます。

その利用は訪問先施設からではなく保護者からの依頼に基づいて実施されます。そのため「保育所等訪問支援」利用後は，保護者への丁寧な報告が大切となります。子どもに対して切れ目のない支援を行うために，保育者が軸となり，保護者との信頼関係を構築していくことは不可欠です。

表2-2 問題共有のための伝達シート例

出所：筆者作成

保育所等訪問支援に使用される伝達シートの例を表2-2に示します。このシートに相談したい内容を記載し，訪問を受け，相談員から受けた支援を実際に保育の中に取り入れ，結果を記載しやり取りをしていくスタイルをとっています。

③ 学校・教育委員会との連携

子どもが楽しく小学校生活を送るために，これまでの園の保育の取り組みや成果を可能な限り小学校生活で受け継がれていくことが望まれます。保育者として，必要な支援方法や環境整備などについての情報提供ができるように準備しておくことは大切です。

就学に関して動き出す時期や方法など，各地でさまざまですが，基本的には教育委員会が中心となり進めていきます。必要に応じて小学校の特別支援教育コーディネーターが園や保護者と情報交換をし，対象児に対する支援体制を整えていくことになります。いずれの場合も個人情報の問題が関わりますから，保護者の了解と同意は原則です。

（藤川志つ子）

は大きく分けて，ノンテク・ローテク・ハイテクの3つがある。
▷4 文部科学省による名称設定である。学校の業務として位置づけられ，関係機関等の連絡調整の実施や保護者に対する相談を担う。小学校では養護教諭や特別支援学級の担任や学年主任が担当する場合が多い。

（参考文献）
一般社団法人全国児童発達支援協議会（2017）．保育所等訪問支援の効果的な実施を図るための手引書（厚生労働省平成28年度障害者総合福祉推進事業）．

第2章　インクルーシブ保育のシステム

 インクルーシブ保育の実施体制 ③
園と保護者との連携

▷1　インクルーシブ保育については第1章1を参照。

▷2　連携については第8章を参照。

▷3　他機関連携については第8章を参照。

① 園と保護者の連携

　インクルーシブ保育[1]を実施するためには，園と保護者が協力関係を築き共通理解を深めて連携していくことが大切です。ここでは，園と保護者との連携[2]のあり方について考えていきます。

　障害児や発達が気になる子どもに対する支援を園だけで行うことには限界があります。子どもを取り巻く医療，福祉，療育などの様々な関係機関と連携[3]していくことはもちろんですが，保護者との連携を忘れてはいけません。子どものことを最もよく知っている保護者と連携することによって，家庭と園で子どもに対して一貫した関わりをもつことができます。連携がうまく進めば，園と保護者が子どもの支援について共通認識をもちながら，それぞれの立場を尊重しあう協働作業が可能になります。

　例えば，保育者が子どもの発達や行動特性に問題があると捉えていても，家庭では問題行動が現れないために，保護者が子どもの問題に気づかないという場合があります。子どもでも，園と家庭では行動や態度が異なることがあります。集団活動では「友だちを叩く」「髪を引っ張る」などの行動が顕著に現れることがあっても，家庭場面のように大人との1対1の関係性においてはその姿はみられないということはよくあることです。園だけで子どもの支援を考えて頑張ってみても，支援の見通しがもてない，逆に，保護者が家庭だけで子どものしつけを頑張っても行き詰まってしまうことがあります。どちらか片方だけが頑張ってもなかなかうまくいかないものです。保育者と保護者が子どもについて向き合う機会をもち，連携していくことが子どもの支援への第一歩となります。何か問題行動が起こってから対処するのではなく，日頃から保護者と連携しながら適切な対応を考えていく予防的介入が有効です。

② 個別支援計画に関する保護者との連携

▷4　個別支援計画については第5章1を参照。

　支援の必要な子どもに対しては，個別支援計画を作成します。個別支援計画[4]の作成にあたっては，保護者にも参画してもらえるように促します。保護者が参画した場合，家庭での子どもの対応に困っていない保護者は，「なぜうちの子に必要なの？」という疑念をもつかもしれません。そうならないためには園と保護者は普段から協力的な関係を構築しておかなければなりません。また，

「こんな合理的配慮をしてほしい」「子どもが利用している他機関と園が連携を
とって，同じ支援をしてほしい」など積極的な姿勢を示す保護者もいます。ど
ちらにしても，丁寧に保護者と向き合い，保護者の意見や思いをじっくりと聴
き取り，保護者の理解に努めることによって，「この保育者なら子どものこと
をわかってくれている」という信頼を得ることが必要です。個別支援計画は，
園が子どもの対応に困っているから作成するのではなく，子どもへの一貫した
支援を考えるためであることを明確に伝えます。また，就学前の対象児は作成
に関わらないことがほとんどですので，日頃から子どもの願いや希望を確認し
ておくという配慮が求められます。最終的には，保護者や子どものニーズや希
望を個別支援計画に反映させるために，チーム（担当保育者と子どもに関わる職
員）で再検討し，保護者への説明と文書の提示を行います。

▷5　合理的配慮とは障害
のある子どもが他の子ども
と平等に学校教育を受ける
場合に必要かつ適当な変
更・調整を行い個別に支援
を行うこと

③ 子育て相談及び発達相談

　子育て相談及び発達相談（以下，相談）は，園と保護者との連携において重
要な役割を担っています。保護者との相談を行う際には，1) 保護者が相談を
希望する場合と，2) 園や他機関から指摘を受けて申し込む場合があります。
1) では，保護者が子どもの行動や育ちに何らかの気づきや悩みを抱えている
ので，主訴の聴取から始めます。一方，2) では，保護者が子どもの問題を認
識しておらず「健診で要観察と言われた」などと，他者から問題を指摘されて
初めて相談に至るという受動的な姿勢です。そこで，子どもの様子を丁寧に聞
き取ることから始めます。どちらの場合も，保護者のニーズを探りながら話を
進めていき，子どもの園での姿，家庭での姿，その他友達関係での姿などを統
合して，子どもの共通理解と支援へと導きます。最初は子どもの問題を理解し
ていなかった保護者も，生活年齢に応じた子どもの育ちを知ることによって，
子どもの課題や特性に気付いていきます。ここで大切なことは，子どもの本来
の姿や特性を，相談という枠組みを通して保護者自身が気づくことです。その
気づきが，連携にとってとても重要な役割を果たすことになります。

　園と保護者が相談を通して連携し，信頼関係を構築していく際に心がけたい
ことがあります。それは子どもの問題ばかりに目を向けるのではなく，子ども
のもっている強みを伸ばすという視点で捉えていきます。そして，大人の都合
を優先するのではなく，子どもの困っていることに向き合って支援するという
基本的な考えを念頭に置きます。みんなで子どもを育てる，友だちからお世話
を受ける立場にいる子どもの方にも相手に与えているものがたくさんあり，互
恵関係の上に関係性が築かれているものです。子どもだけを変えるという発想
ではなく，大人自身もまた変わらなければならない存在であるという基本的な
姿勢などを相談の中で共有し理解してもらえることが連携にとって欠かせない
と言えるでしょう。

（和田美奈子）

参考文献

神奈川県教育委員会，支援
が必要な子どものための
「個別支援計画」～「支
援シート」を活用した
「関係者の連携」の推進
～（改訂版）. 平成17年
度文部科学省委嘱特別支
援教育体制推進事業.

第2章 インクルーシブ保育のシステム

 インクルーシブ保育を担う人的環境

 **保育者の専門性**

　大前提として，保育者自身には，どの子に対しても良い育ちを願い，子どもの思いを察するように努め，子どもたちの声に耳を傾け寄り添うという姿勢が求められます。しかし，そのような姿勢があっても，障害のある子どもの保育を担っている保育者は大きな悩みを抱えることは少なくありません。子どもの興味や関心を大切にしたいと考えて対応や援助を考えても，これまで保育者が行ってきたやり方では上手くいかなかったり，対象児の特性が強く関わりが難しいなどの場合は，保育に参加することが困難となり，結果的に，クラスの中にいられず孤立してしまい，担任との関係性も難しくなってしまう場合もあります。そうした状況を少しでも克服するために，担任以外の「フリー」「補助」「加配」などと呼ばれている保育者の配置を考えていくことが求められます。しかし，その保育者が他の子どもと同じ行動をするための援助を第一義的に考えて，一日中，対象児に付き添ってしまうと分離保育^{▷1}になってしまい，本来の保育の中で期待されている育ち合い・学び合いの機会を失う可能性が高くなります。

　インクルーシブ保育を担う保育者として，子どもを理解していく上で，障害特性の知識をもつことや特性に応じた個々の子どもへの配慮をすることを否定するものではありませんが，保育をすすめる中で「どの子も多様な特性をもつ子ども」として理解して捉えることが保育者の専門性となるのではないでしょうか（図2-3）。

　その上で，子どもの特性が将来的に子どもの「困難」になっていくことが予想されるのであれば，その子の興味の範囲を少しずつ広げていくサポートを考えていくことが重要となります。その手立てとして，図2-4に示すようなPDCAサイクル^{▷2}を活用し，日々の保育実践を省察していくことが求められます。

▷1　障害をもつ子どもの発達や障害の程度に合わせ，障害児のみを対象に行われる保育のこと。

▷2　対象児童に合った計画を立て（PLAN），それを実行し（DO），結果を確認し（CHECK），改善点を見つけ（ACTION），さらになる計画（PLAN）を立てていくこと。

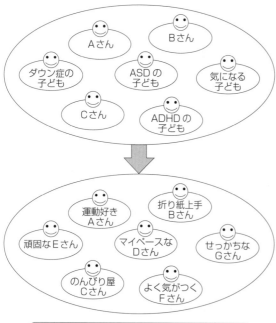

図2-3　子ども理解としての障害特性を捉える

出所：細川（2016）に基づき筆者作成．

② 園内保育者連携

　子ども同士の関係性の育ちを支えていくために，保育者の介入は最小限度にとどめ，子ども同士の育ち合いを見守ります。保育者の，その子への補助や支援が，子ども同士のかかわりを妨げていないかなど，繰り返し見直すことが必要です。その手立てとして，担任以外の複数の保育者が「チーム」▷3で保育にかかわることがあげられます。お互いにアイディアを出し合うことで自分では気づかなかった，かかわりの癖に気づくことが可能となります。多様な子どもたちが，主体的に園生活を送るためには，まずは保育者が，「チーム」で子どもの保育にあたっているという意識をもつことが必要です。

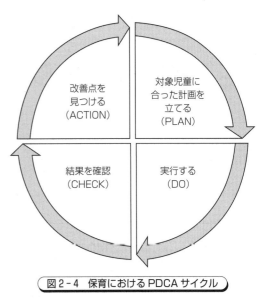

図2-4　保育におけるPDCAサイクル

出所：筆者が作成.

③ 連携のための具体例

　コーナー遊び▷4を基本として，インクルーシブ保育に取り組んでいる，ある園では，「コーナー遊び会議」として，2週間ごとにコーナー別に短い意見交換の場を設けています。話し合いの視点は，① 発達や興味に見合った遊びであるか，② 一人でじっくり遊べる遊びと仲間意識を育てる遊びが保障されているか，③ 自分で遊び方を決めたり遊び方を創ったりできるものであるか，④ そこにいる子どもたちが落ち着いて過ごしているか，の4つとしています。

　その他，保育者がどこに注目しているのかなど，多様な子どもへの見方を理解するためにエピソード発表会を設けることや，すべての子どもへの見方や関わりの方向性が一貫できるように，エピソードと対応方法（対応の理由も含めて）をノートに記入し，すべての職員が読むことができるなどの取り組みを行っています。

　子どもに関する様々なことを，職員間で積極的に共有する機会を作ることによって，どの職員でも同じ対応が可能となることや，一人では気づけなかった子どもの姿や保育の視点に気づくことにつながります。

（藤川志つ子）

▷3　担任など1人の保育士が1つのクラスを保育するのではなく，複数の保育士が複数のクラスを保育すること。

▷4　子ども自身が興味関心に合わせて，自分のペースで無理なく遊ぶことができる。自分で選んだ遊びにじっくり取り組む中で，自分で考えたり，試したりすることで，創造性を育み自主性が育つ。

参考文献

細川かおり（2016）．保育において遊びを育てることによる発達障害児の気になる行動の変容―多様な子どもが在籍するクラスにおける保育実践のアクションリサーチ― 千葉大学教育学部研究紀要 64. 171-177.

第2章　インクルーシブ保育のシステム

インクルーシブ保育を支える物的環境

① 園内環境

▷1　だれもが快適に過ごせ、簡単に使える環境を整えること。

　子ども一人一人の多様性と基本的人権を保障して保育の活動に参加することを実現するためには、どのようなことが必要なのでしょうか。保育所における保育の基本のひとつとして、一緒に過ごす保育士等や子どもなどの人的環境、設備や遊具などの物的環境が挙げられます。

　そこで過ごす子どもたちが、主体的に過ごすことができる園内環境として提案していきたいのは、遊びの部屋・食べる部屋・眠る部屋など、目的に応じて部屋を使い分けて生活できるようにしていくことです。そうすることで、自分のペースでの活動が保障されていきます。また、気に入ったもの、使いたいものが手の届く場所にあり、自分の意志で自分でできる機会を増やしていくような環境作りに保育者が、配慮していくことが、子どもの心を満たし、有能感をもって生活できることにつながります。

① 見て使い方がわかる・情報がわかる

↑　何をするかがわかりやすい

② 見通しが持てる環境

↑　実際に使っているボード

③ 気が散りにくく 集中できる環境

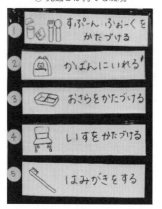

　その他、園内環境に誰もがわかりやすい、ユニバーサルな視点を加えていくことで、主体的に活動できるようになっていきます。例えば、①見て使い方がわかる・情報がわかる環境（シンプルなイラストで部屋の案内を示す、おもちゃや物の位置に写真を貼っておく、トイレのスリッパ置き場に足形を貼っておくなど）、②見通しがもてる環境（今日のコーナー遊びの写真カードをボードに貼っておく、一日の予定と時計を一緒にしておく）、③気が散りにくく、集中できる環境（一人でじっくり遊べるカウンター式の場所）、などが考えられます。

② 生活リズム

　筆者が調査を行った、インクルーシブ保育に取り組んでいるいくつかの園で共通することは、毎日変わらない生活のリズムがあることです。具体的な生活のリズムの例を表2-3に示します。一日の始まりと終わりには皆と共に過ごす時間を用意しますが、その他の時間は自分で遊びを決めて（始まりや終わりも）、大人の都合や行事に振り回されることなく、自分のペースで安心して過ごします。

表2-3 主体的な活動を支える生活リズムの例

0歳児のくらし	時 間	1〜5歳児のくらし
リズム遊び	8:30	リズム遊び
乳母車・ベビーカーで散歩	9:00	朝の体操
個々のリズムに合わせて午前のひるね	10:00	あそび
		・外遊び
		・各コーナーで自分の好きな遊びを選んで。一人で，好きな友だちと一緒に。
	11:00	
お部屋でお昼ご飯	12:00	ランチルームで友だちと先生とお昼ご飯
外遊び・室内遊び		
	13:00	ひるね
午後のひるね		外遊び
	14:00	・各コーナーで自分の好きな遊びを選んで。
		帰りの会
おやつ		おやつ
	15:00	あそび
	16:00	

注：丸で囲った部分（9:00朝の体操，帰りの会）は各クラスで一緒に過ごす。

3 コーナー保育

　子どもの探求心や意欲を軸に，子どもたちの創造性を高めるような様々なコーナー遊び[2]を用意します。子どもが期待感をもって主体的に取り組めるように，子ども観察を十分にしてコーナーを用意していく必要があります。「例年通り」で用意することなく，子どもたちの今に合っている内容を吟味することが大切です。コーナー遊びの例として，構成遊び，製作遊びのコーナーや粘土遊び，木工遊び，ままごと遊びなどが挙げられます。一人でも友だちと一緒でも遊ぶことができ，子どもの工夫で様々な遊び方が可能なものにします。

▷2　第2章4を参照。

4 異年齢集団

　みんなが「同じ」であることを前提にしないインクルーシブ保育と異年齢集団[3]で保育することには，共通する点が多いと思います。自分でできることは自分で，できないことは助け合いをする環境が，共に育ち合う気持ちや態度を育てることにつながっていきます。異年齢ですから，みんなが「違う」が当たり前です。個々のペースや興味の違いを認め合い，一緒に生活する中で，大人の介入がそれほどなくても子ども同士が影響を与え合い，育ち合うことが期待できます。

（藤川志つ子）

▷3　縦割り保育・混合保育と呼ぶこともある。年齢でクラスを分けて保育するのではなく，様々な年齢の子どもを一緒に保育すること。

参考文献

尾崎康子・小林真・水内豊和・阿部美穂子（編）（2018）．よくわかる障害児保育（第2版）ミネルヴァ書房．

柴崎正行・太田俊己（監修）（2016）．イラストでわかる　はじめてのインクルーシブ保育—保育場面で考える50のアイディアー　合同出版．

第2章　インクルーシブ保育のシステム

 巡回相談のシステム

① 巡回相談とは

　インクルーシブ保育が加速化しつつある今日，保育所保育指針（厚生労働省，2017）に示されるように，「適切な環境の下で，障害のある子どもが他の子どもとの生活を通して共に成長できる」保育の実現が求められています。しかし，これは保育者にとって簡単なことではありません。

　そこで，保育者を支援する制度の一つが，巡回相談であり，今日，多くの自治体で導入されています。巡回相談は，外部の専門職が幼稚園・保育所等を訪問して保育の様子を観察して，保育者の相談を受け，助言を行うものです。巡回相談では，いわゆるコンサルテーションが行われます。コンサルテーションは，課題を解決したい側（保育者）が，自分とは異なる専門性をもつ相手（外部専門職）と相談し，解決に役立つアドバイスを得るものであり，両者の対等な関係のもとに行われます。すなわち，巡回相談の主体者は保育者であり，アドバイスをどのように保育に生かすかは，保育者に任されています。◁2

② 巡回相談の目的

　巡回相談の目的は，子どものニーズを把握し，必要な支援の内容と方法を明らかにすることです。障害のある子どもや発達に気がかりがある子ども（以下，対象児）の実態，および，対象児と周囲のものや人などの環境との相互作用を明らかにし，それらを踏まえて，より適切な保育のあり方を検討します。最終的に巡回相談の内容が保育の改善に結びつき，それが対象児及び周囲の子どもたちの発達の伸長と行動変容をもたらすことが，その帰着点であるといえます。

③ 巡回相談の実際

○担当者

　相談員と呼ばれる，自治体の担当部署の職員や，自治体から委託された専門機関の職員が，幼稚園・保育所等を訪問します。職種としては，心理士，障害児専門保育士（指導員），特別支援学校の特別支援教育コーディネーター，保健師，作業療法士や言語聴覚士など，心理・福祉・教育・保健・医療の分野で障害のある子どもの保育や療育に関する専門性を有している人材です。対象児の発達のみならず，家庭環境や子育ての問題など包括的な視点から検討が必要な

▷1　専門機関との連携による巡回相談については，本章2および第7章，第8章も参照。

▷2　保育者が主体者となる巡回相談の具体例については，第8章1および2に紹介されているので，そちらを参照。

ケースもあることから，多職種の相談員が協力して訪問する場合もあります。

○実施方法

原則として所長（園長）の要請があれば，相談員が派遣されます。どの幼稚園・保育所等にも支援ニーズのある子どもが在籍している現状から，自治体が日程を指定し，各園をローテーションして実施する場合もあります。実施回数も，自治体の方針により様々です。対象園を絞って繰り返し訪問する方式や，広範囲の園を対象に年間1回程度訪問する方式などがとられています。

○相談内容

巡回相談では，相談員は，大きく分けて2つのことを行います。

1つは保育参観です。日常の保育における対象児の行動を一定時間つぶさに観察し，その発達状況と直面している困難さを把握します。さらに，対象児と保育環境や保育者，他の子どもとの相互作用を把握し，対象児の行動に人やものなどの環境がどのような影響を及ぼしているかを分析します。観察に併せ，発達検査等を実施し，客観的にその実態を把握する場合もあります。

もう1つはケースカンファレンス（ケース会議）です。カンファレンスには，なるべく多くの保育者が参加し，それぞれが対象児について知っていることを出し合うようにします。また，対象児をよく知る保育者が，対象児の生育歴や家族の状況，及び行動の特徴などをあらかじめ書面にまとめて提示する場合もあります。相談員は，これらの情報を保育参観から得た情報と併せて，専門的立場から，それらの情報を整理し，参加した誰もが的確に対象児の支援ニーズを把握できるようにアドバイスします。そして，引き続き，把握した支援ニーズに対応した，現実的で実行可能な保育方法について協議を進めます。

加えて，相談員は巡回相談終了後に，上記の内容を報告書にまとめて自治体の関係部署等に提出します。また，訪問先に提出する場合もあります。

❹ 巡回相談の効果と課題

これまでの研究では，巡回相談が，子どもの発達や障害についての保育者の理解を深め，対応方法の理解，不安の軽減をもたらし，保育実践への意欲が高まったことが指摘されています。その一方で，課題も明らかになっています。例えば，回数が少ないため継続性に欠けることや，保育者が相談者に過度に期待し，依存してしまう場合があること，相談者の専門性によっては，必ずしも保育現場の視点に立った助言とならない場合があることなどです。万能な巡回相談はありません。先にも述べたように，巡回相談をいかに活用するかは，保育者自身にゆだねられています。すなわち，何よりも保育者の主体性こそが，巡回相談をインクルーシブ保育に役立てる鍵であるといえます。

(阿部美穂子)

▷3　ケースカンファレンスについては，第5章7を参照。

▷4　鶴宏史（2012）保育所・幼稚園における巡回相談に関する研究動向．帝塚山大学現代生活学部紀要8，113-126.

（参考文献）

阿部美穂子・河﨑美香・松本理沙・松田麻美（2018）．インクルーシブ保育の実践を支える巡回相談のあり方　北海道教育大学紀要　教育科学編，68(2)，115-127.

金谷京子（2018）．発達と保育を支える巡回相談—臨床発達支援とアセスメントのガイドライン—金子書房．

浜谷直人・三山岳（2016）子どもと保育者の物語によりそう巡回相談—発達がわかる，保育が面白くなる—．ミネルヴァ書房．

コラム4

合理的配慮とは

1 「合理的配慮」とは

「合理的配慮」とは，2006年に採択された国連の障害者権利条約第2条において，「障害者が他の者との平等を基礎として全ての人権及び基本的自由を享有し，または行使することを確保するための必要かつ適当な変更および調整であって，特定の場合において必要とされるものであり，かつ，均衡を失した又は過度の負担を課さないものをいう」と定義されています。障害者の活動や社会参加を制限したり，妨害したりすることを社会的障壁と言いますが，2016年に施行された障害者基本法では，「社会的障壁の除去はそれを必要としている障害者が現に存し，かつ，その実施に伴う負担が過重でないときは，それを怠ることによって前項の規定に違反することとならないよう，その実施について必要かつ合理的な配慮がなされなければならない」（第4条2項）と定められています。

「合理的配慮」の実施は，公的機関では法的義務，民間では努力義務であるとされています。国や都道府県，区市町村ごとに行う「基礎的環境整備」の現時点での状況は自治体によって異なりますが，文部科学省（「共生社会の形成に向けたインクルーシブ教育システム構築のための特別支援教育の推進（報告）」）の示している教育現場における「基礎的環境整備」には，①関係機関による地域のネットワークを形成し連続性のある多様な学びの場を活用すること，②専門性のある指導体制を確保すること，③個別の教育支援計画や個別の指導計画の作成による指導を行うこと，④教材を確保すること，⑤施設設備の整備をすること，⑥専門性のある教員，支援員の人的配置をすること，⑦個に応じた指導や学びの場の設定による特別な指導をおこなうこと，⑧交流による共同学習をすすめること，が挙げられています。

保育園や幼稚園では，それぞれの園の「基礎的環境整備」に即し，障害の有無にかかわらず，個々のニーズをふまえ，現段階でどこまでの合理的配慮が可能であるか，園と本人・保護者との間で合意形成を図っていくことが大切であり，その内容を個別支援計画に明記していくとよいでしょう。「合理的配慮」の具体的な内容は，園の体制面や財政面において，「均衡を失した」または「過度の」負担かどうかの個別的判断をふまえ決定されますので，何を「合理的配慮」として優先して提供するかを園と本人・保護者で十分に話し合い，園の中だけでなく，家庭や地域の医療，福祉，教育などの関係機関が連携し，相互にその専門性を補完しあうなかで十分に検討を積み重ねていくことになります。

2 インクルーシブ保育における合理的配慮の例

文部科学省は合理的配慮の例として，以下の共通事項を挙げています。

- バリアフリー・ユニバーサルデザインの観点を踏まえた障害の状態に応じた適切な環境整備
- 障害の状態に応じた身体活動スペースや遊具，運動器具等の確保
- 障害の状態に応じた専門性を有する教員等の配置

- 移動や日常生活の介助および学習面を支援する人材の配置
- 障害の状態を踏まえた指導の方法等について指導・助言する理学療法士，作業療法士，言語聴覚士及び心理学の専門家等の確保
- 点字，手話，デジタル教材等のコミュニケーション手段の確保
- 一人一人の状態に応じた教材等の確保（デジタル教材，ICT 機器等の利用）
- 障害の状態に応じた教科における配慮

　これらを踏まえて，インクルーシブ保育における合理的配慮の例を以下に示します。

① 視覚障害

　視覚に障害のある子どもへの合理的配慮を行っていくためには，視覚障害の程度や配慮について，眼科や視機能訓練士などの専門家との連携が必須です。軽度の弱視であれば，白黒や色のコントラストのはっきりした絵本を個別に用意したり，集団保育の中では大型絵本や紙芝居をできるだけ近くで見えるようにしたりするなどの配慮が考えられます。盲児には，触ると光ったり音が鳴ったりするおもちゃ，CD 絵本や布絵本など触覚を使った教材を用意することも考えられます。施設整備面では，移動の経路を示す点字ブロックや目印となる回転灯などがあるとよいですが，整備されていない場合は，既存の環境の中にある手すりを用いたり，壁沿いに誘導用のロープや鈴をつけたりするなどの工夫での対応も考えられます。廊下に物を置かない，手掛かりとなる物を移動させない，という配慮を園の職員全体に周知していくことも，大切な配慮といえます。

② 聴覚障害

　聴覚に障害のある子どもへの合理的配慮についても，耳鼻科や言語聴覚士などの専門家との連携は必須です。軽度難聴で補聴器を使用していない場合には，どちらの方向から，どのくらいの距離，どのくらいの大きさで話せばよいかなどについて園全体職員への周知が必要です。補聴器を使用している子どもでも，騒音のあるところや複数の人が話している場面では，離れたところにいる先生の声を聞きとることが難しくなります。離れたところからマイク（送信機）を通して話された声を直接聞き取る FM 式補聴器もありますが，送信機をだれが装着し，いつどこで使用するかなどについても話し合っておく必要があるでしょう。教室の中では保育士の近くに座らせ，口元の動きでことばを読み取れるようにゆっくりと話すなどの配慮も大切です。手話を使ったり，絵カード，図形シンボルや文字などの拡大代替コミュニケーション手段を用いたりすることも合理的配慮となります。

③ 知的障害

　知的障害のある子どもに対しても医療や療育機関などとの連携は欠かせません。看護師や補助職員配置の有無，与薬や発作などの緊急時の協力体制などについて事前の話し合いが必要です。発達や興味に合わせた教材教具を準備することも大切なので，発達のアセスメントやご家庭との十分な情報共有が必要です。

　食事では，咀嚼状況に合わせて食材を小さく切ったり，柔らかく煮たり，つぶしたりという配慮がどこまでできるか，園と保護者の間で話し合い，合意を得ていきます。着脱に関しては，指定の園服がある場合，ボタンを大きくしたり，マジックテープにしたり，ファスナーにフックをつけたりするなどの工夫などが考えられます。言語コミュニケーションに関しては，発達状況に合ったことばかけや，マカトン法のサインや図形シンボル，絵カードや写真などの拡大代替コミュニケーション手段を使用していくことが考えられます。

④ 肢体不自由

肢体不自由のある子どもたちに対しても，地域の病院や療育施設などの医師や理学療法士，作業療法士などの専門家との連携が必須です。壁や廊下，トイレの壁面への手すりの設置，車いすやストレッチャー，歩行器などでの移動のための部屋の出入り口の段差の解消，スロープの設置，ドアノブを引き戸にする，水道の蛇口をユニバーサルデザインのレバーにする，などの基礎的環境整備は園の過度の負担とならない範囲内で検討します。エレベーターがない施設では，1階の教室を利用するなどの配慮で対応することも考えられます。教室内に座位保持椅子やリラクゼーションのためのうつ伏せマットやクッションなどを使用する場合は，設置場所や使用時間などについても話し合います。

医療的ケアの必要な子どもに対しては看護師や介助員などの人的環境整備が進んでいくことが望まれますが，園での排痰機器の使用や加湿器，空気清浄機などの機器の設置，停電時の電源の確保などについても合意が必要です。食形態や食具の工夫，食事時の姿勢介助などについても十分な話し合いが必要です。

⑤ 自閉スペクトラム症（ASD）

ASD の子どもたちの中核症状は対人関係と社会性，こだわりの問題ですが，DSM-5 [46] では感覚の過敏性や鈍感さなどの問題が注目されています。大集団の中で過ごすことを嫌がる場合は，無理強いせず，指導者との1対1の関係の構築や小集団での活動によって安心して園生活が送れるようになるように配慮が必要です。安心して過ごせるスペースや個室を確保し，補助職員と離れたところから活動を見るなどの配慮が考えられます。教室の一角に段ボールなどで作ったパーティションを一つ置くだけでも落ち着けることがあります。聴覚過敏に対しては，イヤーマフの使用，視覚過敏に対してはサングラスの使用などが考えられます。少し手が濡れたり，汚れたりしただけでも嫌がり，のりや

粘土，泥砂などを触りたがらない場合は触覚過敏が原因であると考えられますので，直接手ではなく用具を使うなどの配慮が考えられます。

状況理解を促すためには，教室をパーティションや棚などで区切って，どこで何をするのかがわかりやすいように空間を構造化することが効果的です。ASD の子どもたちはことばでの指示よりも絵や図形シンボル，文字などの視覚的な刺激のほうが理解しやすいという特性がありますので，登園から降園までの一日の流れを示したスケジュールや手順表，約束表などを視覚的に示すことも重要な配慮となります。シンボルカードなどを手渡して意思を伝える PECS [47] 法の使用についても，園生活に合わせた語彙を選んだり，園生活の中で使用できるように介助したりするなどの人的支援も，合理的配慮として考えられます。

⑥ その他の発達障害 [48]

落ち着きのなさを主訴とする注意欠如・多動症（ADHD）や，不器用さを主訴とする発達性協調運動症，文字や数の理解が難しく将来的に学習障害の疑いのある子どもたちなど，知的に遅れはないけれども，情緒，行動，学習面などに難しさのある発達障害の子どもたちへの配慮としては，個々の発達特徴を分析し，環境や支援の方法を考えていくための専門的な見立てが必要ですので，専門家の助言を得て，具体的な配慮内容を保護者と話し合っていきます。

1）友達とのトラブルを繰り返す

原因によって配慮の方法は異なります。トラブルを起こしやすい友達と席を離したり，別のグループに配置したりするほか，クールダウンのための場所を確保したりするなどの配慮はとても重要です。虐待などの家庭環境によって，外界に対する緊張が慢性的に継続し，ADHD と同様の多動性や衝動性などを示す場合もあるため，家庭環境の問題がある場合は，児童相談所や家庭支援センターとの連携が必須です。

2）クラスの活動についていけない

　知的な遅れがなくても，運動面や認知面，言語面など，特定の発達領域に難しさがある場合がありますので，それぞれの特性に応じた合理的配慮を考えていきます。

　たとえば，手先が不器用で身支度に時間がかかる場合は，園服のボタンを山高のものから扱いやすい平たいものに変えたり，カバンをフックにかけるのではなく，かごの中に入れるようにしたり，といった工夫で，自分でも身支度ができるように援助をします。空間の把握が難しく，ロッカーの位置が覚えられないというような場合であれば，ロッカーを端のほうにしたり，目印となるネームサインを大きくしたり，本人の写真を貼ったりするなどの配慮が考えられます。言語理解に難しさがある場合は，まずは全体へのことばかけのあとに個別に声かけをするという配慮を行います。ことばだけでなく，身振りサインや絵，写真，図形シンボルなどを補助手段として用い，本人にとって目で見てわかりやすくしていく方法も考えられます。

3）活動に参加しようとしない

　園に来たがらない，来てもクラス活動に参加したがらないという場合も，まずは原因の分析が必要です。活動そのものが本人にとって苦手なものである場合は，本人にできる内容に変更したり，量を減らしたりするなどの配慮が考えられます。人が大勢参加する行事が苦手な場合は，無理強いせず，別室で待機するなどの配慮もよいでしょう。

　その他，障害の有無にかかわらず，支援の必要な子どもの合理的配慮は個別的に考えられるべきものであり，保護者と園，地域の関係者や発達支援の専門家などを交えた支援会議において十分に話し合い，取り組みの工夫についての具体的な内容を個別の支援計画に組み込み，随時見直しをしていくことが重要です。

▷ 1　障害者基本法（昭和45年法律第84号）は，障害者の自立及び社会参加の支援等のための施策に関し，基本原則を定め，及び国，地方公共団体等の責務を明らかにするとともに，障害者の自立及び社会参加の支援等のための施策の基本となる事項を定めること等により，障害者の自立及び社会参加の支援等のための施策を総合的かつ計画的に推進することを目的とする（第1条）。

▷ 2　教育現場では，支援の必要な子どもに対して，学校において一人一人のニーズに応じた指導目標や内容，方法等を示したものを「個別指導計画」といい，各関係機関の連携によって乳幼児期から学校卒業後まで一貫した支援を行うための教育的支援の目標や内容等を盛り込んだものを「個別の教育支援計画」という。福祉現場では，児童発達支援事業所で実施する具体的な支援内容を計画したものを「個別支援計画」といい，事業所の利用に際し，相談支援事業所が保育園や幼稚園，学校，医療関係なども含め，複数の機関での連携の方法などを盛り込んで作成するものを「サービス等利用計画・障害児支援利用計画」という。

▷ 3　バリアフリーとは障害者にとって活動の制限となる物理的な障壁を取り除いた設計になっているもののことで，ユニバーサルデザインとは，障害者だけのために特別に作られたものではなく，多くの方にとって使いやすいように設計されたものをいう。

▷ 4　Information and Communication Technology の略。コンピュータ，タブレット，プロジェクター，デジタルカメラなどの機器を使って，情報をわかりやすく伝えることを目的に開発された電子機器。

▷ 5　知的障害児・者の言語コミュニケーション促進のために手指サインや図形シンボルを用いた言語コミュニケーションの指導法。

▷ 6　米国精神医学会により開発された「精神診断と統計マニュアル」（Diagnostic and Statistical Manual of Mental Disorders）第5版の略。症状や行動特性に基づいて操作的に分類する診断基準。

▷ 7　Picture Exchange Communication System の略。音声言語によるコミュニケーションが困難な自閉症児・者のために開発された図形シンボルチップを手渡して意思を伝えるコミュニケーションの支援方法。

▷ 8　「発達障害」は発達障害者支援法第2条第1項によると「自閉症，アスペルガー症候群その他の広汎性発達障害，学習障害，注意欠陥多動性障害その他これに類する脳機能の障害であってその症状が通常低年齢において発現するものとして政令で定めるもの」と定義されている。自閉症は前項で説明しているため，この章では自閉症以外の発達障害のことを指す。

（東　敦子）

コラム5

インクルーシブ保育における法的及び
倫理的考え方

インクルーシブ教育・保育に関する法律は，「障害者の権利に関する条約（以下，障害者権利条約）」に始まり，その関連法令として「障害を理由とする差別の解消の推進に関する法律（以下，障害者差別解消法）[◁1]」，そしてそれを学校や幼稚園などにおいて推進する指針として「文部科学省所管事業分野における障害を理由とする差別の解消の推進に関する対応指針の策定について[◁2]」などが制定されています。本コラムでは，このようなインクルーシブ教育・保育をとりまく情勢において，保育現場でどのように倫理的な配慮をしていけばよいかについて考えていきます。

1　障害のある子どもの教育・保育の権利の尊重

インクルーシブ保育に関しては，まず，「児童の権利に関する条約[◁3]」に謳われている「子どもの最善の利益の尊重」の原理をおさえておくことが必要です。この原理は，保育所保育指針（2017）の基本原則の中で記載され，保育においても重視されています。障害のある子どもと障害のない子どもが共に育つインクルーシブ保育からとらえれば，障害の有無にかかわらず子ども一人ひとりの最善の利益が尊重されることを示しています。

しかし，実際には，障害のある子どもの教育・保育の権利が尊重されていないことが国際的な課題であり，これまで検討が重ねられてきました。その結果，2006年に国連総会で障害者権利が採択され，日本では2014年にようやく条約の批准がなされました。その第24条第1項では障害者の教育の権利を守るためにインク

ルーシブ教育システムを確保することが規定され，第2項では遵守すべき項目として，「障害者が障害を理由に通常の教育システムから排除されない」「個人の必要とする合理的配慮が提供される」などが記載されています。これらについて，次に詳しく述べていきます。

2　通常の教育・保育システムから排除されないこと

インクルーシブ保育とは，障害のある子どもと障害のない子どもが共に育つ保育であり，障害を理由にして障害のある子どもを一般の保育システムから排除してはいけないという原則に立っています。かつては，障害を理由に幼稚園・保育所への入園を拒否したことがありました。これまでも，これは倫理的・道徳的にも不適正な処置でしたが，現在では，2016年に障害者差別解消法が施行され，法律的にも不当であることが示されています。この法律は，すべての人が障害の有無によって分け隔てられることのない共生社会の実現に向け，障害者差別の解消を推進することを目的としています。そして，障害のある子どもに対する入園拒否は論外ですが，障害を理由に対応の順序を後回ししたり，施設やそれらのサービスを利用させなかったり，行事や式典参加を拒むことは，不当な差別的取り扱いであり，障害者の権利利益の侵害とみなされています。

3　子どもに必要とされる合理的配慮の提供

合理的配慮（reasonable accommodation）とは，こ

れまで馴染みのなかった用語ですが，障害者権利条約第24条に記載されたことから使われるようになりました。教育についての障害児の権利を認め，この権利を差別なしに実現するにあたり，子どもの障害の特性に応じて，また社会的障壁の除去に対して提供されるのが合理的配慮です。障害のある子どもは，障害のない子どもと同じ条件や環境では平等な保育を享受できないことが起こってきます。例えば，知的障害のある子どもは，クラス全員に向けた指示では理解できないなどです。その時には理解できるように個別の指導体制をとるなど，障害があることによって障害のない子どもよりも不利にならないように配慮することが求められているのです。

ところで，障害者差別解消法では，本人が学校などの機関に合理的配慮を申し出るようになりました。ただし，知的障害や発達障害などの障害をもつ人や幼い子どものように，本人の意思の表明が困難な場合には，家族等が本人を補佐して行います。合理的配慮の申し出を受けた機関では，それに応じた配慮をしなければなりませんが，幼稚園・保育所等では，日頃の子どもの行動観察から支援や対応が必要と考えられる場合には，本人や家族からの合理的配慮を求める意思の表明がなくとも，園側から自主的に，子どもの障害の特性に合わせた措置や環境の整備を行うことが望ましいです。その際にはそれらの合理的配慮について本人や家族にしっかりと説明することが必要です。

4 気をつけなければならない倫理的配慮

① インフォームド・コンセント

医療やカウンセリングで使われる倫理の用語としてインフォームド・コンセント（informed consent）があります。これは，「説明した上での合意」という意味です。支援者は支援を行うにあたって，被支援者に支援内容を説明し，被支援者の合意を得ることが求められるのです。インクルーシブ保育に置き換えると，

前述した合理的配慮の説明の場合がそれにあたります。保育者がよかれと思って合理的配慮を行っても本人や家族は納得していないかもしれません。合理的配慮の「目的や方法」「効果や限界」「記録や情報の守られ方」など，必要に応じて説明して，理解を得るよう努めることが必要です。そして，本人や家族が説明を受けた上で，合理的配慮の実施について自己決定することを尊重します。

しかし，実際には，様々な側面を配慮した適切なインフォームド・コンセントはなかなか難しいものです。特に，幼児期には障害の診断がなされていない場合があり，親は自分の子どもの障害を認めたくないことがよくあります。そのような時には，保育者から一方的に合理的配慮の内容について告げるのではなく，まずは子どもの発達や行動特徴などについて家族と情報共有を行い，信頼関係を築いていくことが大切です。そして，子どもにとってどのような配慮が必要であり，それによりどのような発達や変化がなされるかについてしっかりと説明して，家族に理解してもらえるようにします。

② プライバシーへの配慮

インクルーシブ保育では，同じ保育の場で障害のある子どもと障害がない子どもが共に保育をうけています。そのような保育の場において，障害のある子どものプライバシーへの配慮をどのようにするかが問題となってきます。障害のある子どもの家族がその障害について開示することを拒否するのであれば，その意思を尊重して，プライバシーを守らなければなりません。また，障害のある子どもに合理的配慮をする場合も同様です。クラス全員で障害のある子どもへの合理的配慮を知って，それに協力し合うことができれば配慮はより効果的になります。しかし，自分の子どもだけ合理的配慮をしてもらうことに抵抗がある，あるいはそれを知られたくない保護者がいるかもしれません。そ

の場合もプライバシーへの配慮が必要です。しかし，共に育つという理念に基づけば，障害のある子どもの行動特性をクラスの友だちやその親が理解した上で協力し合うことは，子どもたちが共に育つ上でなくてはならないことです。保護者との信頼関係を少しずつ築きながら，理解してもらえるように向き合うことが保育者には求められます。

③ 個人情報の保護

インクルーシブ保育における障害特性に関する情報共有は，保育者が得た子どもやその保護者に関する個人情報のすべてを，誰にでも話してよいということではありません。共有するのは，共に育つために必要な情報だけであることを忘れてはいけません。そして，その情報共有は共に育つ場だけで行い，それ以外の場で個人が特定されるような情報をむやみに拡散しないように気を付けます。

ところで，2005年には，「個人情報の保護に関する法律」（以下，個人情報保護法）が施行され，どの分野でも個人情報の取り扱いを慎重に行うようになりました。インクルーシブ保育では，特に，子どもに関する様々な個人情報を保有しているので，個人情報の保護には十分な配慮が必要です。そのためには，個人情報の適切な管理（記録と保管）や個人情報の漏洩や不正利用等の防止について，しっかりと対策をとっておかなければなりません。

▷1 「障害を理由とする差別の解消の推進に関する法律（平成25年法律第65号）
　国の行政機関や地方公共団体等及び民間事業者による「障害を理由とする差別」の禁止，国の行政機関や地方公共団体等による「合理的配慮の不提供」の禁止，差別を解消するための取組について政府全体の方針を示す「基本方針」の作成等について定められている。
http://www8.cao.go.jp/shougai/suishin/sabekai.html
▷2 「文部科学省所管事業分野における障害を理由とする差別の解消の推進に関する対応指針の策定について」
　これは，平成27年11月26日付けで，文部科学省生涯学習政策局長・初等中等教育局長から提出された通知である。http://www.mext.go.jp/a_menu/shotou/tokubetu/material/1364725.htm
▷3 「児童の権利に関する条約」
　この条約，国際人権規約において定められている権利を児童に広げて適用し，児童の権利の尊重及び確保の観点から必要となる事項を規定したものである。1989年の第44回国連総会において採択され，日本では1994年に批准された。

（尾崎康子）

第3章

日本におけるインクルーシブ保育導入の背景

　　インクルーシブ保育は，単なる統合保育の言い換えではありません。
そこには理念があり，理論があり，歴史があり，そして現在の形があり
ます。本章では，日本におけるインクルーシブ保育の展開過程や法律的
位置付け，今日的課題など，個々の障害のある子どもや，クラスの中の
保育の理解だけでなく，システムとしてのインクルーシブ保育について
総合的に理解します。そのために，幼稚園教育要領や保育所保育指針は
当然のこと，障害者権利条約や障害者差別解消法，およびそこで示され
ている合理的配慮の考え方など，インクルーシブ保育に直接的にも間接
的にもかかわってくる大切な法規や概念を押さえておくことは重要です。

第3章　日本におけるインクルーシブ保育導入の背景

 日本における
インクルーシブ保育の導入

 日本における障害児支援の展開

　戦前から戦後期にかけての障害児保育は，1916（大正5）年京都市立盲唖院聾唖部幼稚部，1926（大正15）年京都盲唖保護院「京都聾口話幼稚園」，1928（昭和3）年東京聾唖学校予科での実践がその始まりとして知られています。これらの実践は他の盲学校や聾唖学校予科での実践の参考となり，戦後「学校教育法」制定に基づく盲学校・聾学校制度においても幼稚部の実践の基盤となっていきました。

　戦後に入り，1960年代にはアメリカの教育心理学者 S. A. カークの知的障害児に対する「教育可能性」の指摘と実践に関する研究結果が日本に紹介されます。この反響は大きく，知的障害児の「早期支援」の成果と重要性について関係者を中心に関心が高まり，特に病院や大学および附属機関で障害乳幼児への支援実践が試みられるようになります。そして1970年代には「心身障害児通園事業」が事業化され，全国的に「社会的資源の拡大を促進」し，通園事業が「地域療育の拠点」として地域での障害児の生活を支えていきます。◁1

　知的障害児を対象とする精神薄弱児通園施設も，従来は小学校や養護学校等への就学猶予・免除の措置がなされた，原則として満6歳以上の中程度の知的障害（IQ25〜50程度）を有する児童が対象でした。しかし1974（昭和49）年「精神薄弱児通園施設に関する通知の改正について」により満6歳以上の規定が撤廃され，多くの精神薄弱児通園施設は障害乳幼児を対象とした施設へ転換（「幼児施設化」）していきます。1970年代には肢体不自由児通園施設も難聴幼児通園施設もそれぞれ整備され，「三通園」として地域での障害児の療育機関の中核を担っていくことになりました。

　このように，戦前から戦後1970年代にかけて，日本では障害児に対する専門的な支援を行う支援機関が成立してきました。その特徴としては「心身障害児通園事業」を除くと，視覚障害，聴覚障害，知的障害，肢体不自由等とそれぞれの障害に応じた支援の専門性を確立してきたことが挙げられます。今日のインクルーシブ保育においても，地域で障害児が生活していくためには，障害の状態に応じて特別支援学校幼稚部や療育機関等で適切な支援を受けられる機会が保障されることは必要です。そのため，これらの支援機関に関しては今後ますます整備拡充が図られるとともに，支援機関にアクセスしやすくしていくための環境整備も求められます。

▷1　柚木馥（1997）．心身障害児通園事業施設の位置づけとその問題　岐阜大学教育学部研究報告　人文科学，46(1)，143-170．

② 日本におけるインクルーシブ保育の展開

　日本におけるインクルーシブ保育に関しては，1974（昭和49）年に保育所での「障害児保育事業の実施について」の中で，別紙「障害児保育事業実施要綱」が出され，おおむね４歳以上の精神薄弱児，身体障害児等で，障害の程度が軽く集団保育が可能な幼児を対象に「指定保育所方式」による障害児保育の制度化がなされました。さらに同通知は1978（昭和53）年「保育所における障害児の受入れについて」により，障害の程度は「一般的に中程度」，「健常児との混合により行う」と改正されました。この保育所での障害児保育事業は「健常児との混合」という言葉に示されているように，障害のある子どもとない子どもとが共に保育を受ける「統合保育」形態が採られており，今日のインクルーシブ保育の源流となっていきます。

　保育所での障害児保育実施状況は，2016（平成28）年度３月31日時点で全国１万6,482の保育所で６万4,718名が対象となっており，平成23年度の１万4,493か所，４万8,065名と比較すると５年間で大幅に増加し，日本での保育所におけるインクルーシブ保育は急速に拡大していることが見て取れます。[3]

　一方幼稚園に関しては，1974年の「私立幼稚園特殊教育費国庫補助」事業に基づき，一定数の障害児の受け入れに対して特殊教育のための国庫補助を行う形で助成制度が設けられました。しかし同制度は必要な受け入れ対象児数が多いこと，公立幼稚園は対象にならないこと等から広く活用されませんでした。この事業以降も基本的には保育所と異なり，国の障害児保育事業は整備されませんでしたので，幼稚園での障害児の受け入れやインクルーシブ保育の展開は各地域・園に委ねられました。そのため，都道府県ごとの偏在も重なり，幼稚園での障害児の受け入れやインクルーシブ保育は，地域によって大きく異なっています。

　このような中で2007（平成19）年から始められた特別支援教育制度は幼稚園も対象に規定したため，園内委員会の設置等特別支援教育の体制整備が進み，今日では，発達障害児の受け入れとインクルーシブ保育が進んできています。

③ まとめ

　日本では，障害児を主な対象とした特別支援学校や療育機関等の専門機関での支援と幼稚園・保育所等での支援との２つの流れの中でインクルーシブ保育が展開されてきました。今日の地域におけるインクルーシブ保育システムはこの２つの系譜の上に展開されています。今後もこれまでの地域での発展過程を踏まえ，各支援機関が地域特性に応じたインクルーシブ保育システムの構築に努めていくことが必要です。そのためにも保育者は，地域でのインクルーシブ保育システム構築のプロセスについて，学びを通して理解することが求められます。

（田中　謙）

▷2　障害児の受け入れを行う保育所を行政が指定し，その保育所に集中的に障害児を在籍させ，加配保育士等を配置し支援の充実を図る方式

▷3　内閣府『平成30年版障害者白書』https://www8.cao.go.jp/shougai/whitepaper/h30hakusho/zenbun/index-pdf.html

第3章 日本におけるインクルーシブ保育導入の背景

 **市区町村における
インクルーシブ保育の推進**

 市区町村におけるインクルーシブ保育の推進

　インクルーシブ保育は，地域単位での整備が求められます。この場合の地域とは行政機能を考慮すると，市区町村単位が一つの基準になると考えられます。ただし，資源が限られる地方部では複数の基礎自治体で圏域を構成することも考えられ，地域特性に応じた柔軟なシステム作りが求められます。

　インクルーシブ保育は狭義には一つの施設の中で障害のある子どもとない子どもで編成された集団での保育を指しますが，今日ではインクルーシブ保育は，障害のある子どもとない子どもも一人ひとりの豊かな生活が地域で保障され，地域で子育て支援が行われるという視点から考える必要があります。この視点に立つと，地域の子ども・子育てにかかわる支援機関がよりよい保育，子育て支援に地域で取り組んでいくことがインクルーシブ保育の推進につながります。

　この地域でのインクルーシブ保育の推進に取り組む主な子ども・子育てにかかわる支援機関としては，表3-1に挙げたようなものがあります。これらの支援機関の設置は自治体ごとに異なるため，各自治体は既存の支援機関の整備拡充を進めつつも，障害児にとってより豊かな生活環境をもたらす施設の必要性（ニーズ）を把握し，必要な施設は誘致したり自治体が開設したりする「ビジョン」をもつ必要があります。

　またすでに自治体の中には，公立幼稚園において保育室内で支援を行ったり，別室で個別支援を行ったりするなど，園内で柔軟に特別な支援ニーズのある子どもに対応できる職員を加配する組織を設置する単独事業を導入しているところもあります。このように自治体の単独事業は特に地域でのインクルーシブ保育体制に大きな影響を与えます。地域でのインクルーシブ保育のあり方は自治体のデザインにより大きく変わるのです。

　そして地域でインクルーシブ保育体制を整備していくためには，各支援機関の職員間で連携を図り，共同（協働）していくことが必要なことは言うまでもありません。インクルーシブ保育は自園にのみ目が向いている状態では進まないのです。自園だけでなく，他の支援機関での実践についても積極的に学ぶことができるよう働きかけていくことも，インクルーシブ保育推進に向けた保育者の重要な役割です。

　　　　　　　　　　　　　　　　　　　　　　　　　　　　　（田中　謙）

表3-1 子ども・子育てに関わる主な支援機関

施設・事業等	法的根拠	目的・概要
幼 稚 園	学校教育法第1条，22条等	【目的】義務教育及びその後の教育の基礎を培うものとして，幼児を保育し，幼児の健やかな成長のために適当な環境を与えて，その心身の発達を助長すること
特別支援学校幼稚部	学校教育法第1条，72条，76条第2項等	【目的（特別支援学校）】視覚障害者，聴覚障害者，知的障害者，肢体不自由者又は病弱者（身体虚弱者を含む。以下同じ。）に対して，幼稚園，小学校，中学校又は高等学校に準ずる教育を施すとともに，障害による学習上又は生活上の困難を克服し自立を図るために必要な知識技能を授けること
保 育 所	児童福祉法第39条等	【目的】保育を必要とする乳児　幼児を日々保護者の下から通わせて保育を行うこと
地域型保育事業	児童福祉法第6条の3第9～11項等	【概要】「家庭的保育事業」「小規模保育事業」「居宅訪問型保育事業」「事業所内保育事業」の4事業が当該し，0～2歳児を対象に待機児童対策や少子化地域における子育て支援機能維持など地域における多様な保育ニーズに対応する事業
児童発達支援センター	児童福祉法第43条等	【目的】障害児を日々保護者の下から通わせて，以下のような支援を提供すること 福祉型児童発達支援センター：日常生活における基本的動作の指導，独立自活に必要な知識技能の付与又は集団生活への適応のための訓練 医療型児童発達支援センター：日常生活における基本的動作の指導，独立自活に必要な知識技能の付与又は集団生活への適応のための訓練及び治療
児童発達支援事業（所）	児童福祉法第6条の2の2第2項等	【概要】日常生活における基本的な動作の指導，知識技能の付与，集団生活への適応訓練その他の厚生労働省令で定める便宜を供与
幼保連携型認定こども園	認定こども園法※第2条第7項等	【目的】義務教育及びその後の教育の基礎を培うものとしての満三歳以上の子どもに対する教育並びに保育を必要とする子どもに対する保育を一体的に行い，これらの子どもの健やかな成長が図られるよう適当な環境を与えて，その心身の発達を助長するとともに，保護者に対する子育ての支援を行うこと
企業主導型保育事業	子ども・子育て支援法第59条の2等	【概要】企業が自社の従業員の働き方に応じて多様で柔軟な保育サービスを提供
自治体単独事業	条例等	【概要】各自治体が単同事業として児童発達支援に類した療育サービス等を提供
保健所・市町村保健センター	地域保健法第5条，6条（保健所），18条（市町村保健センター）等	【概要】1歳6か月児健康診査，3歳児健康診査後等にフォローアップを目的に支援教室等を開催
病院等医療機関	医療法第1条の5等	【概要】病院等医療提供機関がリハビリテーション等を目的に療育サービスを提供
NPO等民間団体	―	【概要】個人，障害児親の会，NPO法人，株式会社等多様な主体が療育サービス等を提供

※　認定こども園法＝就学前の子どもに関する教育，保育等の総合的な提供の推進に関する法律

第3章 日本におけるインクルーシブ保育導入の背景

 日本の保育制度と政策

① 日本の保育制度

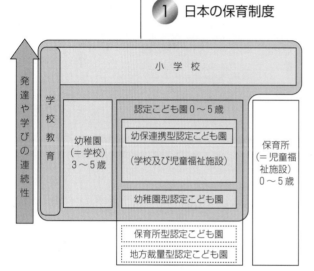

図3-1 乳幼児期における教育・保育の制度

出所：平成27年10月23日文部科学省中央教育審議会初等中等教育分科会教育課程
部会幼児教育部会資料9「幼児教育に関する資料」に一部加筆。

　日本の保育制度は大別すると3つの系譜に分類することができます。1つ目が幼稚園で，文部科学省が所管する学校に位置付けられます。2つ目が保育所で，厚生労働省が所管する児童福祉施設に位置付けられます。3つ目は幼保連携型認定こども園で，内閣府が所管する学校・児童福祉施設に位置付けられます。日本では，この3つの施設が保育制度の中核を担う施設として整備が進められています。

　この3つの施設の制度的概要は図3-1，表3-2のとおりです。それぞれ設置・運営等に係る基準や保育時間，資格，設備等が異なりますので，年間での保育実践のあり方も当然異なってきます。もちろんインクルーシブ保育に係る計画の立案・作成も変わってきますので，まずは制度の違いをしっかりと理解することが必要です。

② 市区町村での保育制度

　自治体における幼稚園，保育所，認定こども園の所管に関しては，公立園の

 表3-2 3つの施設の制度的概要

	幼稚園	保育所	幼保連携型認定こども園
所　　管	文部科学省	厚生労働省	内閣府
設置・運営等基準	幼稚園設置基準	児童福祉施設の設備及び運営に関する基準	幼保連携型認定こども園の学級の編制，職員，設備及び運営に関する基準
教育・保育内容基準	幼稚園教育要領	保育所保育指針	幼保連携型認定こども園教育・保育要領
保育時間	4時間を目安	8時間（保育短時間） 11時間（保育標準時間）	1号認定：4時間を目安（教育標準時間） 2・3号認定：8時間（保育短時間） 　　　　　　　　11時間（保育標準時間）
年間保育日数	39週以上を原則に各施設で決定	各施設で決定	各施設で決定
資格・免許	幼稚園教諭免許状	保育士資格	保育教諭（幼稚園教諭免許状＋保育士資格）
給食施設	施設設備不要	施設設備必要	施設設備必要

場合は設置自治体（教育委員会等）になりますが，私立園の場合は都道府県知事部局（政令市等を除く）となることが多くあります。また私立園は設置法人の理念，方針に基づき独自の保育理念，目標に基づき経営がなされていくため，基礎自治体である市区町村の行政的関与は限定的となります。

　そのため，市区町村でインクルーシブ保育体制を整備していく上では，私立園へ積極的に地域でのインクルーシブ保育推進への関与を求めることが必要となります。また従来，幼稚園の管轄は教育委員会，保育所の管轄は福祉部保育課と行政が異なる自治体が多いなか，近年では幼稚園，保育所，認定こども園を一括で所管する「子ども課」等を組織化する自治体も見られるようになってきました。このような組織改編により，どの園にどのように子どもが在籍しているか一元管理ができるようになり，関係機関との連携や幼稚園，保育所，認定こども園の職員に対するインクルーシブ保育関連研修を一体的に運営できる等のメリットが生じています。

　インクルーシブ保育では，各園での合理的配慮[1]のみならず，行政の支援を受けながら基礎的環境整備[2]も進めていかなければなりません。そのためには行政レベルでの大きな組織改革も必要であり，現場で保育実践に臨む保育者も，インクルーシブ保育体制の整備を進めるための行政のあり方に関心を払っていく必要があります。

③ 学齢期以降の学童保育・放課後等デイサービスとのつながり

　もう一つ重要なことが，就学前期に続く学齢期の学童保育[3]・放課後等デイサービス[4]とのつながりです。

　就学前期は幼稚園，保育所，認定こども園いずれにおいてもインクルーシブ保育が進みつつありますが，学齢期以降，主に放課後の支援を行う学童保育・放課後等デイサービスは障害の有無により利用状況が異なる現状にあります。

　放課後等デイサービスは，実際には放課後のみならず，土日等の休日や夏休み・冬休み・春休み等の長期休業期間に野外活動や日帰り旅行を行うなど，障害児のいる家庭だけでは体験が困難な体験活動サービスを提供しており，学童保育では提供が難しいサービスも少なくありません。そのため，簡単に一元化を図ることは容易ではありませんが，今後日本社会がインクルーシブ保育からダイバーシティ・インクルーシブ社会を目指す上では，障害の有無による利用サービスの分断は，必ずしも合理的とは言い切れません。

　インクルーシブ保育を考える上では，現状をしっかりと理解し，必要に応じて社会システムを変革していくソーシャルアクション[5]も保育者には求められます。インクルーシブ保育については，今後は実践だけでなくしっかりと日本の保育制度と政策に関する基礎知識も身につけ，システムの在り方も考えられる保育者が必要とされるのです。

（田中　謙）

▷1　合理的配慮とは障害のある子どもが，他の子どもと平等に「教育を受ける権利」を享有・行使することを確保するために，学校の設置者及び学校が，必要かつ適当な変更・調整を行うことであり，障害のある子どもに対し，その状況に応じて，学校教育を受ける場合に個別に必要とされるものである。ただし学校の設置者及び学校に対して，体制面，財政面において，均衡を失したまたは過度の負担を課さないものであることに留意する必要がある。

▷2　「合理的配慮」の基礎となる環境整備のことであり，①ネットワークの形成・連続性のある多様な学びの場の活用，②専門性のある指導体制の確保，③個別の教育支援計画や個別の指導計画の作成等による指導，④教材の確保，⑤施設・設備の整備，⑥専門性のある教員，支援員等の人的配置，⑦個に応じた指導や学びの場の設定等による特別な指導，⑧交流及び共同学習の推進があげられる。

▷3　児童福祉法第6条の3第2項の規定に基づく放課後児童健全育成事業。

▷4　児童福祉法第6条の2の2第4項の規定に基づく障害児通所支援の一種。

▷5　間接援助技術の一つで，社会資源の創出や社会環境の改善，政策形成等を立法機関・行政機関等社会に働きかける支援方法

第3章 日本におけるインクルーシブ保育導入の背景

 インクルーシブ保育に関連する法令等

① 日本国憲法・国際法

インクルーシブ保育は，国際的な枠組みの下で捉える必要があります。まず基盤となる法令が日本国憲法です。日本国憲法では障害の有無にかかわらず，すべての国民の法の下の平等と，教育を受ける権利とが保障されています。

日本国憲法（一部抜粋）

第十四条

　すべて国民は，法の下に平等であつて，人種，信条，性別，社会的身分又は門地により，政治的，経済的又は社会的関係において，差別されない。

第二十六条

　すべて国民は，法律の定めるところにより，その能力に応じて，ひとしく教育を受ける権利を有する。

その上で，日本は国際社会の中で，条約によって障害のある子どもの権利等を保障する枠組みに参加しています。例えば「児童の権利に関する条約」で児童の権利を保障し，「障害者の権利に関する条約」で障害者の人権及び基本的自由の完全かつ平等な享有，障害者固有の尊厳の尊重に努める社会システムの実現に取り組んでいます。

② 法　令

条約に基づき，国内で障害のある子どもの権利を保障する社会システムを整備するためには，国内法の整備が不可欠です。主な国内法には表3-2のようなものが考えられます。「障害を理由とする差別の解消の推進に関する法律」（障害者差別解消法）のように近年は「障害者の権利に関する条約」に基づく国内体制整備を図る法律も整備されており，これらの法整備がインクルーシブ保育体制の整備を推進しています。

また法整備は，法律だけでは十分ではなく，政令（例えば学校教育法施行令や児童福祉法施行令等），省令（学校教育法施行規則や児童福祉法施行規則等）で具体的に基準等が整備されています。保育現場でインクルーシブ保育体制整備を進めるためには，政令，省令もしっかりと確認する必要があるでしょう。

▷1　児童の権利に関する条約（児童権利条約）は1989（平成元）年第44回国連総会で採択され1990年に発効した全54条からなる条約（日本の批准は1994年）。

▷2　障害者の権利に関する条約（障害者権利条約）は2006（平成18）年第61回国連総会で採択され2008年に発効した全50条からなる条約（日本の批准は2014年）。

障害を理由とする差別の解消の推進に関する法律（障害者差別解消法）2013（平成25）年6月26日法律第65号：全6章26条からなる法律であり，障害を理由とする差別の解消の推進に関する基本方針や行政機関等及び事業者における障害を理由とする差別を解消するための措置について規定されている。

表3-2 障害のある子どもの権利保障に関する主な国内法

法　律　名	法律番号	概　　要
教育基本法	2006（平成18）年12月22日法律第120号	教育の原則に関する法律
学校教育法	1947（昭和22）年3月31日法律第26号	学校教育に関する法律
社会福祉法	1951（昭和26）年3月29日法律第45号	社会福祉に関する法律
児童福祉法	1947（昭和22）年12月12日法律第164号	児童の福祉に関する法律
就学前の子どもに関する教育，保育等の総合的な提供の推進に関する法律	2006（平成18）年6月15日法律第77号	幼保連携型認定こども園に関する法律
母子保健法	1960（昭和40）年8月18日法律第141号	母子保健に関する法律
障害者基本法	1970（昭和45）年5月21日法律第84号	障害者の社会参加等に関する法律
障害を理由とする差別の解消の推進に関する法律	2013（平成25）年6月26日法律第65号	障害者差別の解消に関する法律
障害者の日常生活及び社会生活を総合的に支援するための法律	2005（平成17）年11月7日法律第123号	障害者支援に関する法律
知的障害者福祉法	1960（昭和35）年3月31日法律第37号	知的障害者福祉に関する法律
身体障害者福祉法	1949（昭和24）年12月26日法律第283号	身体障害者福祉に関する法律
精神保健及び精神障害者福祉に関する法律	1950（昭和25）年5月1日法律第123号	精神障害者福祉に関する法律
発達障害者支援法	2004（平成16）年12月10日法律第167号	発達障害者支援に関する法律
子ども・子育て支援法	2012（平成24）年8月10日法律第65号	子ども・子育て支援に関する法律

3 条例・要綱等

　インクルーシブ保育は市区町村単位で制度や支援機関整備が異なります。多くの市区町村では支援機関が条例等で整備され，障害児保育事業が要綱等で規定されています。そのため，各市区町村で関係各機関が連携して地域でのインクルーシブ保育体制整備を進めるためには，国の事業等のみならず，市区町村の事業等に関する理解を深めていく必要があります。　　　　　（田中　謙）

参考文献

韓昌完・井上里歩・矢野夏樹（2015）．インクルーシブ保育の観点に基づいた日本の保育制度・政策の分析──インクルーシブ教育評価指標（IEAI）を用いた評価・分析──琉球大学教育学部発達支援教育実践センター紀要，(7)，9-17.

第 3 章　日本におけるインクルーシブ保育導入の背景

 幼稚園教育要領，保育所保育指針，
特別支援学校幼稚部教育要領

 幼稚園教育要領，保育所保育指針，幼保連携型認定こども園教育・保育要領

　幼稚園教育要領，保育所保育指針，幼保連携型認定こども園教育・保育要領における障害児に関する記述を抜粋してまとめると，表3-3のようになります。

　1948（昭和23）年「保育要領」や，1956（昭和31）年幼稚園教育要領には記載がみられず，記載が確認できるようになるのは1964（昭和39）年の幼稚園教育要領改訂時からです。またその当時の記載は「問題行動のある幼児」「身体の虚弱な幼児」「知恵の遅れた幼児」と例示的に示されていました。

　しかし幼稚園，保育所等での障害児の受け入れが広がる1970〜80年代以降，幼稚園教育要領等においても障害児への配慮に関する記載が増加していくことが読み取れます。そして2017（平成29）年の3要領等の改訂・改定でいずれも障害児に関する記載が第1章の総則に位置づけられることになりました。このことは，今や幼稚園等で障害児の在籍が一般的になり，必要な合理的配慮等を行うことが幼稚園等の通常業務として位置づいたことを意味すると考えられます。

② 特別支援学校幼稚部教育要領

　主に視覚障害特別支援学校，聴覚障害特別支援学校に設置されている幼稚部の教育に関しては，特別支援学校幼稚部教育要領で規定がなされています。特別支援学校幼稚部教育要領の第2章ねらい及び内容では，「健康，人間関係，環境，言葉及び表現のそれぞれのねらい，内容及び内容の取扱い」については「幼稚園教育要領第2章に示すねらい，内容及び内容の取扱いに準ずるもの」となっており，幼稚園教育要領と共通しています。一方で，「個々の幼児が自立を目指し，障害による学習上又は生活上の困難を主体的に改善・克服するために必要な知識，技能，態度及び習慣を養い，もって心身の調和的発達の基盤を培う」ことが自立活動のねらいとされ，「健康の保持」「心理的な安定」「人間関係の形成」「環境の把握」「身体の動き」「コミュニケーション」の6内容から規定される自立活動が独自に設定されています。

　インクルーシブ保育では，基礎的環境整備と合理的配慮を計画的に進めていく必要があります。計画的に支援を進めるためには，幼稚園教育要領等をしっかりと読み込み，PDCAサイクルに基づいた計画的な保育を進める必要があることをしっかりと理解しましょう。

（田中　謙）

参考文献
園山繁樹・藤原あや（2017）．幼児期のインクルーシブ教育・保育に関する一考察─『幼稚園教育要領』と『保育所保育指針』記載事項の変遷を中心に─島根県立大学短期大学部人間と文化　1，221-226．

表3-4 幼稚園教育要領・保育所保育指針・幼保連携型認定こども園教育・保育要領における障害児に関する記述（抜粋）

年	要 領 等	記載箇所	内 容
1948 (S23)	保育要領	（記載なし）	
1956 (S31)	幼稚園教育要領	（記載なし）	
1964 (S39)	幼稚園教育要領改訂・告示	第3章 指導および指導計画作成上の留意事項	1 指導上の一般的留意事項 (3) 幼児の個人的特徴や生活環境などを観察し，調査してよくこれを理解し，その行動や態度などを適切に指導すること。特に問題行動のある幼児，身体の虚弱な幼児，知恵の遅れた幼児などに対しては，その原因を究明し，適切な指導を加え，また，必要に応じて専門家に相談して適切に取り扱うようにすること。
1989 (H元)	幼稚園教育要領改訂・告示	第3章 指導計画作成上の留意事項	2 特に留意する事項 (5) 心身に障害のある幼児の指導に当たっては，家庭及び専門機関との連携を図りながら，集団の中で生活することを通して全体的な発達を促すとともに，障害の種類，程度に応じて適切に配慮すること。
1998 (H10)	幼稚園教育要領改訂・告示	第3章 指導計画作成上の留意事項	2 特に留意する事項 (2) 障害のある幼児の指導に当たっては，家庭及び専門機関との連携を図りながら，集団の中で生活することを通して全体的な発達を促すとともに，障害の種類，程度に応じて適切に配慮すること。 (3) 幼児の社会性や豊かな人間性をはぐくむため，地域や幼稚園の実態等により，盲学校，聾（ろう）学校，養護学校等の障害のある幼児との交流の機会を積極的に設けるよう配慮すること。
2008 (H20)	幼稚園教育要領改訂・告示	第3章 指導計画及び教育課程に係る教育時間の終了後等に行う教育活動などの留意事項	2 特に留意する事項 (2) 障害のある幼児の指導に当たっては，集団の中で生活することを通して全体的な発達を促していくことに配慮し，特別支援学校などの助言又は援助を活用しての計画又は家庭や医療，福祉などの業務を行う関係機関と連携した支援のための計画を個別に作成することなどにより，個々の幼児の障害の状態などに応じた指導内容や指導方法の工夫を計画的，組織的に行うこと。 (3) 幼児の社会性や豊かな人間性をはぐくむため，地域や幼稚園の実態等により，特別支援学校などの障害のある幼児との活動を共にする機会を積極的に設けるよう配慮すること。
2017 (H29)	幼稚園教育要領改訂・告示	第1章 総則	第5 特別な配慮を必要とする幼児への指導 1 障害のある幼児などへの指導 障害のある幼児などへの指導に当たっては，集団の中で生活することを通して全体的な発達を促していくことに配慮し，特別支援学校などの助言又は援助を活用しつつ，個々の幼児の障害の状態などに応じた指導内容や指導方法の工夫を組織的かつ計画的に行うものとする。また，家庭，地域及び医療や福祉，保健等の業務を行う関係機関との連携を図り，長期的な視点で幼児への教育的支援を行うために，個別の教育支援計画を作成し活用することに努めるとともに，個々の幼児の実態を的確に把握し，個別の指導計画を作成し活用することに努めるものとする。
1965 (S40)	保育所保育指針刊行	第1章 総則	3．指導の基本方針〈問題行動のある子ども〉 (11) 集団生活その他の面で特に問題行動のある場合には，所長と相談し，必要に応じて専門家の助言を受けるなど適切な指導が行なえるようにすること。この場合，問題行動の有無の判定については，特に慎重に配慮すること。その他心身の発達に軽度の遅滞のある子どもが入所した場合においても，これに準じて指導すること。
		第2章 子どもの発達上の特性	1．身体的生活 (2) 運動機能の発達 （略）平均より早く発達する子どもは，一応心身に障害のない子どもとみなすことができるが，例外もある。また，運動機能の発達に遅れを示す子どもは，精神発達に遅れや何らかの身体的欠陥をもっていることもあるので精密検査を必要とする場合もあるが，発達の個人差による場合も少なくない。
		第11章 保健，安全管理上の留意事項	1．保健管理上の留意事項 (3) 健康診断に関すること オ．定期健康診断につきそい，その結果を記録し，医師によって指摘された障害を家庭に連絡して治療をすすめ，また，保育にあたって注意することを守る。 (6) その他 ア．虚弱児に対しては，それぞれの虚弱の程度や性質に応じて，所長と協議し，健康管理および指導上特に留意する。
1990 (H2)	保育所保育指針改定・通達	第2章 子どもの発達	3．子どもの生活と発達の援助 また，様々な条件により，子どもに発達の遅れや保育所の生活に慣れにくい状態がみられても，その子どもなりの努力が行われているので，その努力を評価して，各年齢別の発達の一般的な特徴を押しつけることなく，個々の子どもの発達の特性や発達の課題に十分に留意して保育を行う必要がある。
		第11章 保育の計画作成上の留意事項	(6) 障害児に対する保育については，個々の子どもの発達や障害の状態を把握し，適切な環境のもとで他の子どもとの生活を通して，両者がともに健全な発達が図られるように努めること。 また，特に指導を要する子どもについては，指導計画の展開にとらわれることなく柔軟に保育すること。

			これらの子どもを保育するに際しては，家庭との連携を一層密にし，必要に応じて専門機関からの助言を受けるなど適切に対応すること。
		第12章 健康・安全に関する留意事項	5．障害児に対する保育 個々の障害の種類，程度に応じた保育ができるように配慮し，家庭，主治医，専門機関との連携を密にする。また，他の子どもや保護者に対して，障害に関する正しい認識ができるように指導する。
1999 （H11）	保育所保育指針改定・通達	第2章 子どもの発達	3 子どもの生活と発達の援助 また，様々な条件により，子どもに発達の遅れや保育所の生活に慣れにくい状態がみられても，その子どもなりの努力が行われているので，その努力を評価して，各年齢別の発達の一般的な特徴を押しつけることなく，一人一人の子どもの発達の特性や発達の課題に十分に留意して保育を行う必要がある。
		第11章 保育の計画作成上の留意事項	9 障害のある子どもの保育 障害のある子どもに対する保育については，一人一人の子どもの発達や障害の状態を把握し，指導計画の中に位置づけて，適切な環境の下で他の子どもとの生活を通して，両者が共に健全な発達が図られるように努めること。 この際，保育の展開に当たっては，その子どもの発達の状況や日々の状態によっては指導計画にとらわれず，柔軟に保育することや職員の連携体制の中で個別の関わりが十分とれるようにすること。また，家庭との連携を密にし，親の思いを受け止め，必要に応じて専門機関からの助言を受けるなど適切に対応すること。
		第12章 健康・安全に関する留意事項	7 虐待などへの対応 (1) 虐待の疑いのある子どもの早期発見と子どもやその家族に対する適切な対応は，子どもの生命の危険，心身の障害の発生の防止につながる重要な保育活動と言える。 イ 虐待が疑われる子どもでは，次のような心身の状態が認められることがある。発達障害や栄養障害，体に不自然な傷・皮下出血・骨折・やけどなどの所見，脅えた表情・暗い表情・極端に落ち着きがない・激しい癇癪・笑いが少ない・泣きやすいなどの情緒面の問題，言語の遅れが見られるなどの発達の障害，言葉が少ない・多動・不活発・乱暴で攻撃的な行動，衣服の着脱を嫌う，食欲不振・極端な偏食・拒食・過食などの食事上の問題が認められることもある。
		第13章 保育所における子育て支援及び職員の研修など	今日，社会，地域から求められている保育所の機能や役割は，保育所の通常業務である保育の充実に加え，さらに一層広がりつつある。通常業務である保育においては，障害児保育，延長保育，夜間保育などの充実が求められている。 1 入所児童の多様な保育ニーズへの対応 (1) 障害のある子どもの保育 障害のある子どもの保育に当たっては，一人一人の障害の種類，程度に応じた保育ができるように配慮し，家庭，主治医や専門機関との連携を密にするとともに，必要に応じて専門機関からの助言を受けるなど適切に対応する。 また，地域の障害のある子どもを受け入れる教育機関等との連携を図り，教育相談や助言を得たり，障害のある幼児・児童との交流の機会を設けるよう配慮する。なお，他の子どもや保護者に対して，障害に関する正しい認識ができるように指導する。 さらに，保育所に入所している障害のある子どものために必要とされる場合には，障害児通園施設などへの通所について考慮し，両者の適切な連携を図る。 (3) 特別な配慮を必要とする子どもと保護者への対応 保育所に入所している子どもに，虐待などが疑われる状況が見られる場合には，保育所長及び関係職員間で十分に事例検討を行い，支援的環境の下で必要な助言を行う。 また，子どもの権利侵害に関わる重大な兆候や事実が明らかに見られる場合には，迅速に児童相談所など関係機関に連絡し，連携して援助に当たる。保護者への援助に当たっては，育児負担の軽減など保護者の子育てを支援する姿勢を維持するとともに，その心理的社会的背景の理解にも努めることが重要である。
2008 （H20）	保育所保育指針改定・告示	第2章 子どもの発達	2 発達過程 子どもの発達過程は，おおむね次に示す八つの区分としてとらえられる。ただし，この区分は，同年齢の子どもの均一的な発達の基準ではなく，一人一人の子どもの発達過程としてとらえるべきものである。また，様々な条件により，子どもに発達上の課題や保育所の生活になじみにくいなどの状態が見られても，保育士等は，子ども自身の力を十分に認め，一人一人の発達過程や心身の状態に応じた適切な援助及び環境構成を行うことが重要である。
		第4章 保育の計画及び評価	1 保育の計画 (3) 指導計画の作成上，特に留意すべき事項 ウ 障害のある子どもの保育 (ア) 障害のある子どもの保育については，一人一人の子どもの発達過程や障害の状態を把握し，適切な環境の下で，障害のある子どもが他の子どもとの生活を通して共に成長できるよう，指導計画の中に位置付けること。また，子どもの状況に応じた保育を実施する観点から，家庭や関係機関と連携した支援のための計画を個別に作成するなど適切な対応を図ること。 (イ) 保育の展開に当たっては，その子どもの発達の状況や日々の状態によっては，指導計画にとらわれず，柔軟に保育したり，職員の連携体制の中で個別の関わりが十分行えるようにすること。 (ウ) 家庭との連携を密にし，保護者との相互理解を図りながら，適切に対応すること。 (エ) 専門機関との連携を図り，必要に応じて助言等を得ること。
		第5章 健康及び安全	3 食育の推進 (4) 体調不良，食物アレルギー，障害のある子どもなど，一人一人の子どもの心身の状態等に応じ，嘱託医，かかりつけ医等の指示や協力の下に適切に対応すること。栄養士が配置されている場合は，専門性を生かした対応を図ること。

		第6章 保護者に対する支援	2 保育所に入所している子どもの保護者に対する支援 (4) 子どもに障害や発達上の課題が見られる場合には，市町村や関係機関と連携及び協力を図りつつ，保護者に対する個別の支援を行うよう努めること。
2017 (H29)	保育所保育指針改定・告示	第1章 総則	3 保育の計画及び評価 (2) 指導計画の作成 キ 障害のある子どもの保育については，一人一人の子どもの発達過程や障害の状態を把握し，適切な環境の下で，障害のある子どもが他の子どもとの生活を通して共に成長できるよう，指導計画の中に位置付けること。また，子どもの状況に応じた保育を実施する観点から，家庭や関係機関と連携した支援のための計画を個別に作成するなど適切な対応を図ること。
		第4章 子育て支援	2 保育所を利用している保護者に対する子育て支援 (2) 保護者の状況に配慮した個別の支援 イ 子どもに障害や発達上の課題が見られる場合には，市町村や関係機関と連携及び協力を図りつつ，保護者に対する個別の支援を行うよう努めること。
2014 (H26)	幼保連携型認定こども園教育・保育要領制定・告示	第1章 総則	第3 幼保連携型認定こども園として特に配慮すべき事項 5 園児の健康及び安全は，園児の生命の保持と健やかな生活の基本であることから，次の事項に留意するものとする。 (3) 食育の推進 エ 体調不良，食物アレルギー，障害のある園児など，園児一人一人の心身の状態等に応じ，学校医，かかりつけ医等の指示や協力の下に適切に対応すること。栄養教諭や栄養士等が配置されている場合は，専門性を生かした対応を図ること。 6 保護者に対する子育ての支援に当たっては，この章の第1に示す幼保連携型認定こども園における教育及び保育の基本及び目標を踏まえ，子どもに対する学校としての教育及び児童福祉施設としての保育並びに保護者に対する子育ての支援について相互に有機的な連携が図られるよう，保護者及び地域の子育てを自ら実践する力を高める観点に立って，次の事項に留意するものとする。 (1) 幼保連携型認定こども園の園児の保護者に対する子育ての支援 カ 園児に障害や発達上の課題が見られる場合には，市町村や関係機関と連携及び協力を図りつつ，保護者に対する個別の支援を行うよう努めること。
		第3章 指導計画作成に当たって配慮すべき事項	第2 特に配慮すべき事項 6 障害のある園児の指導に当たっては，集団の中で生活することを通して全体的な発達を促していくことに配慮し，適切な環境の下で，障害のある園児が他の園児との生活を通して共に成長できるよう，特別支援学校などの助言又は援助を活用しつつ，例えば指導についての計画又は家庭や医療，福祉などの業務を行う関係機関と連携した支援のための計画を個別に作成することなどにより，個々の園児の障害の状態などに応じた指導内容や指導方法の工夫を計画的，組織的に行うこと。 7 園児の社会性や豊かな人間性を育むため，地域や幼保連携型認定こども園の実態等により，特別支援学校などの障害のある子どもとの活動を共にする機会を積極的に設けるよう配慮すること。 8 健康状態，発達の状況，家庭環境等から特別に配慮を要する園児について，一人一人の状況を的確に把握し，専門機関との連携を含め，適切な環境の下で健やかな発達が図られるよう留意すること。
2017 (H29)	幼保連携型認定こども園教育・保育要領改訂・告示	第1章 総則	第2 教育及び保育の内容並びに子育ての支援等に関する全体的な計画等 2 指導計画の作成と園児の理解に基づいた評価 (3) 指導計画の作成上の留意事項 サ 地域や幼保連携型認定こども園の実態等により，幼保連携型認定こども園間に加え，幼稚園，保育所等の保育施設，小学校，中学校，高等学校及び特別支援学校などとの間の連携や交流を図るものとする。特に，小学校教育との円滑な接続のため，幼保連携型認定こども園の園児と小学校の児童との交流の機会を積極的に設けるようにするものとする。また，障害のある園児児童生徒との交流及び共同学習の機会を設け，共に尊重し合いながら協働して生活していく態度を育むよう努めるものとする。 3 特別な配慮を必要とする園児への指導 (1) 障害のある園児などへの指導 　障害のある園児などへの指導に当たっては，集団の中で生活することを通して全体的な発達を促していくことに配慮し，適切な環境の下で，障害のある園児が他の園児との生活を通して共に成長できるよう，特別支援学校などの助言又は援助を活用しつつ，個々の園児の障害の状態などに応じた指導内容や指導方法の工夫を組織的かつ計画的に行うものとする。また，家庭，地域及び医療や福祉，保健等の業務を行う関係機関との連携を図り，長期的な視点で園児への教育及び保育的支援を行うために，個別の教育及び保育支援計画を作成し活用することに努めるとともに，個々の園児の実態を的確に把握し，個別の指導計画を作成し活用することに努めるものとする。
		第3章 健康及び安全	第2 食育の推進 6 体調不良，食物アレルギー，障害のある園児など，園児一人一人の心身の状態等に応じ，学校医，かかりつけ医等の指示や協力の下に適切に対応すること。
		第4章 子育ての支援	第2 幼保連携型認定こども園の園児の保護者に対する子育ての支援 6 園児に障害や発達上の課題が見られる場合には，市町村や関係機関と連携及び協力を図りつつ，保護者に対する個別の支援を行うよう努めること。

コラム6

インクルーシブ保育への国際的取り組み

1 国際的な動向

1976（昭和51）年国際連合（以下，国連）第31回総会において1981（昭和56）年の「国際障害者年」が採択，決議されました。そして1982（昭和57）年には国際障害者年の取り組みを基に，各国が計画的に障害者支援システムの整備を進める「障害者に関する世界行動計画」が国連総会で採択され，第37回国連総会で「国連障害者の十年」（1983年〜1992年）の宣言が採択されました。

この「国連障害者の十年」の間に主に北欧諸国から主張された統合教育の動きは，1989（平成元）年国連第44回総会で採択された「子どもの権利条約」や1990（平成2）年タイ「万人のための教育世界会議（World Conference on Education for All（WCEFA）」，1993（平成5）年国連第48回総会「障害者の機会均等化に関する標準規則」採択を経て，インクルーシブ教育の推進という形で取り組みが模索されていきます。1994（平成6）年6月10日 UNESCO とスペイン政府によって共催された「特別ニーズ教育世界会議」において，インクルーシブ教育の推進に向けた教育政策の推進に各国が取り組む宣言が採択され，国際的にインクルーシブ教育に向けた教育政策が進展していきました。

そして2006（平成18）年国連第61回総会で障害者の人権や基本的自由の享有を確保し，障害者固有の尊厳の尊重促進等を規定した最初の国際条約である「障害者の権利に関する条約」（以下，障害者権利条約）が採択されました。障害者権利条約では，第24条で教育について規定がなされ，「障害者が障害に基づいて一般的な教育制度から排除されないこと」が明記されました。日本も2007（平成19）年9月に障害者権利条約に署名し，その後2013（平成25）年6月「障害を理由とする差別の解消の推進に関する法律」等，国内法の整備を進め，2014（平成26）年1月，批准を果たしました。

2 インクルーシブ保育システムと児童発達支援センター

インクルーシブ教育システムにおける「分離教育」の場となる特別支援学級，特別支援学校の位置づけは，識者によってもその見解が異なります。文部科学省は「共生社会の形成に向けて，障害者の権利に関する条約に基づくインクルーシブ教育システムの理念」が重要であるとし，「特別支援教育を着実に進めていく必要がある」と述べています。そのため，インクルーシブ教育システムにおいては「同じ場で共に学ぶことを追求するとともに，個別の教育的ニーズのある幼児児童生徒に対して，自立と社会参加を見据えて，その時点で教育的ニーズに最も的確に応える指導を提供できる，多様で柔軟な仕組みを整備すること」の重要性を指摘し，「小・中学校における通常の学級，通級による指導，特別支援学級，特別支援学校といった，連続性のある『多様な学びの場』を用意しておくこと」の必要性を述べています。つまり文部科学省はインクルーシブ教育システムと特別支援学級，特別支援学校

は矛盾しないとの立場をとっているのです。

　では，就学前の幼稚園，保育所，幼保連携型認定こども園等と児童発達支援センター等の関係性は，どのように考えればいいのでしょうか。

　この点についても日本社会では更なる議論が必要ですが，少なくとも現状では幼稚園等に在籍しながら，必要に応じて児童発達支援センター等で療育等の支援を受けることが，生活の質向上や子育て支援（保護者支援）の観点からも望ましい乳幼児が存在することは事実です。幼稚園等で十分な個別のニーズに応じた支援や子育て支援を行うことは専門職の確保等，資源面で困難な現状があるため，幼稚園等と児童発達支援センター等が連携して地域でインクルーシブ保育システム整備を進めていくことが，当面は求められると考えられます。

3　今後の課題

　今日の日本社会においては，障害のみならず，広く発達の遅れ等を主訴として，児童発達支援センターや児童発達支援事業所等での支援を求める乳幼児が増加し，事業所等も増加しています。

　今後は乳幼児のニーズに応じた支援体制整備のために，各事業所での支援に関する専門性向上を担保していくための研修や事業評価の導入など，地域でのインクルーシブ保育システムの質的向上に向けた取り組みが行政等には求められます。また指定保育士養成施設等では，インクルーシブ保育システムに従事する保育者の専門性の向上に向けて，実習やインターンシップの充実等が必要です。

　幼児教育の無償化等，日本社会における就学前期の教育・保育システムが大きく変容しようとしている現在において，インクルーシブ保育システム整備も同時に一体的に進め，量的拡充のみならず質的向上も図っていくことが不可欠なのです。　　　　　（田中　謙）

引用・参考文献

初等中等教育分科会「共生社会の形成に向けたインクルーシブ教育システム構築のための特別支援教育の推進（報告）」平成24年 7 月23日.

第4章

諸外国におけるインクルーシブ保育の取り組み

　インクルーシブ保育は，我が国で行われているだけではなく，国際的な枠組みとして，様々な国で取り組まれています。それらの取り組みの中に共通する理念を読み取ることができますが，各国の文化や風土によって，それぞれの国で特色ある実践が行われています。そして，それらの国々と我が国のインクルーシブ保育を比較することによって，我が国での取り組みの特徴を知るとともに，インクルーシブ保育のあるべき姿もわかってきます。また，他の国の取り組みの中には，我が国のインクルーシブ保育の参考となるシステムや具体的な方法がたくさんあります。

　そこで，第4章では，特色ある保育システムを行っている韓国，米国，英国，デンマーク，ハンガリー，アイスランドのインクルーシブ保育について，その基本理念と具体例などを紹介します。

第4章　諸外国におけるインクルーシブ保育の取り組み

 韓国のインクルーシブ保育

1　韓国におけるインクルーシブ教育・保育の現状

　韓国には，日本の文部科学省に当たる教育技術部が管轄する学校教育機関である幼稚園と，日本の厚生労働省に当たる保健福祉家庭部が管轄する保育施設であるオリニジップ（保育園）があります。またそれ以外に，私設の教育機関であるハグォン（学院，塾）[1]があり，特に都市部においては，幼稚園やオリニジップに通園していない子どもの多くがハグォンに通っています。同様に，3歳～5歳の障害児を対象とした特殊教育を，教育技術部が管轄する特殊学校，幼稚園特殊学級，幼稚園といった教育機関で行っており，0歳～5歳の障害児に対する特別支援保育を，保健福祉家庭部が管轄する障害児専門保育園，障害児統合保育園，オリニジップといった児童福祉施設が行っています。韓国における特殊教育と特別支援保育は，どちらも1990年代より本格的な取り組みが始まり，これらの教育機関や児童福祉施設の量的な拡充が図られてきました。

○韓国における幼児に対する特殊教育

　韓国では，1977年に「特殊教育振興法」が制定されたことによって，特殊教育が発展しました。その制定の背景には，① 国内での特殊教育に対するニーズの高まり，② 国連の「障害者権利宣言の採択」などの国際情勢の影響などがあります。この「特殊教育振興法」によって，特殊学校，特殊学級での特殊教育が無償となりました。その後1994年に「特殊教育振興法」が全文改訂され，障害児の教育の機会拡大として，早期特殊教育，巡回教育，統合教育，個別化教育などの新しい教育が導入されました。また，小学校・中学校の特殊教育課程が義務教育化され，幼稚園及び高等学校の無償化も法的に規定されました。さらに，1996年の「特殊教育の発展法案」によって，統合教育の実践，早期特殊教育の機会拡大，教員養成体制と教員の資質改善などに関する方針が示され，1997年には，教育技術部より幼稚園課程のみを運営する特殊学校の設置及び指導要領が示され，幼児特殊学校が設立されるとともに，幼稚園における特殊学級の設置も認可されました。しかしながら，「特殊教育振興法」は，① 義務教育（小中学校）に関する内容が多く，乳幼児や成人への支援が不十分である，② 地方自治体の支援に対する具体的な記述が不足している，③ 近年の特殊教育の状況を反映してないなどの理由より廃止され，2007年に「障害者等に関する特殊教育法」が制定され，2008年より施行されました。その主な内容として

▷1　ハグォンとは，私設の教育機関で，小中高生向けの「学習塾」「習い事」を指すが，幼児向けのハグォンもある。具体的には，英語学院，美術学院，音楽学院，体育学院などがあり，知識や技能の習得に重点を置いており，9時半から14時ころまで開院している。韓国の公的な教育・保育施設ではないが，大都市部では幼稚園やオリニジップに通園せずにハグォンに通っている子どもが3割程度いる。

は，①満３歳児未満障害児の早期発見・診断及び教育の無償化，②満３歳〜17歳（幼稚園から高等学校）の特殊教育課程の義務化と無償化，③特殊教育センターの設置，④障害者の生涯教育支援などがあり，乳児期から成人期までの生涯にわたって，障害類型や障害程度を考慮した教育を実施することを示しています。これによって，特殊教育対象者の教育を受ける権利が拡大し，障害類型や障害程度によって差別されることなく教育を受けられるようになりました。障害児に対する幼稚園課程の義務化には，障害児に対する教育を早期に開始することで，①保護者の障害理解を図ること，②障害児が劣等感などをもつといった２次的障害の発生を予防する，といったことが意図されています。また，特殊教育支援センターを設置することによって，特殊教育対象者の早期発見・診断，特殊教育研修，巡回指導などの強化が図られています。特殊学級の設置基準についても，詳細な規定を定めたことで，特殊学級で特殊教育を受ける子どもの割合が増加しました。なお，韓国は2008年に「障害者権利条約」を批准したことから，2013年から幼稚園やオリニジップなどでは，原則として障害を理由に入園を拒否することはできなくなりました。

○韓国における乳幼児に対する障害児保育

　韓国における障害児保育は，1991年の乳幼児保育法の制定，1996年の障害児の保育方針の決定，1997年の障害児専門保育施設の運営基準の決定などによって，本格的な取り組みが開始されました。現在，韓国の障害児保育は，障害児専門保育園，障害児統合保育園，オリニジップなどで行われています。乳幼児保育法では，第１条で「この法は，乳幼児の心身を保護し健全に教育して，健康な社会人として育成すると同時に，保護者の経済的・社会的活動を円滑にすることによって，乳幼児および家庭の福祉増進に貢献することを目的とする」といった保育の基本的な理念・目的が示されており，それに基づいて第３条で性別・年齢・宗教・社会的身分・財産・障害などによって差別されずに保育されなければならないこと，第26条で，国，地方公共団体，社会福祉法人などが，乳児や障害児のための保育を優先的に実施しなくてはならないことが示されています。また，障害児保育を行う施設に対する支援も規定されており，保育教師や療育士の人件費や特別支援保育教師に対する手当などに対する支援が規定されています。2008年に施行された「障害者等に関する特殊教育法」では，特殊教育課程の義務化を導入していますが，対象児の選択を尊重し，学校教育機関（幼稚園特殊学校，幼稚園特殊学級，幼稚園），保育施設（障害児専門保育園，障害児統合保育園，オリニジップ）のどちらでも特殊教育の幼稚園課程を受けられるように，両者の連携を強化しています。そして，2010年には満５歳以上，2011年には満４歳以上，2012年には満３歳以上というように，特殊教育の幼稚園課程を順次義務教育化していくとともに，満３歳以上の障害児に対する特殊教育の無償化も実施されています。

▷2　2007年に採択された「障害者差別禁止及び権利救済に関する法律」の第13条において，教育責任者は障害者の入学支援及び入学を拒否できず，転校を強要できないとしている。

▷3　障害児専門保育園とは，障害児だけを20人以上保育するために，乳幼児保育法施行規則に基づく施設及び設備を備えた施設で，常時18人以上の障害児を保育する施設の中で，市・都知事または市・郡・区庁長によって指定された施設のこと。

▷4　障害児統合保育園とは，障害児専担保育士を配置し定員の20%以内または３人以上の障害児を保育する施設で，市・郡・区より指定されたもの。

▷5　K園は２〜３月の間に数回実施している。土曜日など園児のいない日に，新入園児とその保護者に園に来てもらい，園環境を見たり担任保育教師と挨拶をしたりし，親子遊びの活動などをする。保育園への新入園児の拒否感を低減したり，保育園が楽しく落ち着ける場所であると感じられるようすることを目的として実施しているプログラムである。

▷6　社会性増進プログラムとして，健常児と障害児が一緒に，保育教師によって準備された様々なゲーム，身体表現，料理などの活動を行っている。

▷7　K園では，週１回，9:00〜10:00に行っており，

作業療法士の指導の下で，保護者と障害児が一緒に，ホールにセッティングされた5つの活動を繰り返し3回行うもので，障害児が体を動かす活動をする機会を設けるとともに，保護者と障害児との間に望ましい相互作用をもつことのできる機会を提供することを目的としている。

参考文献

金仙玉（2018）．韓国障害児保育実践マニュアルにみる最新動向 愛知県立大学教育福祉学部論集，66，19-29．

金彦志・韓昌完・田中敦士（2010）．韓国における特殊教育の動向―就学前教育・保育を中心に― 琉球大学教育学部紀要，76，199-206．

金延・高橋智（2009）．韓国の発達障害幼児の就学前教育・保育に関する研究動向 学校教育学研究論集，19，31-41．

金範洙（2006年）地域からの福祉計画―韓国の地域社会福祉館を中心に―人間福祉学会誌，6，30-35．

金延・高橋智（2007）．韓

② 韓国におけるインクルーシブ保育の実際

韓国におけるインクルーシブ教育・保育の実際について，ソウル市の江東区立の障害児統合保育園であるK園を取り上げ紹介します。

○K園の概要

園児数210名（健常児：180名，障害児30名）からなるソウル市江東区立の障害児統合保育園です。表4-1にクラス編成を示します。教職員は39名で，主な職員は，園長1名，保育教師27名（保育教師：19名，障害担当保育教師：8名），言語聴覚士：2名，作業療法士：1名，看護師1名，栄養士1名などで，施設設備としては保育室（12室）のほかに，事務室（保護者相談室），屋上遊び場，アトリエ，教材研究室，講堂（ホール），作業療法室，言語療法室，遊戯室，調理室などがあります。満0歳及び満1歳クラスには障害児は在籍していませんが，満2歳クラスから障害児3～4人と健常児でクラスを編成してインクルーシブ保育（障害児統合保育）を行っています。障害児は，保育料は無料です。言語聴覚士，作業療法士は，全クラスの障害児を担当しており，言語聴覚士・作業療法士による療育プログラムや作業療法士による繰り返し遊び活動などの時間が設定されていて，保育園の生活の中で障害児が療育を受けることもできるようになっています。保育時間は8：40～19：00ですが16：00以降になると園児数が減ってくることから，17：30以降は子どもたちを1つの保育室に集めて保育を行っています。

○K園における障害児保育

K保育園の新学期は4月からですが，入園の準備は2月より開始され，2月に保護者オリエンテーションと新入園児適応プログラム[5]が実施されます。この新入園児適応プログラムは2・3月に数回実施されます。そして，3月に教育診断が行われ，IEP（個別指導計画）の作成に利用されます。4月には，1学期のIEPの作成が行われ保育が開始されます。K保育園の障害児統合保育では，障害児が健常児と一緒に生活をする通常保育のほかに，健常児と障害児が小グループを作って保育教師の準備した様々な活動を一緒に行う小集団活動なども行われています。また，週1回程度，言語聴覚士と理学療法士による療育プログラムや作業療法士の指導の下で，障害児と保護者が繰り返し活動を一緒に行っています。[7]

表4-1 クラス編成の状況（2011年1月現在）

年 齢	学級数	園 児 数		保育者数		作業療法士	言語療法士 1	言語療法士 2
		一 般	特別支援	一 般	特別支援			
満0歳	1	9	0	3	0			
満1歳	1	16	0	3	0			
満2歳	2	15	3	2	1	諮 問	小グループ教室支援	
		15	3	2	1			
満3歳	2	16	3	1	1	小グループ教室支援		小グループ教室支援
		16	3	1	1			
満4歳	2	18	4	1	1	諮 問	小グループ教室支援	
		19	3	1	1			
満5歳	2	19	4	1	1	小グループ教室支援		小グループ教室支援
		20	3	1	1			
満6歳	1	17	4	1	1	音楽療法（外部講師）		
合計（人）		180	30	17	9			

さらに，地域社会連携プログラムとして，健常児と障害児が一緒にお店に買い物に行くなど，地域社会で生活するために必要な知識・技能を身に付けたり，健常児と障害児が特別な経験を通じて関係を深めていくことを目的とした活動も定期的に行っています。9月には1学期のIEP評価が行われ，2学期のIEPが作成されます。12月から2月には，進級プログラムが新たに導入されますが，これはスムーズに進級できるように導入されたプログラムで，例えば，12月にはクラス分け・進級計画の作成をし，1月には新担任保育教師と進級後の新しい保育室で一緒に遊ぶ活動などを行います。さらに，1月には2学期のIEP評価が行われ，それに基づいて次年度に向けた様々な引き継ぎがなされます。IEPの作成・評価は，特別支援担当保育教師主任，担任保育教師，言語聴覚士，作業療法士などで行われますが保護者も参加します。また，職員間の連携・協力に関しては，毎週行われる週間指導案会議，月1回の障害児統合保育会議，週に1回の療育会議などが行われ，障害児の情報の共有やIEPの検討などが行われています。

(齋藤正典)

国における障害幼児の就学前教育・保育システムの動向 東京学芸大学紀要（総合教育科学系），58, 203-233.

金彦志（2004）．韓国における統合教育の動向 東北大学大学院教育学研究科研究年報，52, 309-317.

齋藤正典・トート・ガーボル（2012）．韓国におけるインクルーシブ保育の先駆的実践 子ども教育研究，4, 3-14.

趙英喜（2018）．韓国における特殊教育の歴史と現状 明星大学大学院教育学研究科年報，3, 21-51.

朴在国・朴華文（1997）．韓国における障害児教育改革 リハビリテーション研究，27, 13-19.

表4-2 K園の障害児統合保育の年間の流れ

月	特別支援保育日程	作成書類	家族支援
2	・保護者オリエンテーション ・新入乳幼児適応プログラム	⇒進級乳幼児 　（現況水準作成） ⇒他機関進学乳幼児 　（意見書作成・発送） ⇒個別ファイル整理・引き継ぎ	・オリエンテーション ・保護者教育 ・特別委支援保育プログラム評価アンケート
3	・適応プログラムの実施 ・家庭訪問 ・教育診断 ・療育サービスの評価及び相談	⇒適応期間評価書 ⇒家庭訪問日誌 ⇒日課適応評価票 ⇒現況水準評価書	
4	新年度の開始 ・1学期IEP計画 ・繰り返し遊びスタート ・療育サービススタート	⇒IEP⇒マトリックス掲示	・IEP相談 ・保護者懇談会（2歳）
5	・IEPの適用―特別支援保育日誌，家庭連携 ・社会性増進プログラムスタート ・地域社会連携プログラムスタート	⇒統合保育日誌 ⇒家庭連携 ⇒震度点検（評価）	・保護者懇談会（3歳） ・保護者懇談会（4歳）
6			・保護者懇談会（5歳） ・保護者教育
7			・キャンプ
8	・1学期IEP評価準備（動画作成含む） ・療育サービス1学期評価	⇒IEP評価書（動画評価）	
9	・1学期評価及び2学期IEP計画	⇒日課適応評価票 ⇒IEP	・IEP相談（進路相談含む）
10	・IEPの適用―特別支援保育日誌，家庭連携 ・就学準備検査（ソウル障害者福祉館）	⇒統合保育日誌⇒家庭連携⇒震度点検（評価）	・保護者教育
11			
12	・新入乳幼児連絡及びクラス分け		
1	・2学期IEP評価 ・全体教師セミナー ・進級・進学プログラムの実施	⇒日課適応評価票 ⇒IEP評価書	・兄弟支援プログラム ・IEP相談

第4章 諸外国におけるインクルーシブ保育の取り組み

アメリカのインクルーシブ保育

① アメリカにおける保育の現状

アメリカの保育の形態は多様で，州によって異なります。多くの州では，5歳児になると小学校に併設される Kindergarten に入学することになり，それは義務教育に含まれています。そのため，アメリカで保育というと0〜5歳までの子どもたちが対象になります。親の就労等で保育が必要な場合は，チャイルドケアセンター（またはデイケアセンター）を利用することが多いです。そこには，0〜5歳までの子どもたちが通えますが，0，1歳児の頃はベビーシッターを利用する家庭も少なくありません。チャイルドケアセンターも週2，3，5回利用，時間も半日保育，1日保育など親のニーズによって利用日数や時間を選択することができ，それによって保育料も変わってきます。日本のように市町村単位で運営されていないので，施設の保育方針，活動内容も多様です。その他にはプリスクールといわれる Kindergarten に入るまでの主に2歳半〜4歳児を対象とした施設もあります。その運営形態は，公立のプリスクールから私立や教会が運営しているプリスクールまで多様で，施設によって利用できる対象年齢や利用日数，時間，活動内容，保育料も異なり，一様ではありません。

② アメリカにおける障害のある子どもたちへの支援

アメリカでは IDEA（Individuals with Disabilities Education Act；PL108-446 2004）という法律を元に，障害のある子ども，または明確な診断がなくとも何らかの発達的な遅れのある子どもに，包括的な支援が提供されるシステムがあります。特に，3歳までに障害があり支援が必要と判断された場合には，自宅や所定のリージョナルセンター等で，個別の支援を無料で受けることができます。3歳になると多くの子どもたちはプリスクール等を利用するようになりますが，そこでの保育料や専門的な支援も無償となります。また，IDEA では，家庭の中や，障害のない子どももいる場所など，子どもにとって可能な限り自然な環境で支援を行うことを定めています。まさに，インクルーシブな環境の中での支援を目指していることがわかります。

また，アメリカでは，ヘッドスタートプログラムといって，低所得者層の子ども（0〜5歳まで）やその家族に対して，就学前の教育的支援や健康，栄養，社会的サービスといった多岐にわたる支援を行うことで，子どもが就学後に他

▷1 ファミリーチャイルドケアホームといって，保育スタッフの自宅で少人数の子どもを預かるところもある。

▷2 日本では，「障害者教育法」「障害のある人の教育法」など邦訳が一様ではないため，ここではアメリカで一般的に使用される IDEA と記す。

▷3 IDEA では，「at risk infant or toddler」として，3歳までに早期介入が行われないと発達の遅れを引き起こす可能性の高い子どもも対象としている。

▷4 リージョナルセンターは障害のある子どもたちが地域生活を送るために必要な様々な支援を行う事務局で，州から委託されたNPO団体。

▷5 障害のある子どもが分離された環境におかれるのは，本人にとってその必要性があると判断されたときのみとされている。

の子どもと同様の学習活動ができるようになることを目指す事業も行われています。人種のサラダボウルと呼ばれるアメリカには，様々な人種，文化的背景をもった子どもが同じクラスに在籍していることも珍しくありません。人種の比率や貧困家庭の比率など，州や地域によって大きな違いがあることもありますが，アメリカの保育は，障害のある子どもだけではなく，人種や文化など様々な違いをもった子どもが同じ環境で生活しており，そこに多様なニーズが存在しているともいえるでしょう。

③ インクルーシブ保育の実際の取り組み

　アメリカ北東部に位置するマサチューセッツ州にある公立のプリスクールを例に説明します。このプリスクールは，週2，3，4，5日の半日保育（9～11時半または12時半～15時）か，週3，4，5日の1日保育（9時～14時）の利用を選択することができます。ここでは，「ピア」とよばれる障害のない子どもと障害のある子どもが同じ教室で様々なプログラムに参加しています。ピアの子どもも含め，それぞれが入園前に面接を受けることが必要です。障害のある子どもは，この面接で本人に必要な支援についても確認されることになります。このプリスクールには，通常の教員やアシスタントの他に複数の言語聴覚士（ST），理学療法士（PT），作業療法士（OT）が所属しています。障害のある子どもたちは，通常のプログラムの他に，その子のニーズに応じてSTやPT，OTによる訓練プログラムを受けることができます。また，教員やアシスタントは，応用行動分析学（ABA）などの発達障害に有効とされる働きかけを用いながら子どもとかかわっています。障害のある子どもも，集団での活動等では，スタッフに随時個別対応をうけながらピアの子どもと活動を共にしています。通常の保育の中に専門的な支援が幅広く組み込まれたプリスクールといえるでしょう。

○多様なニーズのある子どもたちへの保育

　文化的背景や人種の異なる子どもへのサポートは，各施設やクラスによって異なるのが現状です。基本的に英語でのコミュニケーションになりますが，スタッフがジェスチャーや絵カード等を用いながら本人が少しでも理解できるような工夫をしていることも多いです。プリスクールの中にはSTがいる施設もあり，そこで個別の支援を受けながら英語を身に付けていくというところもあります。最近では，スペイン語を教える時間が通常の保育プログラムに組み込まれているところも多く，これも子どもたちが多様な文化を学ぶ一つのきっかけになるでしょう。カリキュラムの中に欧州やアジアの国の風習や行事を紹介する遊び（絵本や制作）を取り入れる工夫をしている施設も少なくありません。

（田倉さやか）

参考文献

U. S. department of Education. (2004) Individuals with Disabilities Education Act https://sites.ed.gov/idea/ アクセス日 2018.12.30

U.S. Department of Health and Human Services. Head Start Program https://www.acf.hhs.gov/ohs/about/head-start アクセス日 2018.12.29

第4章　諸外国におけるインクルーシブ保育の取り組み

 イギリスのインクルーシブ保育

 幼児期インクルージョン政策

　1997年の総選挙で首相となった労働党のトニー・ブレア（Tony Blair）は
「政策のトップに教育を掲げた最初の首相」と呼ばれ，最優先事項を《教育，
教育，そして教育である》と述べた演説で有名です。1998年にイギリス政府は，
新しい政策議論のたたき台として「特別なニーズ教育への対応」というグリー
ン・ペーパー（政府が提出する提案書）を発表しました。これはイギリスの子育
ての「質」，そして子育てサービスの「利用しやすさ」を改善するための戦略
についての提案書で，「すべての地域において0歳～14歳のすべての子どもが，
質の高い手頃な価格のケアサービスを利用できるようにする」という政策ビ
ジョンを掲げました。このグリーン・ペーパーでは，サラマンカ宣言の支持が
公的に表明され，インクルージョンを推進することが謳われました。その後の
イギリスでは，幼児期インクルージョンが，広義の早期介入として概念化され
ています。これは，過去20年間の政府の変革を通じて一貫した政策の焦点とな
りました。したがって，幼児期は，政府の政策，計画，およびインクルーシブ
な開発の中心的な焦点となり，1998年以降のイギリスでは，すべての幼児の発
達レベルと個人的ニーズに応じた支援を受ける権利を保障する「インクルーシ
ブ保育」への関心が高まりました。

　1999年からは「確実な人生の門出」（Sure Start Local Programmes，以下シュ
ア・スタート）という地方プログラムが展開されました。シュア・スタートは
当初，貧困地域に暮らす4歳以下の子どもを対象としたプログラムでしたが，
2004年以降は「チルドレンズ・センター」を拠点とし，すべての子どもを対象
とした取り組みとして再編成され現在に至っています。チルドレンズ・セン
ターの役割は，保健・衛生ケア，家族支援，親の就労支援，保育サービスとの
連携が主体で，より包括的な支援サービスを一か所で提供する「ワンストップ
サービス」として全国に整備されました。ワンストップサービスのメリットは，
一度の手続きで必要とする医療，相談，支援などのサービスを同じ施設内で受
けられることです。

　続いて2006年の児童ケア法（Childcare Act）第39条(1)で，5歳未満児対象の
国定カリキュラム「乳幼児期基礎段階」（Early Years Foundation Stage，以下
EYFS）の導入を宣言しました。イギリス教育水準局に登録されている就学前

▷1　「サラマンカ宣言」
については第1章2参照。

▷2　「インクルージョン」
については第1章3参照。

▷3　「インクルーシブ保
育」については第1章参照。

教育・保育サービスは，EYFS の枠組みに従います。2007年の導入以来，2012年，2014年，2017年と３度の改訂を重ねています。EYFS カリキュラムの枠組みの理念や要求との関連では，園全体としての効果を評価するために行うものであり，乳幼児期の学びや発達，そして保育について網羅しています。EYFS プロファイルはインクルーシブ評価でもあり，幅広い子どもの学習および発達の結果を捉えることができます。これは特別な教育的ニーズと障害（Special Educational Needs and Disabilities，以下 SEND）を有する子どものための支援システムに関する初期設定のためのガイドを含みます。イギリスでは，３歳〜４歳児（２歳児の約40％は条件や経済状況に応じて対象となる）の就学前教育・保育が無償で提供されています。働く親の３歳と４歳の子どもは，毎週５回の半日セッション（年間38週間，毎週30時間）に無償で出席できます。両親や養育者は，利用可能な場合はセッションを追加することができます。30時間の無償基準を満たしていない場合（30時間の無償保育規定外）は，週15時間の参加資格があります。５歳未満児向けの就学前教育・保育サービスには主に３種類のプロバイダーがあります。それは，(1)ナーサリースクール（保育所），(2)チャイルド・マインダー（家庭的保育），(3)プレイグループ（地域子育て広場）です。

▷4 「特別な教育的ニーズ」についてはコラム１，コラム３参照。

❷ チルドレンズ・センターおよびインクルーシブ保育の実践

Lanterns チルドレンズ・センター（ウィンチェスター市，ハンプシャー州，イングランド南部）は最先端のインクルーシブ施設です。Lanterns Nursery School は Lanterns チルドレンズ・センターの内部保育所として機能しています。Lanterns Nursery School の目的は３つあります。１つ目はすべての子どもに個人レベルでの発達を可能にする質の高い学習時間を提供することです。２つ目は，すべての子どもとその家族を支援，育成し，そしてそれらを可能にする一連のインクルーシブサービスを提供することです。３つ目は，より幅広いコミュニティの支援専門家や連携機関と共同で，効果的なインクルーシブ実践と保育を行うことです。

Lanterns Nursery School には５つのクラスがあり，園の定員数は82名です。その内訳は，３歳〜４歳児クラスが３つで，各クラス１セッションあたり20名，２歳児クラスでは１セッションあたり16名，スペシャリストクラスでは１セッションあたり６名です。定員82名のうち36名（44％）は，外部連携機関から紹介された SEND を有する子どものための定員です。この SEND 対応席では，肢体不自由，自閉スペクトラム症，言語障害，社会的・感情的・行動的困難および知的発達遅滞を含む幅広い特別支援が提供されます。SEND を有する子どもの紹介は連携機関が行います。特別な教育的ニーズと障害を有する子どもに対する特別支援は，インクルージョンマネージャーによって調整されています。さらに，SEND を有する子どもに園内で定期的に様々な専門家（小児科医，

保健師，心理士，言語療法士，理学療法士，作業療法士，およびポーテージ相談員）による医療的，心理的，発達的アセスメントなどのほか，セラピーおよび個別指導を行います。

　Lanterns Nursery School のスタッフ数は，園長，副園長，インクルージョン・コーディネーター，グループ・マネジャー，保育・教育免許の専門家（25名），内部の SEND 専門家（4名），事務局員・受付（3名），補助員（4名）の合計40名です。

　毎日全クラスでインクルーシブ保育を行います。2歳～3歳までの子どもを対象とした2歳児クラスは，親が資金を提供する規則です。3歳～4歳児クラスの場合は，3歳の誕生日後の学期から入園が可能になります。SEND を有する子どもの場合は，2歳9か月後の学期から入園が可能です。

　Lanterns Nursery School では，学習計画および発達評価のために EYFS カリキュラムを使用しています。スタッフは，EYFS カリキュラムによって各子どもの進歩と発達を定期的に評価し，子どもが何らかの追加の援助または発達支援（様々な分野での援助）を必要としているかどうかを確認します。Lanterns Nursery School では，すべての園児に1名の「キーパーソン」（役職）が付きます。キーパーソンは保育園に通い始める前に家庭訪問し，その子どもについて調べてから，保育園への移行期に関する支援をします。子どもとキーパーソンの関係は，学習のすべての分野をサポートするための重要なポイントです。

　全クラスに SEND を有する子どもがいるため，園内活動や生活に関してマカトン法のシンボル（絵カード）（図4-1）とサイン（手話）を使っています。これを園内の集団活動の中でも常にすべての教員が利用します（図4-2）。

▷5　マカトン法については，コラム4の注を参照。

　Lanterns Nursery School の地域支援サービス機能（Extended Services）は主に SEND を有する子どもとその家族に様々なインクルーシブ支援プログラムを提供します。以下に7つのサービス例を示します。

- ●Early Startグループは，早期支援コーディネーター1名と理学療法士1名のペアで行う6か月～2歳までの親子向けの支援サービスです（週1回，4週間ブロック）。重点は，わらべ歌に合わせて楽しく体を動かすことです。目的は，子どもの運動能力とコミュニケーション能力を向上させることです。
- ●Kids Firstは，子ども（0歳～5歳）の発達について悩みがある保護者支援を目的とする予約不要（ホップ・イン）の子育て支援グループです（週1回）。
- ●Smart Startは，さらにサポートが必要な2歳～3歳までの子どもとその保護者が対象です（週1回）。これは，子どもの発達のあらゆる分野をカバーする遊びと学習環境を提供することを目指しています。すべてのセッションは，言語療法士，理学療法士，そして必要に応じて作業療法士によってサポートされています。

図4-1 保護者へのマカトンシンボルメッセージ

図4-2 蝶々クラスの保育スケジュール

▷6 「自閉症スペクトラム」についてはコラム1参照。

参考文献

Whitbread, N. (1972). *The Evolution of the Nursery-Infant School, 1800–1970*. London: Routledge.

Deasey, D. (1978). *Education under Six* New York: St. Martin's Press.

Blackburn, C. (2016). Early Childhood Inclusion in the United Kingdom *Infants and young children*, 29(3), 239–246.

Nutbrown, C, Clough, P, Atherton F. (2013). *Inclusion in the Early Years*, 2nd Ed. London, UK: Sage Publication.

田中弘美 (2017). イギリスの ECEC 政策にみる連続のなかの変革―「漸進的変化」に着目して―『社会福祉学』58 (1), 13–25.

橘瑞希子 (2017). イギリスにおける保育無償化政策の展開と課題『保育学研究』55 (2), 132–143.

Department for Education (2018). Statutory Framework for the Early Years Foundation Stage. Available at: https://www.gov.uk/government/publications/early-years-foundation-stage-framework--2 (Accessed: 11 March 2019)

- Breastfeeding Support（母乳育児支援）は，妊娠中および産後の母親のための支援グループです（週1回）。
- Thomas Outreach Programme（TOP）は，自閉スペクトラム症[6]と社会的コミュニケーションに困難がある5歳未満児向けの親子支援グループに早期介入を提供します（週1回）。
- Tactile Tots は，親子でベビーマッサージに取り組みます（年間を通して5週間コース）。0歳児クラスでベビーマッサージ，1歳児クラスでベビーマッサージとファーストサイン（乳幼児向けの手話）を行います。
- Come & Play 活動グループは，0歳〜4歳の子ども向けのプレイセッションです（週1回）。親子が一緒に子育て支援活動をしながら，ボールプール，ソフトおもちゃ，工芸品，歌とシャボン玉などを楽しみます。

（トート・ガーボル）

第 4 章　諸外国におけるインクルーシブ保育の取り組み

 # デンマークのインクルーシブ保育

① デンマークの保育の現状

　デンマークは，人口約530万人，面積は約4.3万km^{2}で，人口は北海道，面積は九州と同じくらいです。北欧4カ国の中では最も小さな国ですが，国民の経済・環境・福祉政策などに対する満足度は高く，幸福度が最も高い国の一つといわれています。

　デンマークでは，6歳〜15歳の10年間が義務教育期間であり，日本の小中学校にあたる国民学校（folkeskole）で一貫教育を受けます。この国民学校では，最初の1年間を0年生としており，これは学校生活に慣れ，遊びを通して共同生活に必要なルールを身に付けていくことを主たる目的とするもので，教員免許をもった教師ではなく，保育所や幼稚園と同じペタゴー（Pædagog）が教育を担当しています。この0年生は2009年8月より義務教育化されました。そして，就学前の教育・保育に対しても，保護者の就労や家庭の状況などに関係なく，すべての子どもが教育的で豊かな環境が整った公的保育施設を利用できることが保証されており，0歳児〜2歳児を対象としたものとして，保育ママ（Dagplejer）や保育園（Vuggestue），3歳児〜5歳児では幼稚園（Børnehave）などがあります。また，0歳児〜5歳児までを一貫して教育・保育する統合保育園もあります。国民学校に入学後も，0年生〜3年生の多くの児童は，授業が終わった後に学童保育所（国民学校に併設されていることも多い）で保護者が迎えに来るまでの時間を過ごしています。なお，デンマークでは国民学校以降の教育費は原則無料ですが，就学前の教育・保育や学童保育は有料となっています。

② デンマークにおける乳幼児期のインクルーシブ教育・保育

　デンマークにおけるインクルーシブ教育・保育の考え方は，「子ども一人一人の教育的・発達的ニーズに最も適した教育・保育を実践していく中で，平等な学習機会がすべての子どもに対して保障されており，子どもたちがそこで互いに学びあうことによって展開していく教育・保育である」という点についてはほぼ共有化がなされており，障害児だけでなく移民の子どもなどもインクルーシブ教育・保育の対象となっています。デンマークの就学前の保育施設である保育ママ，保育園，幼稚園，統合保育園などでは，原則として障害児などの入園を拒むことはできません。したがって必然的に障害児と健常児などが共

▷1　日本の小中学校にあたり，6歳から15歳までの10年間（0年生から9年生）の義務教育を行う教育機関。2009年8月より0年生も義務教育となった。1クラスの児童生徒数の上限は28人という少人数であり，国民学校以降のすべての教育費は原則無料です。国民学校には10年生もあり，もう少し勉強を続けたいという児童が1年間国民学校に残って授業を受けることもできる。40〜50%の児童が10年生に残っている。

▷2　社会生活指導員（Social Educator）と訳され，「デンマークの社会・文化に主体的に参加し，その中で社会生活を営んでいけるように人々を支援していく対人援助専門職」としての資格を有する。保育園・幼稚園・学童保育などに就業するためには，ペタゴーの資格を取得することが求められている。この資格の取得には，専門大学（University College）にて3年半の養成課程を終了する必要がある。

▷3　一定の条件を満たした自宅で，保育ママと認められた人が，0歳から2歳の乳児を保育する制度。保育ママになるためには講習を受ける必要があるが，保育ママになるための条件は特になく，例えば男性でも

に生活を送ることになります。コミューン（基礎自治体：kommune）によって▷4
異なりますが，保育園では乳児4～6人，幼稚園では幼児8～11人に対してペ
タゴーが1人配置されており，保護者とペタゴーが，個々の子どもについてど
ういった育ちが見られたのか，発達上の問題はないか，どういった援助をして
いくのかなどについて話し合いながら教育・保育を行っていきます。そして，
幼稚園では，国の定めた6つの指針である，① 言葉と表現活動，② 自然との
ふれあい・自然現象の理解，③ 音楽，④ 遊びと運動，⑤ 社会性，⑥ 話し合い
と共同作業に基づいて，各園が学習プランを作成することが義務化されていま
すが，学校に入学する前に読み書きなどを教えるといった考え方は一般的には
なく，遊ぶことを通して社会性を身につけたり，自立し自己決定できるように
なることを重視していることから，子どもたちは真冬でも少しくらいの雨でも
戸外で思いっきり遊んでいます。また，これらの保育施設とは別に，障害児幼
稚園と呼ばれる特別支援教育・保育を専門的に行う幼稚園もあります。この障
害児幼稚園の多くは幼稚園に隣接して設置されており，両園に通園する子ども
たちが一緒に遊んだり活動を行うこともできるようになっていますが，両園は
別組織で運営やペタゴーの配置も別々に行われています。また，コミューンに
よっては障害児幼稚園を独立して設置しているところもあり，コミューンの地
域性や必要性などが反映できるようになっています。障害児幼稚園には，常勤
のペタゴーの他に，他の幼稚園などに派遣される支援員が配置されていること
もあります。この支援員は，1人の支援員が3～4人程度の他の幼稚園の障害
児を担当します。一般的には，軽中度の障害児は幼稚園で，重度の場合は障害
児幼稚園で教育・保育を受けています。障害児の幼稚園の実際について，フィ
ン島（Fin ø）の中央部にあるフォーボーミッドフィンコミューン（Forbo Mid
fin kommune）にあるB障害児幼稚園を取り上げ紹介します。

③ デンマークにおけるインクルーシブ保育の実際

　B障害児幼稚園は，定員12名の公立の障害児幼稚園です。職員数は16名で，
そのうち常勤職員が8名，残りの8名は他の通常の幼稚園に派遣される支援員
です。8人の常勤職員は全員がペタゴーの有資格者であり，さらに全員が特別
支援教育・保育に関する講習を受けています。B障害児幼稚園の開園及び閉園
の時刻は，併設する普通の幼稚園が6：30～16：30であるのに対して7：30～
16：30と開園時刻が遅くなっています。これは，遠方から通園してくる園児へ
の配慮などからの理由であるとのことです。保育料は，保育園が約5万円／月，
幼稚園が約3万円／月であるのに対して，無料であり▷5，通園のための送迎サー
ビスなども無料です。毎日の教育・保育実践は，個々の子どもごとに作成した
IEP（個別支援計画）に基づいて行われています。これらに関してはコミューン
や園によって違いはあるものの，B障害児幼稚園では，子どもが2歳3か月に

なることができる。1人の
保育ママは通常4人（最大
5人）の子どもを保育する。

▷4　デンマークの地方行
政区画は，5つのリージョ
ン（地域：region）と98の
コミューン（基礎自治体：
kommune）からなってい
る。このうちコミューンは，
原則として人口が2万人以
上からなるもので，リー
ジョンの主な仕事に公的医
療サービスの提供があるの
に対して，コミューンは，
学校・保育施設や高齢者施
設の建設と運営などを担っ
ている。

▷5　デンマークでは，国
民学校以降の教育費は原則
無料であるのに対して，就
学前の教育・保育に関して
は有料です。しかし，世帯
年収などに応じた様々な保
育料の負担軽減策がなされ
ています。一方，障害児の
保育料は原則無料となって
います。

なった時に保護者とペタゴーが打ち合わせを行い IEP 作成し，その後半年ご
とに見直しをしていきます。B障害児幼稚園では，その他にも月に１度の職員
ミーティング，２週間に一回の担当者ミーティング，年に１度のステイタス
（子どもの状況）会議（心理士，作業療法士，言語療法士，コミューンの担当者，医師，
幼稚園の担当者などによって開催され，個々の子どもの状況について，総合的な評価が
行われる），公的な判定機関や大学病院の小児科医による子どもの定期的な
チェックなどが行われています。また，子どものニーズに対応して，臨床心理
士や言語療法士などの専門家による定期的な巡回を行っているコミューンもあ
り，どの障害児幼稚園も，子どものニーズに対応する形で他の専門機関との連
携が緊密に取られています。B障害児幼稚園では，３歳２か月になると，様々
な専門家による学際的なチームによって，子どもの状況に関する報告書を作成
しますが，その報告書はコミューンへの提出が義務となっています。

　このように，障害児幼稚園で教育・保育を受けている子どもたちは，IEP に
基づいた日々の教育・保育を受けるだけでなく，保護者，障害児幼稚園のペタ
ゴー，各種専門機関や専門家，行政担当者などによるチームによる支援が受け
られるようになっています。

④ デンマークにおけるインクルーシブ教育・保育のための相談・支援体制

　デンマークでは，子どもの障害に関する診断書は医師が作成し，またすべて
の乳児幼児に対して１，２，３歳の時に医師による健康診断が行われます。こ
の健康診断は，身体的チェックを主な目的にしていますが，明らかに知的・情
緒的障害や発達の遅れなどの疑いがある時は，コミューンの担当者などの関連
部署への報告が義務化されています。また，子どもが生まれると，その子ども
に対するコミューンの担当者が決まり，その家庭を担当するソーシャルワー
カーが家庭訪問して，家庭や子どもの発達の状況などについてチェックしたり，
子育てなどの相談に乗ったりします。子どもに障害がある場合は，ソーシャル
ワーカーが中心となって，心理士などと連携しながら，保護者の障害受容に関
する心理的サポートを行っていきます。さらに，障害児をもつ保護者には，子
どもの療育に専念しても給与が全額保証されるといった制度もあります。そう
いった制度の利用の可否も含め，子どもをどのように教育・保育していくのか
などについて，コミューンの担当者やソーシャルワーカーが保護者と一緒に考
え，サポートしていきます。なお，子どもの教育・保育についての最終的な決
定権は保護者にあります。また，３歳の子どもに対する言語発達の評価，４歳
の子どもに対する身体機能の検査なども制度的に定められており，これらは障
害や発達の遅れの早期発見に貢献しています。しかしながら，知的・情緒的障
害や発達の遅れの早期発見には，保育ママや保育園・幼稚園のペタゴーの役割

▷6　デンマークでは，各
家庭に家庭医がおり，どの
ような病気であってもまず
家庭医の診察を受けること
になっており，総合病院な
どでの診察は家庭医からの
紹介状がないと受けられな
いシステムとなっている。

参考文献

荒 川 智（2008）．インク

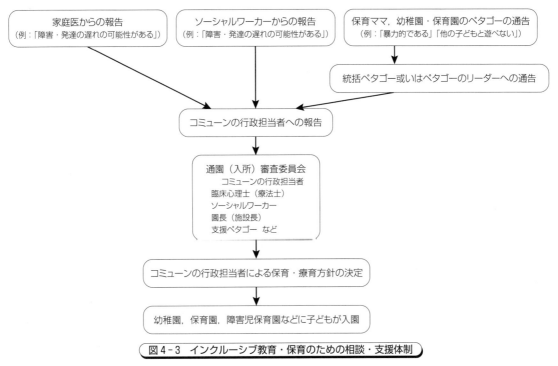

図4-3 インクルーシブ教育・保育のための相談・支援体制

出所：齋藤・トート（2010）．

が重要であるとされており、保育園や幼稚園などでの日々の生活の中で知的・情緒的発達などが憂慮される子どもがいるとき、保育ママは保育ママを統括するペタゴーに、各園のペタゴーはペタゴーのリーダーに対して、そのことを通告しなくてはなりません。そして、その通告を受けたペタゴーは、そのことをコミューンの担当者に報告し、それによってコミューンの担当者は、家庭医や臨床心理士と連携をとりながら、その子どもの状況について、保護者やペタゴーなども含めた審査委員会で審議していく中で、その子どもに対するコミューンとしての教育・保育の方針が決定されていきます。このように、異なる複数の専門家の話し合いによって１人の子どものことが審議され、行政の担当者の責任の下で教育・保育の方針が決められていくことが、デンマークの乳幼児期のインクルーシブ教育・保育の相談・支援体制の特徴です。そして、もし保護者がその決定を受け入れられない場合は、主としてソーシャルワーカーが保護者に対応することで、コミューンの方針に沿った方向で子どもを支援していくように働きかけていきます。しかし、子どものことに関する最終的な決定権は保護者にあり、自分の子どもに障害のあることが受容できない保護者の支援は、デンマークでも困難な問題の一つとなっています。デンマークにおける相談・支援体制をまとめると図4-3のようになります。　　　　　（齋藤正典）

ルーシブ教育入門―すべての子どもの学習参加を保障する学校・地域づくり― クリエイツかもがわ．

垣内菜つ乃・齋藤正典（2012）．デンマークの０年生に関する研究 子ども教育研究，4，69-80，子ども教育学会．

齋藤正典（2008）．デンマークの幼児教育の現状と課題 相模女子大学紀要，72A，15-25．

齋藤正典・トート・ガーボル（2010）．デンマークにおける乳幼児期のインクルーシブ教育・保育 相模女子大学紀要，74A，59-70．

齋藤正典（2010）．デンマークにおける保育者（Paedagog：ペタゴー）養成プログラム 子ども教育研究，2，27-40．

銭本隆行（2012）．デンマーク流「幸せの国」のつくりかた 明石書店．

第4章 諸外国におけるインクルーシブ保育の取り組み

ハンガリーのインクルーシブ保育

 ハンガリーにおける保育・幼児教育の歴史

ハンガリーの保育・幼児教育の歴史は，1828年5月27日，テレーズ・ブルンスウィック伯爵令嬢（Countess Theresa Brunswick, 1775-1861）が，ブダペストのブダ地区クリスティーナ町ミコー通りに「天使の庭（Angel Garden）」という名の保育園（3歳〜5歳までの預かり保育）を設立したことに始まります。「天使の庭」には教育カリキュラムはありませんでしたが，幼児の様々な能力（身体能力，リズム能力，言語能力，社交性など）および感情の発達に力を入れて，家庭的な雰囲気の中，保育士が手本となり歌とダンスを中心とした保育が行われました。

テレーズ・ブルンスウィックはその後，ブダの王宮地区の周辺とブダのヴィジヴァーロシュ地区に2つの保育園，1828年にブダペストのブダ地区クリスティーナ町に女性の家政学校を設立し，また1829年に家政婦養成学校を設立しました。彼女は，子どもの保護と女子教育の必要性を認識し，これらの基礎となる施設設立に力を注ぎました。1836年，保育・幼児教育を全国に広げるために「保育協会」を立ち上げ，彼女が没するまでに80カ所以上の「天使の庭」を全国に設立しました。保育協会の設立により，1837年に初めて保育者養成学校が作られました。

一方，フリードリヒ・フレーベル（Friedrich Fröbel, 1782-1852）は，1837年，ドイツのバッド・ブランケンブルク市に「遊びと活動の会館（Play and Activity Institute）」を設立し，1840年にこれを幼稚園「子どもの庭（Kindergarten）」に名称変更しました。これが世界初の幼稚園と言われています。1872年に，オーストリア・ハンガリー帝国になると全国的に統一した保育・幼児教育組織が必要となり，ブルンスウィックの保育とフレーベルの幼児教育を融合させた最初の公立幼稚園が設立されました。

以上，ヨーロッパにおけるハンガリーの保育・幼児教育の成り立ちについて述べました。幼児教育に重きを置いた世界初の幼稚園を設立したのはドイツのフレーベルですが，フレーベルの幼稚園設立より9年早く，子どもの保護に重きを置いた世界初の保育園を設立したのはハンガリーのブルンスウィック伯爵令嬢であるといわれています。

② 現在の保育・幼児教育システム

ハンガリーの就学前教育・保育サービスは，2つの組織に分かれています。

一つ目は，0歳（生後20週）〜3歳までの保育施設の「乳児保育園（bölcsőde,以下：ボルチョデ）」です。ハンガリー初のボルチョデは1852年に創立され，施設形態として始まりました。ボルチョデは「育児休業・産前産後休業の期間」の預かり先であり，一般的に子どもを3歳まで預かります。2017年以前，1万人以上の集落では，ボルチョデを設立することが地方自治体の義務でした。2018年からボルチョデの規定により，少なくとも40人の3歳未満の乳幼児が住む，もしくは少なくとも5人の乳幼児の保護者が希望する場合は設置しなければならないことになりました。一般的に，ボルチョデの1クラスあたりの幼児の定員数は最大12人ですが，すべての幼児が2歳に達した場合，最大14人が入所対象です。ボルチョデは1日の預かり保育時間を，最低10時間に設定しなければなりません。子ども一人の保育時間は，1日あたり最低4時間から最大12時間です。ボルチョデを利用する家族は，現在0歳〜3歳までの子どもの約17%です。現在，基本的にはすべてのボルチョデでインクルーシブ保育を行うことが可能になっています。しかし，一般的にハンガリーでは，出生から3歳までは家庭内で育児を行えるように，働いている保護者（労働者）の育児手当▷2には様々な種類があります。ボルチョデは，ハンガリーの人的能力省（Ministry of Human Capacities）・社会情勢と社会的包摂の国家事務局（State Secretariat for Social Affairs and Social Inclusion）の管轄下で運営され，日本の保育所のような組織となっています。ボルチョデの「保育士」（ボルチョデ・ワーカー）は，短期大学及び専門学校の3年間のコースで保育課程▷3を修了しています。

二つ目は，3歳〜6歳までの幼児教育施設の「保育所（óvoda，以下：オーボダ）」です。オーボダは日本語で「保育所」を意味します。ハンガリーの人的能力省・国家教育事務局（State Secretariat for Education）の管轄下で運営されています。オーボダの「保育教師（óvoda pedagogue：オーボダ・ペダゴーグ）」は3年間の大学幼児教育課程▷4を修了しています。

テレーズ・ブルンスウィックの「天使の庭」から発展したオーボダ・システムでは，110年後の1938年には1,140カ所のオーボダになり，合計約11万2,000人の子どもが通っていました。その後，第二次世界大戦後の1945年には992カ所に減少しましたが，1965年に3,227カ所に増えました。1990年には3歳〜6歳の子どもの87.1%，2002年には92%がオーボダに通うようになりました（ヨーロッパの他の国と比較しても高い率）。2008年にはオーボダの保育教師として2万9,873人（男性50人，0.2%）が就労しており，オーボダは子ども約10.8人に対して保育教師1人の割合（1：11）で運営されていました。ハンガリー政府は2015年9月から3歳〜6歳までの幼児に関するオーボダへの入園（少なくとも

▷2 「育児手当」については以下のシステムがある。「出産手当金（CSED）」として，当該労働者の平均賃金の70%，168日分（平均5.6カ月）が国から支払われる。その後，出産休暇以降，子どもが2歳になるまで，育児休暇を取る労働者は，経済的補助として「育児手当金（GYED）」として平均賃金の70%が国から毎月支給される。労働者が出産手当金および育児手当金の受給権をもたない，もしくは育児休業の期間をすべてとらない場合は，国から提供される「育児補助金（GYESE）」を受給できる。育児補助金の月額は，老齢年金の最低額に相当する。育児補助金は，幼児が3歳になるまで（双子の場合は6歳まで，盲・聾・知的障害・肢体不自由・病弱などの場合は10歳まで）受給できる。

▷3 保育課程コースの専門的理論に関する授業時間は全体の70%，現場で行う実習に関する時間は30%（卒業規定180単位のうち30実習単位）。

▷4 幼児教育課程コースの全カリキュラムの中で選択科目は約15〜25%，必須科目は約30〜35%，専門科目は約45〜50%（卒業規定180〜240単位）。教育期間の70%は講義と演習科目の授業時間，残り30%は実践の実習時間である。

週5回1日4時間）が義務化されました。オーボダには，担当地区に住んでいるすべての3歳児（また8月31日まで3歳になる幼児）を入園させることになりました。なお，病弱（長期医療）や重度・重複障害などのある幼児の場合は，専門機関（児童相談所など）に5歳から通うことが義務化されています。専門機関の発達評価により，発達遅滞と診断された子どもはオーボダにとどまりますが，遅くとも7歳か8歳で初等教育を始めることが可能になっています。

2018年度の教育における統計データでは，約32万7,000人（男女率は51.9％：48.1％）の子どもがオーボダに通っています。調査時，全国のオーボダへの参加率は90％でした。オーボダのクラス定員の平均は，21〜22名です。平均的な教師と子どもの比率は，現在1：10です。

❸ 就学前の特別なニーズを必要とする乳幼児に対する教育・保育

ハンガリーのボルチョデでは，特別なニーズ[45]のある子ども（医学診断のある子どもを含めて）の場合は，3歳ではなく，5歳まで在園が可能になります。特別なニーズのある子どもに対する発達支援に関しては，専門機関との連携[46]，対象児に対する配慮，また園全体での保育指導体制を工夫する必要があります。0歳〜3歳までの幼児の場合は，特別支援の対応を検討し，少なくとも週1時間〜4時間の早期介入チームを設定する必要があります。一般的に，ボルチョデの1クラスの定員数は最大12人に決められていますが，特別なニーズのある子ども1人が在籍している場合は最大10人，2人が在籍している場合は最大8人と定められています。特別なニーズのある子どもに早期介入を行うクラスの定員数は，重症度によって3人〜6人と定められています。さらに，子どもの状況によってインクルーシブ保育のセッティングだけではなく，特別なニーズのある子どもを対象としたボルチョデを設立することも可能になりました。

基本的には，すべてのオーボダでは義務（保育）教育のセッティングとして，インクルーシブ保育[47]・幼児教育を行っています。2018年にオーボダの保育に参加した園児約32万7,000人のうち，特別なニーズのある子どもは9,862人（3％）でした。特別なニーズのある子どもの割合を3％とすると，オーボダの各クラスに1名が在籍していることになります。この中には，オーボダに通っているが診断がない「気になる」子どもの数は含まれていません。また，中度・重度障害のある子どものための「児童発達支援施設」があり，特別支援の専門家による，早期介入サービスが行われています。この施設は人的能力省・国家教育事務局の教育局ID（OMコード）をもち，早期介入と早期療育サービスの要件を満たしていることを保証された施設です。

ハンガリーで，特別な支援を必要とする幼児や児童一人一人の保育・教育的ニーズについて，市町村レベルの「教育推薦委員会」および国家レベルの「学習能力を検討する相談専門委員会」が，膨大な発達・医療・心理・教育などの

▷5 「特別なニーズ」についてはコラム1，コラム3参照。

▷6 「専門機関との連携」については第8章参照。

▷7 「インクルーシブ保育」については第1章参照。

評価と多職種の専門家チームによる十分な検討に基づいて判断します。この2種類の専門委員会が，子どもの保育・教育的ニーズに必要な施設タイプを保護者に推薦します。施設タイプには，早期介入・特別支援教育センター，児童相談所，特別養護施設，障害介護施設，教育専門相談所，統一特別教育方法論センター，集団指導療育機関（コンダクティヴ・エデュケーション）などがあります。

④ 早期介入・特別支援教育センターおよびインクルーシブ保育の実践例

1991年に創立した「ブダペスト早期発達支援センター」は，就学前の特別な教育的ニーズを必要とする乳幼児（0歳～6歳）および，発達障害の高リスクのある子どもとその家族に対する早期介入サービスを提供することを主な目的としている施設です。「ブダペスト早期発達支援センター」は，1992年以来家族に向けて発達評価，早期診断，早期治療と早期介入サービスを提供してきました。過去27年間で多くの発達評価がなされ，早期治療と早期介入サービスは着実に増加し，当初の約5倍になりました。その後，2003年にセンターは，欧州連合加盟前の財政援助プログラム（PHARE 経済再構築支援プログラム）の助けを借りて特別な教育的ニーズを必要とする子ども向けの2つの保育グループを始めました。一つ目は，自閉症スペクトラム障害のある子ども向け，二つ目は，重度・重複障害児向けの早期介入プログラムを行います。センターの専任専門スタッフは小児科医（3名），周産期・新生児コンサルタント（1名），特別支援学校教諭（25名），心理士（6名），理学療法士（10名），言語療法士，音楽療法士（1名），ソーシャルワーカー（1名），特別支援教育支援員（4名），管理職および事務局職員（センター長含め9名）です。

また，現在の新プロジェクトは2つあります。一つ目は，新生児集中治療室（NICU）退院後の低出生体重児とその家族への「遊び活動中心発達支援」グループです。「遊び活動中心発達支援」は，子どもに対して楽しさを与えるだけではなく，運動能力や知的能力を高め，概念形成や言語の獲得を助け，社会性や創造力などを養う機会を提供することによって，子どもの身体的，精神的，社会的発達などを促すものです。二つ目は，1歳～5歳までの摂食・嚥下障害のある子どもと家族の食育支援プログラムを提供するものです。

さらに，20年以上にわたる実践的経験を基に，外部専門家向けの実践的指導力を育成する教員養成プログラムを6つ開発しました。また，センターでは特別支援教育，心理学，理学療法学，ソーシャルワークなどの専門家を育成する大学や専門学校から定期的に見学者やインターンシップ学生，実習生を受け入れています。

（トート・ガーボル）

参考文献

Korintus, M. (2008). ECE Care in Hungary, *International Journal of Child Care and Education Policy*, 2(2), 43-52.

Vág, O. (1979) Óvoda és óvodapedagógia Budapest: Tankönyvkiadó.

Papp G., Perlusz A. (2012). Kooperáció és konkurencia folyamatok a SNI tanulókat ellátó intézményekben. In. Zászkaliczky P. (szerk.) A társadalmi és iskolai integráció feltételrendszere és korlátai, ELTE Bp, 179-200.

白石晃一（1995）．サミュエル・ウィルダースピンの幼児学校とその教育史的意義（I）筑波大学教育学系論集，19(2)，15-28.

Central Statistical Agency (2018). Educational Data of 2018/2019. Statistical Mirror, KSH Budapest, 12/21., 1-2.

第4章　諸外国におけるインクルーシブ保育の取り組み

 アイスランドのインクルーシブ保育

1 アイスランドにおけるインクルーシブ保育の基本理念

　アイスランドは，北海道と四国を合わせたほどの国土に，約35万人が暮らす，北欧の小さな島国です。2～5歳の子どものために，日本の認定こども園に相当するプレスクールが設置され，一般的な保育時間は8時間です。アイスランドでは，小規模国だからこそ，国民全員が漏れなく参加して持続可能な社会を作るべきだとする基本理念に基づき，多様性国家を目指し，インクルーシブ保育が戦略的に促進されてきました。2011年には日本の幼稚園教育要領・保育所保育指針にあたるプレスクール用ナショナルカリキュラムガイドが改訂され，その中で，人種，性別，経済，出自，障害などを問わず，すべての子どもが合理的配慮のもとに共に学べる活動を提供することが強調されています。

2 インクルーシブ保育の具体例

　首都レイキャビーク市の中心に位置するレイクスコーリン・ムーラボルグは，25年以上にわたるインクルーシブ保育の実績があり，先進的プレスクールとして知られています。例年，発達障害児，知的障害児，肢体不自由児などが，全在籍児の約1割を占め，ほかにアイスランド語を母国語としない家庭の子どもが数名おり，障害のある子どもと同様に特別な支援ニーズのある子どもとして支援を受けています。特別な支援ニーズの有無にかかわらず，すべての子どもが生活年齢を基準とした20名ほどからなるクラスに分かれて保育に参加しており，様々な合理的配慮が実施されています。以下に主な内容を紹介します。

○多様なコミュニケーション手段の導入
　あらゆる保育場面で，保育者は音声言語に併せ，絵カードなどのシンボルやマカトンサイン（幼児にもわかりやすい手話の一種）を用いて子どもに話しかけ，その意思を確認しています。また，これらは，教室名や保育者，子どもの名札を含め，園内のすべての掲示に併用されています（図4-4）。

○個に応じたコミュニケーションブックやボードの活用
　上記に併せ，音声言語による会話が難しい子どものための絵カードを組み合わせたコミュニケーションボード（図4-5）や，また外国籍の子ども向けの語い獲得を意図した単語

参考文献

二宮信一（編）(2016)．アイスランドのインクルーシブ教育へ挑戦─教育視察からの学び─　北海道教育大学大学院釧路校二宮研究室　アイスランドインクルーシブ教育視察報告書.

図4-4　マカトンサインを併記したネームプレート

ブックなど（図4-6），子どもの実態に応じて個別に使いやすいコミュニケーション方法を導入しています。

○個別の保育計画の作成と実践

特別な支援ニーズのある子どもへの個別配慮は，保育者が1週間ごとにローテーションを組んで担当し，ティームティーチング方式で実施します。作成した個別の保育計画が週替わりで壁面に掲示してあり，そこに，いつ，だれがそれを実践し，結果はどうだったかを毎日随時記入していきます（図4-7）。さらに定期的な支援会議を実施し，支援経過や成果を検討し，改善を行います。これにより，保育者の共通理解に基づく一貫した支援が可能となります。

○ペダゴーグ（特別支援コーディネーター）によるスーパーバイズ

ペダゴーグと呼ばれる専門的知識をもつコーディネーター（図4-6）が，園長と協力し，インクルーシブ体制構築及び運営の中心的役割を担います。支援会議の招集，個別の保育計画の作成，自助具や教材開発，担当保育者のスキルアップ教育指導，保護者支援，関係機関との連携等，あらゆる面からバックアップとスーパーバイズを行います。

③ 成果と課題

アイスランドでは，「子どもは遊びを通して主体的に考え行動することによって育つ」とする保育理念に基づき，どの子どもにも充実した遊びの保障を目指し，インクルーシブ保育が展開されています。しかしその一方で，アイスランドでは，プレスクール保育担当者の専任資格がいまだ制度化されておらず，保育内容に質的格差が見られることも事実です。今後のさらなる発展と拡大が期待されます。

（阿部美穂子）

図4-5 個人用コミュニケーションボード

図4-6 外国籍の子どものためのコミュニケーションブックとそれを示すペダゴーグ

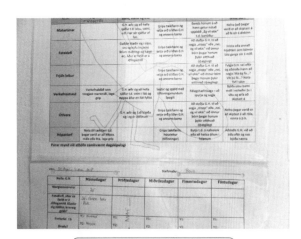

図4-7 個別の保育計画と記録表

阿部美穂子・二宮信一・西田めぐみ・小林麻如（2018）．インクルーシブ教育体制における特別な支援ニーズのある子どもの家族支援—アイスランドにおけるインタビュー調査から見えてきたもの— 北海道教育大学釧路校研究紀要「釧路論集」，(50)，61-68.

第 2 部

実 践 編

第5章

インクルーシブ保育を実現する保育内容の工夫

　本章では，インクルーシブ保育を実現するための具体的な保育方法について述べます。

　第1節では，「個別の保育計画の作成」を取り上げます。個別の保育計画は，特別な支援を必要とする子どもに適した配慮を行う際の根拠となる重要なアイテムです。

　第2節と第3節では，インクルーシブ保育に欠かせない保育の物的環境と人的環境の工夫について，具体例を挙げて紹介します。

　第4節，第5節，第6節では，それぞれ保育の中心的な内容である「日常生活活動」「遊び」「行事や集団活動」について取り上げます。発達に気がかりがある子どもも，そうでない子どももそれぞれの実態に応じて取り組めるようになるための工夫を具体的に紹介していきます。

　第7節では，関係者と力を合わせながら支援を進めるための方法の一つである「ケースカンファレンス」を取り上げます。

　また，コラムでは，保育者から最も頻繁に挙げられる保育上の悩みの一つである「子どもへの言葉かけ」について解説しています。

　インクルーシブ保育とは，障害の有無にかかわらず，どの子どもに対してもその発達を保障できる保育のことです。すなわち，発達支援という観点から，それぞれの子どものニーズに応じた保育を新たに創り出すことであるといえるでしょう。新しい保育を創るには，新しい工夫が必要です。本章の内容は，いずれも保育者が自らの保育をよりインクルーシブなものへと転換するために，実行可能な工夫を取り上げています。

第5章　インクルーシブ保育を実現する保育内容の工夫

 個別の保育計画の作成

1 個別の保育計画とは

　特別な支援を必要とする子どもの保育及び教育にあたっては，支援のための計画を個別に作成することが求められています。この計画は，インクルーシブ保育を実現するための，いわゆる「合理的配慮」の一つです。障害のみならず，どのような理由であっても支援が必要な子どもに対しては，原則として，個別に計画を作成して支援を行います。

　「保育所保育指針」（厚生労働省，2017）及び，「幼稚園教育要領」（文部科学省，2017）では，二つの観点から個別に計画を作成するよう求めています。一つは，幼稚園・保育所・認定こども園（以下，幼稚園・保育所等）内での計画であり，幼稚園教育要領では「個別の指導計画」と呼ばれているものです。保育所保育指針には，「障害のある子どもが他の子どもとの生活を通して共に成長できるよう」とあるように，よりインクルーシブな視点を明確にした表現で，全体の保育計画の中に，障害のある子どもの実態を踏まえてその発達を保障する計画を組み込むよう求められています。もう一つは，保育所保育指針で，「家庭や関係機関と連携した支援のための計画」とされるものです。幼稚園教育要領では，「個別の教育支援計画」と呼ばれています。ここでは，前者を個別の保育計画，後者を個別の保育支援計画と呼ぶことにします。個別の保育計画は，個別の保育支援計画のうち，幼稚園・保育所等で行う支援内容をより具体化した計画と考えることができます。よって，個別の保育支援計画は，長期的で広い視点から作成し，個別の保育計画は，日常の保育に直結する視点から作成します。これらの計画を活用することにより，集団の中で，個々の子どものニーズに対応したインクルーシブ保育の実践が可能となります。

2 個別の保育計画の作成方法

　個別の保育計画を作成する中心となるのは担任ですが，一人で作成するわけではありません。園長（所長）のリーダーシップのもとで話し合いながら計画を作成し，全職員が共通理解します。巡回相談などを利用し，専門家の助言を生かして作成する場合もあります。また，計画の内容を保護者と共有することも大切です。一般的な作成手順を以下に示します。また，図5-1は，A4サイズ1枚程度で作成した，最もシンプルな例です。個別の保育計画の書式は，

▷1　保育所・保育指針（厚生労働省，2017）では，「障害のある子どもの保育については，一人一人の子どもの発達過程や障害の状態を把握し，適切な環境の下で，障害のある子どもが他の子どもとの生活を通して共に成長できるよう，指導計画の中に位置付けること。また，子どもの状況に応じた保育を実施する観点から，家庭や関係機関と連携した支援のための計画を個別に作成するなど適切な対応を図ること。」と示されている。また，「幼稚園教育要領」（文部科学省，2017）では，障害のある幼児などへの指導において，「家庭，地域及び医療や福祉，保健等の業務を行う関係機関との連携を図り，長期的な視点で幼児への教育的支援を行うために，個別の教育支援計画を作成し活用することに努めるとともに，個々の幼児の実態を的確に把握し，個別の指導計画を作成し活用することに努めるものとする。」と示されている。

▷2　「合理的配慮」については，第2章コラム4を参照。

▷3　巡回相談については，第2章6を参照。

決まってはいませんが，市町村単位でひな形を作っているところもありますので，それを参考にするのもよい方法です。[4]

○第1段階：対象児のプロフィールづくり

対象児の生育歴，家族歴，連携している外部専門機関とその支援内容，保護者の子どもに対する考えや育ちへの願いなど，基本情報をまとめます。

○第2段階：実態把握

特別な支援ニーズの内容を把握するために，子どもの実態を具体的・多画的に把握します。「具体的」とは，何ができているか，どんな強みをもっているか，逆に何につまずいているか，どんな弱さがあるかなどを，実際に観察した場面状況と併せて把握することです。「多画的」とは，担任のみならず，なるべく多くの職員，さらに保護者や専門機関など複数の目で子ども像を明らかにすることです。対象児の発達状況とそのつまずきを客観的に捉える指標として，発達検査（アセスメントツール）[5]を活用することも有効です。既成のものばかりでなく，独自に開発したチェック項目を活用する方法もあります。[6]

○第3段階：支援ニーズの整理と目標の設定

プロフィールと実態把握に基づき，子どもの支援ニーズを整理します。子ども自身がどのように育とうとしているか，また，どのような助けを必要としているかを，子どもの立場に立って考えるのです。引き続き，ニーズを踏まえ，「支援目標」を設定します。設定の手がかりとなる視点は以下のとおりです。

> • その目標は，子どもの発達の実態を踏まえており，その伸長に寄与するか。
> • その目標は，子どもの現在そして将来にわたる生活の充実につながるか。
> • その目標は，子どもと取り巻く人々との関係性を促進するか。
> • その目標は，子どもの強みを生かし，さらにそれを発展させうるか。
> • その目標を達成することは，子どもにとって喜びであるか。

支援目標には，長期目標と短期目標があります。長期目標は1年をめどに作成し，短期目標は長期目標をスモールステップ化して，1〜3か月単位をめどに作成する場合が多いようです。目標は，「○○の時に（場合に），○○ができる」のように，子どもの具体的な行動で表現します。

○第4段階：支援内容及び方法の設定

次に，支援内容を決定します。その際の検討ポイントは以下のとおりです。

> • 子どもの強みを生かした，興味関心をもてる内容であるか。
> • 子どもの生活のどの場面で，誰がその支援を行うのか。
> • 子どもが取り組む際の環境をどう構成するか。
> • 保育者はどのような働きかけをするのか。

▷4 障害のある子どもの個別の保育計画の例は下記参考文献を参照。
尾崎康子・小林真・水内豊和・阿部美穂子（編）(2018). よくわかる障害児保育 第2版 ミネルヴァ書房.

▷5 アセスメントについては，第9章1を参照。

▷6 第5章3参照。

◯第5段階：実践後の評価と見直し

　定期的に実践後の子どもの様子を確認し，保育の成果と課題を評価します。子どもがどのように変化したかを文章で表したり，あらかじめ基準を決めて◯△などのわかりやすい記号で示したりします。担任のみならず，他の保育者も評価に参加し，支援内容の適切さと改善点を検討します。

◯第6段階：新たなる計画と実践へ

　評価は，次の計画立案のための再度の実態把握でもあります。評価をもとに第3，第4段階の支援目標・内容・方法を再設定し，実践による評価を繰り返します。これにより，個別の保育計画をベースにした，Plan-Do-Check-Actionサイクルが生まれます。このように個別の保育計画は見直しと実践を繰り返しながら，子どもの発達を保障する保育実現のために生かされます。

③　個別の保育支援計画の作成方法

　個別の保育支援計画は，連携を趣旨とした計画です。ですので，外部機関の職員や専門家，場合によっては，保護者もともに参加するケースカンファレンス[7]で作成します。複数年を見通した育ちのイメージをもちつつ，幼児期であれば少なくとも年に1回は計画を検討することが求められます。個別の保育支援計画作成の手順を以下に示します。また，イメージを図5-2に示します。

▷7　ケースカンファレンスについては本章7参照。

◯第1・2段階：子どものプロフィール作成と実態把握

　個別の保育計画とほぼ同じです。

◯第3・4段階：支援ニーズの整理と目標の設定，及び支援内容

　個別の保育支援計画は，子どもの育ちを各関係機関が協働して支える計画です。よって，2～3年先の将来を見据えつつ，まず，この1年間の目標を決定し，それを実現するために，幼稚園・保育所等，家庭，関係療育機関などがそれぞれ，何をどのように取り組むのかを決めます。場合によっては複数の目標を掲げ，各機関で分担するケースもあります。また，保護者自身が支援を必要としているケースもあり，そのような場合は，保護者をサポートしつつ，保護者にどのような力を発揮してもらうかも併せて検討することとなります。

　このようにしてまとめた計画を文書にし，各機関の担当者が了解したことをサインして，計画とします。

◯第5段階：実践後の評価と見直し

　見直し時期を決めておき，関係機関が再度集まって，支援の進行状況とその成果・課題を確認し，計画を見直します。

④　個別の保育計画を日々の保育に生かす

　個別の保育計画は，毎日の保育の場で実践されてこそ，作成した意義があるものです。そこで，保育の月案，週案，日案に，個別の保育計画の内容を反映

させることが大切になります。

　支援する目標を絞り込み，より具体的に内容を表すようにすると，集団全体の保育指導計画の中にそれを組み込んで，毎日の保育にそのまま生かすことができます。図5-3は，図5-1で示した個別の保育計画を日案に取り入れた例です。このように，個別の保育計画を活用することで，他の子どもたちと同じ保育の場で，個に応じた保育を実践することができるようになります。

○○年度個別の保育計画					
氏名　A	性別　男	生年月日　（年齢）3歳		在籍クラス	担任名
対象児の基本情報	生育歴・家庭状況・関係機関受診および診断状況　など ・（略） ・自閉症スペクトラム障害の診断あり（○年○月○○病院にて）				
保護者の願い	・着替えや食事など，身の回りのことを自分でできる力がついてほしい。 ・保育園に嫌がらず，楽しみに通ってほしい。もっと，言葉が増えてほしい。				
対象児の実態	強い力・できていること ・車，パズルが好きである。 ・やりたいことがあると，保育者に気づき，単語で伝えることができる。 ・（略）		弱い力・課題となっていること ・注意を持続できず，登園時の所持品の始末を最後まで継続することが難しい。 ・握力が弱く，不器用さがあり，はさみ，セロハンテープ等を使う際は要援助。	検査結果など DQ（発達指数）76（○○検査，○年○月）	
長期目標（1年）	・登園後の所持品の始末を5分以内で終えることができるようになる。 ・制作や遊びの際に，自分が使いやすい道具や方法を選んで使うことができる。				
	短期目標	支援内容	主な支援場面	目標達成度・特記事項	
4〜6月	・保育者が声を掛けたら所持品の始末に取り掛かることができる。 ・ばね付きばさみで，切ることができる	・登園したら，すぐに声を掛ける。手順を示したボードを見せる。 ・自分からいつでも使えるようにばね付きばさみを複数常備しておく。	・登園，降園時 ・制作遊び，自由遊び ・早朝，居残り保育	〈達成・継続〉 ・省略 〈達成・継続〉 ・（再掲）	
7〜9月					

図5-1　個別の保育計画例

○○年度個別の保育支援計画			第1回会議　年　月　日　時　場所		
			第2回会議　年　月　日　時　場所		
氏名	性別	生年月日　（年齢）		在籍クラス	担任名
対象児の基本情報					
保護者の願い					
対象児の実態					
卒園までの目標					
本年の目標					
支援機関	○○保育園	○○発達支援センター		○○保健センター	保護者
支援責任者（連絡先）	担任　○○○○	指導員　○○○○		保健師　○○○○	父○○・母○○
支援目標及び内容					
支援結果					

図5-2　個別の保育支援計画例

○歳児　○組　日案		年　月　日		担任名
時間	活動項目	活動内容と環境構成	ねらい	支援ポイント（配慮事項）
9：00	登園 所持品の始末 自由遊び	・水筒を片付ける。 ・遊戯室での遊び 　縄跳び，マット，平均台，飛び石	・登園したらすぐに取り掛かることができる。 ・思い切り体を動かして，心身を覚醒させる。	・○先生は，遊戯室対応。 ・担任は保育室対応。 ※　Ａくん：部屋に入ったらすぐに，ロッカー前に誘導。場所シールを指さし確認。
10：30	造形「切って作ろう」	・色紙を自由にはさみで切り，紙片を画用紙に構成して，何かに見たてたり，模様をつくったりする。 　折り紙一人5枚程度，台紙A4画用紙，補充用紙，おしぼりとマットグループに1セット。	・はさみの使い方に慣れる。 ・色々な形を発見し，イメージを膨らませることができる。	・ばね付きばさみ，小型はさみを各3本用意。 ・指につける糊の量を演示する。※Ａくんを代表にして，やって見せる。 ・…

図5-3　個別の保育計画と関連させた日案例

（阿部美穂子）

第5章　インクルーシブ保育を実現する保育内容の工夫

 保育環境の構成

1 保育環境の二大要素「もの・ひと」

保育環境といえば，つい保育室や教材などの物的環境にばかり注目してしまいがちですが，保育者や，さらには子ども同士などの人的環境も含めて考える必要があります。なぜなら，子どもは周囲がどのように物的環境を活用するかを見て，それがもつ意味を知るようになるからです。[▷1]

例えば，特別な支援を必要とする子どもに，絵カードなどの視覚的支援が有効であることは，よく指摘されているとおりです。[▷2] しかしながら，子どもに保育者の意図を理解させる「都合の良さ」に効果を求め，子どもにどう伝わるかを検討していない場合があることが懸念されます。事実，絵カードを見るとパニックを起こす自閉症スペクトラム障害（ASD）のある子どもの例では，活動内容を理解しやすいようにと作られた絵カードが，「嫌なことを我慢しろ」という意味に受けとられていたことがわかりました。保育環境は，子どもが力を発揮できるよう助け，子ども自身の達成感と喜びにつながるものでなければ，決して「支援」とはならないことを心する必要があります。

2 子どもが力を発揮するための「わかりやすい」保育環境

インクルーシブ保育における環境とは，特別な支援ニーズのある子どものみならず，誰でもその力を発揮できるものであることが求められます。それを構成するためのポイントは，「わかりやすさ」です。

子どもにとって「わかりやすい」とは，子どもが活動するために必要な情報を取り入れやすいことを意味します。活動するために必要な情報とは，「いつ」「どこで」「何を」「誰と」「どのように」という活動を始めるための基本的な情報に加え，「どれくらい」「いつまで」「どの程度」など，ゴールや終結，及び達成の見通しに関する情報が含まれます。

○わかりやすさ1…流れや手順がわかる

流れや手順に見通しをもつことは，子どもが安心して，かつ，主体的に取り組むための重要な助けとなります。また，子どもによっては，活動内容の要素が多すぎると覚えることがなかなか難しい場合もあります。流れや手順がわかる環境は，子どもの記憶を助け，最後までやり遂げた達成感をもたらします。

図5-4は，登園時に所持品を始末する手順を示した物的環境例です。玄関

▷1　人的環境及び物的環境については，第2章4および5も併せて参照。

▷2　視覚的支援の具体例については，第9章2も併せて参照。

から保育室に入るまでの子ども
の動線に沿って環境が構成され
ているので，子どもは迷わず，
また集中を切らすことなく所持
品の始末ができます。手順の始
まりと終わりが明確なので，子
どもはやり遂げたことを確認し，
達成感をもって次の活動に移る
ことができます[3]。

図5-4 子どもの動線に沿った所持品の始末手順

このような物的環境に併せ，保育者の動きが重要です。子どもが，所持品の
始末の流れの提示という，環境のもつ意味を理解するまでは，保育者は，ス
タート地点に子どもを誘導し，手がかりとなるマークや物品を指差したり，声
かけしたりします。しかし，一旦子どもが意味を理解してからは，保育者は必
要以上の言葉かけや手助けを控え，できたことを称賛する役割を担います。

♪わかりやすさ2…使い方・やり方がわかる

子どもは目的を果たすために，遊具や道具を使って活動します。どの子ども
にとっても，遊具や道具が取り出しやすい，使いやすい[4]，片付けやすい環境は，
子どもの自発性を高め，活動に対する集中力を高めます。

図5-5は，自由遊びのお絵かきコーナーにある色鉛筆です。色鉛筆を色ご
とに分類して色別ケースに入れておき，子どもは必要な色だけを自分用の取り
皿ケースに入れ，使い終わったら元の色別ケースに戻すルールになっています。

当初12色の鉛筆セットを用意し
ましたが，一つの箱を共有して
使うことが難しく，取り合いが
始まり，また，片付ける際，色
を揃えるのに時間がかかる子ど
ももいて，そのうち，誰も片づ
けようとしなくなってしまいま
した。そこで，図5-5の方法
に変えると，子どもは毎回全色
を揃える必要がなくなり，自分
で必要な分を準備し，片付けら
れるようになりました。誰でも
使いやすいやり方を導入した結
果，トラブルが激減し，安心し
て遊べるようになったのです。

図5-6は，子どもたちが制

図5-5 色鉛筆の使いやすい配置

図5-6 制作遊びのための移動式ワゴン

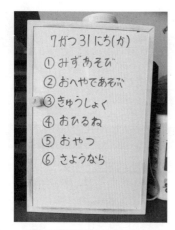

図5-7 1日のスケジュール表
（マークが現時点を表す）

図5-8 戻ったらすることを知らせるボード

▷5 タイムタイマーについては，本章6図5-29を参照。

▷6 選べる環境については，本章5も参照のこと。

作遊びで使う物品をまとめたワゴンです。子どもたちは，遊び時間が始まると，定位置から自分でワゴンを出してきます。使いたいものを取り出し，遊びが終わるとワゴンにつけられた掃除道具を使ってごみを始末し，元に戻します。使うべきものがまとまっているので，混乱しません。

　ここでも大切なのは，保育者の動きです。保育者は，ワゴンの使い方をやって見せ，子どもが混乱したり，忘れたりした時には，すかさず注目させ再度手本を見せます。毎回言葉で指示はせず，手本を見せることで，何に注目したら自分の力でできるのかに気づかせます。これにより，どの子どもも使い方のシステムを理解し，目的をもって必要なものを判断して取り出すようになります。

○わかりやすさ3…時間やタイミングがわかる

　子どもにとって，目に見えない時間の長さや流れは理解するのが難しいものです。また，いつ何が起こるのか，その時自分は何をするのかという，活動の見通しをもつことにも難しさがあります。そこで時系列に沿って，保育の流れを図や文字などで示し，見てわかるようにします（図5-7）。また，タイムタイマーなど時間の長さが色でわかる補助具を使って，活動時間を示すことも有効です。しかし，重要なのは，そのような情報を子どもが必要とするときにタイムリーに参照できるように示すことです。図5-8は，外遊びから帰ったら何をするか思い出せるように，保育室の入り口に示した掲示です。子どもが気づかない場合には，保育者がこれを指さして注目を促します。これにより子どもたちは，自分から取り組めるようになります。

③ 子どもが力を発揮するための「選べる」保育環境

　器用な子どももいれば，そうでない子どももいます。一度に覚えられる子どももいれば，そうでない子どももいます。どの子どもも，それぞれの得意・不得意をもっていながら，同じ活動をやり遂げるには，選択肢が必要です。例えば，握る力の発達に応じて，鉛筆やクレヨンの形状や太さを選択できる，器用さに応じて用紙の大きさや素材を選択できる，体の大きさに応じて机やいすの高さを選択できる，記憶や理解力に応じて，課題の量を選択できるなど，子どもが，自分が最も力を発揮できると感じられる取り組み方を選択できる環境を準備することが求められます。

　このような環境を保障するためには，保育者が日頃から，誰でも自分に合う方法を選ぶことが当たり前である「クラス文化」を育てている必要があります。保育者が常に選択肢を示し，どれを選んでも目的は同じであり，優劣を持ち込まないようにします。子どもが，自分の選んだゴールややり方に精一杯取り組

み，やり遂げた価値を認めてやるかかわりを繰り返す中で，子どもたちは違い
を認め合い，安心して発達に応じた方法で取り組み，その結果に自尊心をもつ
ようになります。

④ 子どもが力を発揮するための「安心できる」保育環境

「安心できる」とは，子どもが，ここには自分の居場所がある，この場にい
ることが安全で心地よいと感じられることです。「安心できる」保育環境は，
どの子どもにとっても，主体的に力を発揮できるための大切な前提条件です。

特別な支援を必要とする子どもの中には，視覚や聴覚に過敏があり，過度な
壁面装飾があったり，大きな話し声が飛び交う部屋の中では，落ち着いていら
れなくなる子どももいます。そこで，ある園では，キャラクターも

の掲示を外し，掲示物を最低限にしました。また，指示を出すと
きは，なるべく落ちついた低いトーンの声にし，静かな保育室の雰
囲気を作り出すようにしました。また，保育室の中にいるのがつら
くなったり，イライラして精神的に落ち着かなくなったりしたとき
に使う「隠れ家」（図5-9）を部屋の片隅や廊下に置き，その中に
入って気持ちが落ち着くまで待つことができるようにしました。

図5-9 段ボールの隠れ家で一休み

さらに，安心できる保育環境づくりの一つとして，保育室環境の
構造化があります。これは，どこで何をするのかが見てわかるように，保育室
空間を配置することです。図5-10は，保育室をロッカーで2つに分け，片方
では友達と広い空間を使って，もう片方では，個人でじっくり座って活動でき
るようにしたものです。また，図5-11のように保育室内に絵本コーナーやま
まごとコーナーを設ける方法も構造化の一つです。場所が決まっているので，
子どもは落ち着いて選んだ遊びに熱中することができます。

(阿部美穂子)

図5-10 保育室の構造化の例①

図5-11 保育室の構造化の例②

第5章　インクルーシブ保育を実現する保育内容の工夫

3 環境としての保育者

① 保育環境としての保育者

　前節でも述べたように，人的環境は，物的環境と同様に，インクルーシブ保育を展開するうえで，重要な要素となります。この両者が相互に関係しつつ，子どもの発達の伸長を支えます（図5-12）。特に，保育者の声かけ以上に，その表情，立ち位置，動きなどの立ち居振る舞いが，子どもにより大きな影響を与えています。物的環境の工夫に加え，どの子どもにもわかりやすいように，また，支援を必要とする子どもにとって助けとなるように，保育者が自らの動きを工夫することで，子どもたちは安心して，主体的・自発的にその力を発揮するようになります。

図5-12　人的環境と物的環境

② 子どもが話を聞く場面における保育者の動きの例

　子どもたち全体に向かって話をする際に，保育者が立つ位置を工夫することで，子どもは，より聞くことに集中できるようになります。

　一般的に，子どもから廊下の人の動きが見えないように，保育者が入り口とは反対側に立って話す方が，子どもは気が散りにくくなります。もし必要なら，窓のカーテンを引いたり，子どもの目の高さに目隠しシートを貼って，気が散らないようにするのもよいでしょう。

　しかし実際には，保育室の構造や保育者の人数，また，支援を必要とする子どもの実態に応じて柔軟に変更します。図5-13は，保育室内の子どもと2人の保育者の配置例を示しています。もし，気が散って離席しがちな子ども（図中「子」）がいる場合，子どもを部屋の奥側で，話し手である保育者A（図中「保A」）と近い距離に座らせ，もう一人の話し手ではない保育者B（図中「保B」）は，入り口側で全体を見ながら必要に応じて個別サポートを行います。図5-14は，保育者が一人の場合の例です。子どもの動きがよく見える，むしろ子どもよりも入り口寄りの場所で話すようにします。子どもが離席しようとしたら，すぐに位置を変えて個別に対応できます。どうしても保育室の外へ出たがる場合には，どこへ行くか，いつ戻るかを約束させることもできます。

図5-13　保育者2人の場合の位置

図5-14　保育者1人の場合の位置

③ 子どもの遊び場面における保育者の動きの例

保育室内での自由遊び場面において，2人の保育者による動きの連携を見てみましょう。図5-15は，自由遊び開始直後の保育者の位置です。保育者Aは，立って保育室内を回り，それぞれの子どもがどう遊ぶかを把握しています。特別な支援を必要とする子どもの中には，うまく遊びを見つけられず，保育室内を転々として時間を過ごすケースも見られます。保育者Aは，そのような子どもにも目を配りながら，どの子どもも自分の遊びをうまく見つけられるように手伝います。一方，保育士Bは，率先していすに座り，子どもが集まってくるのを待って，発達を見通した新しい遊びを提案し，遊びの場を作る役割を担います。

図5-15 自由遊びが始まった時の保育者の位置

図5-16は，その後の保育室の様子です。保育者Bの周りには，覚えたてのカードゲームにチャレンジする子どもの輪が生まれています。一方，保育者Aは，いすには座らず，個に応じて支援しています。このように保育者が連携して動きを工夫することにより，どの子どもにも発達に必要な遊びを保障しているのです。

図5-16 自由遊びの半ばの頃の保育者の位置

④ 個別支援のタイミングを見極める保育者の動きの例

集団の中で，特別な支援が必要な子どもを個別に支援するには，タイミングを逃さないことが大切です。支援を必要とする子どもは，活動の流れや，やり方，なすべきことがわからず混乱した際，上手く助けを求められず，そのまま不適切行動へと突き進んでしまいます。個別に支援するタイミングとは，この不適切行動を起こす「直前」を指します。不適切行動が起こる前に，適切な行動の手掛かりを示して手助けをし，「できる」成功体験へと転換します。不適切行動を起こした後から修正させる支援は，子どもにとっては失敗経験を繰り返すばかりで，子どもはだんだんその支援を避けるようになってしまいます。

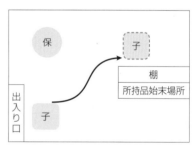

図5-17 改善前の保育者の位置

図5-17は，朝の所持品の始末における改善前の保育者の動きです。保育者は，保育室の奥で子どもが自分から取り組むのを待っていましたが，いつまでたっても子どもが所持品始末場所へは行かず，ついには遊び始めてしまうので，仕方なく近づいて手を引き，手伝っていました。このやり方では，子どもに所持品の始末は身につきませんでした。図5-18の改善後では，朝，子どもが登園したら，保育士はすぐにそばに近づき，片付け場所に誘導し，子どもの注意がそれないように，いすに座らせる支援をしました。これにより，子どもは取り掛かるきっかけをつかみ，短時間でやり遂げられるようになりました。

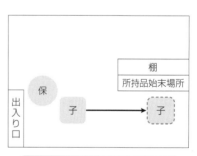

図5-18 改善後の保育者の位置

（阿部美穂子）

第5章　インクルーシブ保育を実現する保育内容の工夫

 実態把握に基づく生活面での
指導の工夫

1　実態把握とは

　インクルーシブ保育は，障害の有無にかかわらず，どの子どもに対しても発達に応じた適切な支援を行うものです。生活面の指導においてそのような保育を実践するためには，個々の子どもの発達や特性などの「実態把握」が必要です。日頃から，保育者同士や園と家庭とが話し合いながら「実態把握」をすることで，共通意識をもって環境や保育内容を工夫し，連続性をもった支援を行うことができるのです。

　保育領域「健康」において取り扱う「衣服の着脱」で，子どもが年齢ごとにおおむねできることを項目に表した発達記録表（表5-1）を示します。0歳から就学前（6歳）まで継続して記録することで，見通しをもった支援につながります。衣服の着脱だけでなく，食事・排泄など，生活面で個に応じた指導を行う際に，このような記録が手掛かりとなります。

表5-1　発達の記録　「衣服の着脱」のスモールステップ

年　　齢	発達項目内容	内容の意味	確　　認
おおむね0～3か月	オムツが濡れると泣く。	眠っているが，オムツが濡れると泣いて訴える。	
おおむね3～6か月	汚れたオムツを替えてもらうと泣き止む。	泣いていたが，オムツを替えてもらうと機嫌が直り泣き止む。	
おおむね6か月～1歳3か月	脱ぎ着の時，自分から袖に手をとおそうとする。	着脱の時，洋服など持ってあげると自分から手をとおそうとする。	
おおむね1歳3か月～2歳	衣服の脱ぎ着を自分でしたがる。	着脱では自分のできないこともあるが「一人で」やりたがる。（保育者のさりげない支援有り）	
おおむね5歳～6歳	必要に応じて衣服を調節しようとする。	寒暖や活動内容によって，衣服の調節ができる。	

出所：富山県氷見市保育士会の例に基づき筆者作成.

　個人記録を生活面の指導に生かす

　発達を支援する時に重要なのが，個人記録です。子どもが「できた」体験を積み重ね，意欲をもって取り組むように，保育を展開するためには，さらにスモールステップ表（表5-2及び表5-4）で発達状況を確認し，現在，子どもが自信をもってできることを基本にし，もう少し支援すると達成できるねらいを設定します。表5-3及び表5-5に示すように，その月の実践を振り返り，支

援方法を評価・反省し，保育者のかかわりの改善点を見出し，次月のねらいに生かします。「できる時とできない時がある」場合は，そのできる頻度や正確さ，子どもを成功に導くための遊びや秘訣（保育者や友達・保護者とのかかわり）なども記録に残して役立てます。

図5-19　床に貼ったシール

○**実践例1：好きな遊びを取り入れたことで自分からトイレに行くA児**

　A児（2歳児）は，遊びに夢中になると，排泄に誘ってもなかなかトイレに行こうとしません。スモールステップ表で生活面の発達状況を確認したところ，表5-2に示すように「3　自分から知らせるが間に合わない」の段階にあることがわかりました。そこで，目標を「4　友達の様子に気づき自分もトイレへ行く」に設定し，表5-3のように配慮しながら支援を行いました。

　A児は，車が大好きです。車だけでの遊びでは友だちとぶつかったり，取り合いになったりとトラブルになることも多いため，室内にビニールテープで道路を作り大好きな車を動かしながら十分に遊べる空間を確保しました。さらに，床の道路をトイレまでつなげ，道の途中には横断歩道や信号機，パトカーなどの写真も貼り，興味が途切れないように指差しをしながらトイレに誘導するようにしました。トイレ前の着脱のとこ

図5-20　シールをたどってトイレに行くA児

ろに駐車場を作り，排泄している間に他の子どもがA児の車で遊び始めることのないよう「車庫入れです。車と待っているから終わったら遊ぼうね」と，保育者が車を守っているということを知らせ，安心してトイレに行けるようにします。

表5-2　2歳児用「排泄」のスモールステップ

番号	行動実態	できる	できる時とできない時がある	できない
1	独特のしぐさで排尿や排便を知らせる。			
2	失敗した後「でた」と言葉で知らせる。			
3	自分から知らせるが間に合わない。			
4	友達の様子に気づき自分もトイレへ行く。			
5	自ら尿意を感じてトイレへ行く。			

出所：筆者作成.

　さらに，A児がトイレを意識するよう，保育者はクラス側に座って視界を遮り，もう一方はタオル掛けで遮断します。そうすることで，A児はスムーズに排泄を済ませ，遊びを続けることができるようになりました。また，A児の行動に合わせ，「車庫入れです。仲良しトイレだよ」と友達を誘うことで，一緒にトイレに行くようにもなりました。

　この事例では，A児を無理にトイレに連れていくのではなく，A児の興味関心をうまく生かし，安心して活動できる環境を整えることで，発達的に次の段階の生活技能の獲得を促すことができました。

○**実践例2：ズボンをはいて褒められた友達に刺激を受け，自分もやってみようとするB児**

　B児（1歳児）は，衣服の着脱に関心がなく，保育者がズボンに手を添えて

項　　目	健康「排泄」

表5-3　A児の実態把握を踏まえた「排泄」指導計画及び記録（2歳児）

項　　目	健康「排泄」
5月の評価項目（番号）	（3）自分から知らせるが間に合わない
目指す評価項目（番号）	（4）友達の様子に気づき自分もトイレへ行く。
項目達成のための保育者の配慮事項	・遊びの様子を見ながら排泄に行けそうな子から誘う。A児に「トイレへ行く」という見本を見せ，その際，A児も一緒に行こうと1～2回誘ってみる。 ・車遊びに夢中になっている時は，保育者も車を使って共に走らせトイレの駐車場まで誘導する。停車の際「おしっこをしたらまた車で遊ぼうね」と，排泄後の遊びに期待がもてるようにする。 ・トイレ内の壁に新幹線やアンパンマンなどA児の好きなキャラクターを貼り，楽しくトイレに入り排泄ができるようにする。 ・排泄・手洗い後は「できた」ことを認め，必ず車で遊べるようにする。
6月時点の評価	・保育者が車を持ち一緒に遊ぶことで，A児の関心を引き付けることができた。A児の遊びを観察すると，店の駐車場で車をきれいに並べて遊ぶことが好きだとわかった。この発見が道路をトイレまで延長し駐車場を作るきっかけになった。 ・トイレの駐車場で車を停車することで，遊びが一度終結する。「トイレに行こうね」の保育者のことばにもスムーズに応じられるようになった。 ・A児の排泄の遊びを保障することで「道路を使ってトイレへ行き，駐車場で車を停車し排泄・手洗い後，また遊ぶ」といった一連の流れが他児にも「遊び」として受け入れられ，誰もがスムーズにトイレへ行けるようになった。

図5-21　自分からズボンをはくB児

はきやすいように援助し「B君，ここ持ってね」と誘っても，その場に立っているだけで，なかなか取り組まない子どもでした。顔なじみでない保育者が言葉をかけると，さらに固まってしまいます。

　そこで，表5-4に示す1歳児用「着脱」スモールステップ表でB児の実態を把握し，それを踏まえて，表5-5に示す配慮事項を設定し，支援を行いました。

　排泄後，B児の隣で着替えをしていたZ児が「先生，見て！　自分で（ズボン）はけたよ！」と伝えてくれました。すかさず「Z君，かっこいいね！」と褒め，ハイタッチをした後，近くで見守っていた保育者やクラスにいた保育者へもZ児の姿を伝え，全員の保育者をまわりながら「やったね！　イェーイ！」とハイタッチをしてみんなで喜び合うようにしました。

　その様子を見ていたB児は，自分から着脱用の椅子に座りました。保育者もなにげない様子でB児の傍に座り，「ここで応援するね」と伝えながらカーテンを引き，落ち着いて取り組めるようにしました。また，ズボンは前後を確認し，ズボンの上の足を入れる側を本児の前に向けて置き，「ズボンのトンネルどこかな？」「B君の足，トンネルから出てくるかな？」と声をかけ，手順をわかりやすい言葉で丁寧に知らせました。ズボンに両足を通し立ち上がってズボンを引き上げた後は「自分でできたね」と認めハイタッチをして喜び，「見てB君も自分一人ではけたよ。かっこいいね」とクラス内で紹介し，他の保育者ともハイタッチを交わしました。一瞬の変化を見逃さず寄り添い，「できた」の実感を味わわせることで，その後の「ズボンをはく」意欲につながりました。

　この事例では，保育者全体で子どもの「着脱」の目標を共有し，どの保育者も保育場面で機会を逃さず，子どもが自らやりたいと思えるような言葉かけを行ったことで，目標達成に至りました。

表5-4 1歳児用「着脱」のスモールステップ

番号	行動実態	できる	できる時とできない時がある	できない
1	すべて保育士が手伝う。			
2	洋服を脱ぐとき，保育者が「バンザーイ」というと手をあげる。			
3	簡単なズボンやパンツ・シャツを脱ごうとする。			
4	保育者から言葉や介助を受けながら，洋服やズボンに首や手・足を通す。			
5	保育者の見守りの中で，一人で簡単な服を着ることができる（前後，表裏など間違えることがある）			
6	「自分で」という言葉が多くなり，保育者の見守りの中，自分でしようとする。			
7	パンツやズボンなど，簡単な衣服の着脱を自分でしたがる			

出所：筆者作成.

表5-5 B児の実態把握を踏まえた「衣服の着脱」指導計画及び記録（1歳児）

項目	健康「着脱」
8月の評価項目（番号）	（4）保育者から言葉や介助を受けながら，洋服やズボンに首や手・足を通す。
目指す評価項目（番号）	（5）保育者の見守りの中で，一人で簡単な服を着ることができる（前後，表裏など間違えることがある）
項目達成のための保育者の配慮事項	・時間に余裕をもち，せかしたりしない。 ・自分でしようとするときには，気持ちを受け止め，できるまでゆったり見守るようにする。 ・「いないいないバー」とか「（足をギューッと入れて）こんにちは，できたね」など，子どものしぐさや動作に合わせて言葉をかけながら成功体験につなげ，認める。 （中略）
9月時点の評価	・着替えをするとき，パンツやスパッツ，Tシャツを，はきやすい，着やすい向きにしておくことで，「自分で」のやる気につながった。 ・パンツやスパッツは，座ってはくための低い台を準備することは有効だったが，遊んでいる友達が気になると遊び始めたり，着替えに時間がかかったりした。着替えの向きを変えたり，ついたてを準備したりして，落ち着いてできるように配慮した。

出所：筆者作成.

③ 実態把握をチーム保育に生かす

　子どもの行動と環境との相互作用を明らかにすることが，実態把握につながります。保育はチームで行っていますから，保育者個人で捉えた実態把握を，クラス（園）の複数の保育者で確認します。その際，子どもが活動している環境との関係を踏まえて，差異の意味を明らかにします。その話し合いによって共通の意識をもって，より確実に子どもを捉える目を養い，正確なデータを収集し分析する力をもつことができるようになるのです。

　さらに，実践内容やデータを根拠としてクラスだよりや個別懇談会などで保護者にも子どもに対する取り組みを知らせることで，保護者も子どもの発達に見通しをもち，現在の子どもの発達段階を捉えやすくなります。また家庭でも同じねらいや支援方法を共有し，子どもにとって一貫した支援につながります。

　このように，実態把握に基づく生活指導を行うことが，どの子どもにとっても発達の保障につながります。
（坂本正子）

第5章　インクルーシブ保育を実現する保育内容の工夫

 遊びの工夫

 特別な支援を必要とする子どもの遊びにおける気がかり

　遊びは，子どもの生活の中心であり，成長発達の原動力となるものです。子どもは遊びを通して育つといっても過言ではありません。しかし，特別な支援を必要とする子どもの中には，以下のような様子が見られる場合もあり，保育者は，つい，「ほかの子どもと同じようには遊べない」ことが気になります。

- 興味関心の幅が狭く，決まったものを使って，同じ遊びを繰り返している。
- 他の子どもとおもちゃを共有したり，やり取りをして遊ぶことが難しい。かかわることがあっても，一方的で，トラブルが起こることもしばしばである。
- お気に入りの遊びをやめられない。無理にやめさせようとすると暴れる。
- 遊びのルールを守れず，集団での遊びが続けられない。

② インクルーシブ保育における遊びとは

　インクルーシブ保育における遊びにおいては，どの子どもも同じように遊ぶことを目指すわけではありません。同じ遊びの場を共有しつつ，それぞれの子どもが自らの発達に最も必要な遊びに取り組むことができるように配慮し，それを実現することがねらいです。子どもの遊びは，一般的に一人遊びから平行遊び，そしてかかわりや，やり取りのある遊びへと発達していきますが，子どもによっては，実際の年齢にかかわらず，発達の状態に応じた遊びの形態や内容が求められます。すなわち，保育者は，それぞれの子どもにとって必要な遊びを見極め，集団の場でそれを保障できるように，選択性と柔軟性，そして多様性のある遊びをつくることが必要です。

③ どの子どもも取り組める遊びの工夫

○複数の遊具を選択できる環境の準備

　例えば，ままごと遊びのスプーンの大きさや持ち手の形状は，どうでしょうか。握る力や手の大きさに合わせた，いろいろなスプーンを準備することで，自分に最適なものを使って遊ぶことができます。さらに，クレヨンやペン，鉛筆のサイズ，紙の大きさや硬さ，はさみのサイズや形状など，子どもの発達に応じて，子ども自身が自由に選べる遊具や用具を準備しておきます。図5-22

▷1　選択的環境の意義については，本章2も参照。

は，いろいろなタイプの紐通しの例です。子どもの集中力や手指の器用さに応じて，ゴールややり方を選択できるように，手作りしたものです。

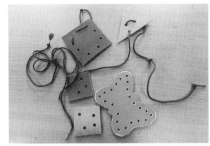

図5-22 いろいろな紐通しの写真

　また，運動遊びの環境はどうでしょうか。飛び降りを体験させたい場合，高さを変えた台を複数用意したり，平均台渡りで，高さや幅を変えた平均台を複数本用意したりすると，どの子どもも，やる気を出してチャレンジするようになります。さらには，保育者が一方的に遊具を配置するのではなく，子どもと相談しながら，並び替えたり，新しい遊具を加えたりしながら，選択の幅を広げていくようにします。

　子どもは誰でも，挑戦したい環境を自分で選んだり，作り出したりしながら，繰り返し取り組み，その力を伸ばしていきます。そこで，まずは，子どもが今もっている力で十分取り組める遊具環境を用意し，それを自在に使いこなすようになったら，徐々に新しい要素を入れていくようにします。スモールステップで遊具環境をステップアップすることで，子どもがその実態に応じてチャレンジできる遊び環境を作ることができます。

○遊びの幅を広げるための「プラス・ワン」

　いつも同じ遊びを繰り返している子どもに対し，保育者は，別の遊びに興味をもつように働きかけたくなりますが，子ども本人からすれば，今夢中になっている遊びを取り上げられることになり，保育者の働きかけを避けるようになってしまいます。

　子どもの遊びの枠組みを壊さないように，何かを加えることで，子どもの遊び方が広がるようにします。例えば，いつも同じコマを回しているなら，横で一緒にコマを回しながら，時には，形の違うコマをブロックで作って回して見せます（図5-23）。このように，子どもが夢中になっている遊びを見守るのではなく，その遊びに一緒に入り込んで，小さな変化を起こしていくようにします。子どもは，その変化を受け入れ，保育者をまねて自分の遊びを変化させ，さらにそれを繰り返すようになります。

図5-23 ブロックで作ったコマ

　このような，子どもの枠組みに「プラス・ワン」する保育は，子どもの遊びが停滞していると感じた時の工夫の一つです。

○人とのかかわりを広げるための「安全基地づくり」

　人とのかかわりが苦手な子どもの場合，いつも他の子どもからある程度の距離をとって自分だけの遊びに没頭し，誰かが近づくと離れていってしまったり，逆に乱暴に排除したりすることもあります。このような場合には，まず，本人が安心して遊べる基地となる場所を用意するのがよいでしょう。例えば，保育室の一角や廊下の隅にスペースを区切り，そこにお気に入りのおもちゃを置い

図5-24　保育室内に設置した遊び基地の例

て，誰にも邪魔されずに遊べるようにします。一見，子どもを孤立させるかのように見えますが，子どもは，安心して遊べる場所があると，精神的に落ち着くので，逆に他者からの働きかけを受け入れやすくなります。まずは，安全基地で保育者と遊べるようになり，さらに，その安全基地から出たり入ったりしながら，他の子どもと平行遊びもするようになります。他の子どもの遊びを気にかける場面も増えてきます。

　実は，このような基地は，他の子どももっています。教室の隅の絵本コーナーだったり，廊下のベンチだったり，どの子どももしっくりくる遊び基地を自分一人で占有したり，あるいは，他の子どもと共有しながら安心して遊びに没頭しているのです。子どものニーズに応じて選択できる遊び基地をつくってやりたいものです。

○いつでもルールを思い出せる工夫

図5-25　クラスの共通ルールカードの例

　遊びには必ずルールがあります。しかし，特に，言葉の意味をイメージできない子どもや，記憶に弱さがある子どもにとって，実際の場面でルールを思い出してそれに従うことは，難しい課題です。そのため，何度もルールを破ってしまい，他の子どもから責められたり，保育者から注意されたりすることが繰り返し起こります。その結果，他の子どもから敬遠されるようになり，不全感が積み重なって，ますます対人関係をつくりにくくなります。

　そこで，いつでもルールを思い出せる工夫をすることで，このような悪循環を断ち切り，逆にルールを守ったことをほめられる体験を積めるようにします。

　まず，クラスに共通の遊びルールを掲示しておき，どの遊びをする場合でも，それを見せて，確認してから遊びを始めるようにします（図5-25参照）。また，ドッジボールやサッカー，鬼ごっこやかるた遊びなど，ルールを守ることで成立する遊びの場合には，遊びごとにルールを明記したカードを作っておき，それを読み上げ，そばに置いて遊ぶようにします。

図5-26　個人用ルールカード

　また，子どもの実態に応じた個人ルールを決め，それを思い出せるように，個別に示すことも有効です。図5-26は，自閉症スペクトラム障害のある子どものために作った個人ルールカードです。ルールを子ども自身の姿におきかえて示すことで，イメージしやすくしています。また，ルールの数も5つまでとし，場面に応じて中身を入れ替えるように差し込み式になっています。

　また，図5-27は，同じ子どもにルールの意味を知らせるための手作り絵本です。ルールを守ることでもたらされる結果をストーリーで示し，なぜ自分は

図5-27　ルールブック

ルールを守るべきなのかを視覚的に理解できるようにしています。

○誰もが遊べるルールをつくる

　遊びのルールが複雑で参加が難しい子どもがいる場合は，既存のルールにこだわらず，柔軟にルールを変更してわかりやすくすることも有効です。

　A児（年長）には，軽度の知的障害があります。鬼ごっこで鬼になるといつも泣き出し，遊びが続きません。他の子どもたちもだんだんA児を誘わなくなり，A児は，仲間外れにされたと泣いて訴えます。保育者がA児の様子を見ていると，A児は，鬼ごっこでタッチされると鬼が交代するというルールが理解できていないことがわかりました。そのため，誰が鬼で誰が逃げるのか，また，自分は逃げればよいのか，追いかければよいのかがわからなくなり，混乱して泣き出していたのです。そこで，保育者が仲立ちになって，子どもたちと相談し，鬼が交代しないで増えていくルールに変え，さらに，A児が最初に鬼になって追いかける役から始めることにしました。このルールを使うとA児は安心して鬼ごっこに参加できるようになり，その後，鬼が交代するルールも理解できるようになりました。また，他の子どもたちも，どうしたらA児にもわかるかを考えて，遊びを提案するようになりました。

　このように，どの子どもにもわかるようにルールを変えて遊ぶ体験は，特別な支援を必要とする子どもに，人とかかわって遊ぶ意欲をもたらすとともに，周りの子どもにも，いろいろな子どもと一緒に遊ぶための工夫を考え，判断し，実行する機会を与えます。

④ 遊びの工夫が引き出す子どもの主体性

　これまで述べたように，遊びには「選択性」と「柔軟性」，そして「多様性」が重要です。インクルーシブ保育における遊びの共有体験は，どの子どもにも，主体性を育てる貴重な育ちの場となります。

（阿部美穂子）

第5章　インクルーシブ保育を実現する保育内容の工夫

 行事や集団活動の工夫

1 行事や集団活動の意義

　年間を通して行われる数多くの行事は，儀式的なものから，成果発表を旨とするもの，その季節ならではの体験的なものなど様々ですが，その大部分が，集団での一斉活動形式をとっています。また，行事に限らず，朝の集まりから帰りの会に至るまで，子どもが集団で同じ内容を一斉に行うスタイルの活動は，毎日の保育に必ず含まれています。

　このような行事や集団活動は，子どもがその発達に応じて集団の規律を理解し，それを守りながら，家族の範囲を超えて，より広い社会的集団に所属する意識とスキルを育てるための重要な機会です。また，集団で力を合わせて課題をやり遂げることで得られる達成感は，子どもにとって，他者との共同意識を育てる絶好の機会でもあります。このように，行事や集団活動は，すべての子どもが生きる力を獲得するために必要な体験をもたらすものといえます。

2 行事や集団活動の参加に困難のある子ども

　上記のように，子どもの発達にとって意義のある行事や集団活動ですが，特別な支援を必要とする子どもの中には，このような活動への参加に困難を抱えるケースも見られます。想定される困難さの例を，以下に挙げます。

○「見る」力の弱さによる困難

　視覚障害のある子どもや，見て判断する視知覚に弱さを抱える子どもの場合，行事や集団活動で，全体の動きを見て把握したり，必要な情報を取り出したりすることが難しく，集団の動きについていけないことがあります。

○「聞く」力の弱さによる困難

　聴覚障害のある子どもや，聞いて判断する力に弱さのある子ども，また言語によるコミュニケーションに弱さのある子どもの場合，全体への指示を聞き取ることや，その内容を理解することができず，行事や集団活動において指示どおりに活動することが難しくなります。

○「集中する」力の弱さによる困難

　ADHD や ASD などの障害があると，集中を持続したり，注意を必要に応じて適切に対象に振り分けたりすることが難しいことがあります。よって，途中で逸脱したり，活動とは直接関係のないものに気を取られて別行動したりなど，

周りから見ると勝手な行動をしてしまうことがあります。

○「記憶する」力の弱さによる困難

行事では，何度も繰り返し練習して覚える必要がある場合も多いのですが，記憶に弱さがあると，他の子どもと同じペースで覚えることが難しいのです。そのため，やる気をなくしてしまうことがあります。

○「感覚の過敏さやこだわり」による困難

ASD のある子どもの中には，特定の色や形に強いこだわりをもっていたり，音の大きさや触感，においに過敏であったりする子どもがいます。行事等で使用される特定の用具に強い興味をもって手放せなくなったり，マイクの音，音楽などに過剰に反応して逃げ出してしまったりなど，自分の行動をコントロールできない事態となり，参加困難となる場合があります。

○「見通しをもてない不安」による困難

一般的に幼児期の子どもは，時間感覚をつかむことが難しい上に，経験も少ないので，活動の見通しをもつことは難しいのですが，特に，ASD のある子どもの中には，そのことに強い不安感を抱くことがあります。例えば，発表会でいつもとは異なる会場を使用したり，たくさんの来客があったりなど，不慣れで予測不可能な事態が起こると，パニックを引き起こす場合もあります。

③ 行事や集団活動に安心して参加できる工夫

特別な支援を必要とする子どもが，安心して他の子どもとともに，行事や集団稼働に参加できるためには，上記で示した子どもの困難さの可能性を踏まえ，その実態に応じた合理的配慮[1]が必要です。以下の３つの視点から，考えてみましょう。

▷1 合理的配慮については，第２章コラム４を参照。

○行事そのもののあり方を見直す

行事の多くは，「例年」引き継いできたやり方を大きく変えることはあまりありません。しかし，特別な支援を必要とする子どもが参加するには，それが適さない場合もあります。思い切って，どの子どもも参加しやすい構成に作り替える必要があるでしょう。活動全体の時間の長さや，構成内容の配置は子どもの集中力が持続する範囲内になっているか，身体能力や理解力，表現力を発揮し，達成感を味わえるものになっているかなど，子どもの視線に立ってみると，見直すポイントはいくつもあります。

【事例１ 卒園式の流れを変えることで，落ち着いて参加できたA児】

　A児（年長）には，ASD と ADHD があります。集中できる時間が短く，儀式的行事の時には，じっとしていられなくなり，途中で大きな声を出したり，席を立ったりするので，参加が難しい状況でした。そこで，卒園式の構成に以下の工夫を加えました。

---

①従来，出席簿順であった座席と卒業証書授与順をアトランダムに変え，A児が集中できる時間内に受け取ることができるようにA児の順番を決める。（受け取った後，A児は，ポケットに入れた小さいおもちゃを触りながら，他の子どもが終わるのを待つ。）

②来賓あいさつの間，A児はあらかじめ退出することにし，座席を退出しやすい場所にする。

③全員の呼びかけのセリフを短くし，1人に何回も発表の順番が回るようにすることで，A児の集中が途切れないようにする。

これらの工夫により，A児は，最後まで卒園式に参加でき，さらに，テンポよく式が進むことで，他の子どもたちも集中が高まりました。

○個別の目標，個別の教材を設定する

行事だからといって，全員が同じ目標に同じやり方で臨む必要はありません。特別な支援の有無にかかわらず，個々の子どもの個別目標を設定します。ほかの子どもと比べるのではなく，行事への取り組みを通して，どの子どもも自分の目標を達成することに喜びを見出せるように支援します。

【事例2　生活発表会の鍵盤ハーモニカ演奏で個別の目標に取り組んだ例】

B児（年長）には，ADHDと軽度の知的障害があります。生活発表会に向け，鍵盤ハーモニカの練習をしているのですが，B児は，練習を嫌がり，机の下にもぐって，なかなか出てこない様子が見られました。そこで，以下の工夫をしました。

①絵譜（絵を使った楽譜）を数種類用意し，誰でも，自分がわかりやすいものを選べるようにする。

②練習時間や回数を子どもたち（B児）と相談して決める。

③B児については，自分の力だけで演奏する部分と，自分は息を吹き込むだけで，鍵盤は先生に押してもらう部分を相談して決め，選んだ部分がうまくなることを目標にする。

練習の時間をあらかじめ相談して決めたことで，クラスの子どもたちが集中して練習するようになりました。B児は，目標が明確になったことで，自分から取り組むようになり，発表会では，練習した部分を堂々と演奏できました。

○個別の参加の仕方を設定する

一斉活動の中には，絵画教室，リトミック教室，安全教室などのように，あらかじめ活動内容が決まっている場合もあります。子どもによっては，その内容が難しく，「できない」→「もう，いやだ，逃げ出したい」という失敗経験を積むことにもなりかねません。そのような場合には，「ここまでできた」→「だから，一旦休憩しよう」という成功体験になるように，個別に参加の仕方を工夫します。集団参加への意欲を低下させない対応が求められます。

逆に，課題を素早くやり遂げてしまい，待つことができずに騒いでしまう子どももいます。そのような場合には，教材を余分に用意していくつも取り組ま

せたり，より発展的な内容を加えてチャレンジさせたり，あるいは保育者の助手役を務めさせるなど，選択肢を準備しておくのがよいでしょう。

さらに，行事や一斉活動の際には，「待つ」時間がどうしても生じてしまいがちです。そこで，見通しをもつことが苦手な子どもが不安になったり，混乱したりすることを防ぐために，何が起こるのか，自分はいつ何をするのか，いつまで待てばよいのかなどがわかるように，視覚的支援を用いることも効果的です。

【事例3　絵画教室で，個に応じた参加の仕方を工夫した例】

C児（年長）には，ASDと軽度の知的障害があります。物を操作することは好きですが，外部講師を招いた絵画教室では，集中が続かず，走り回り，大声を出すことがあります。そこで，以下の工夫をしました。

① あらかじめ一日の流れを示すボードを使って，絵画教室がいつ行われるか，時間を知らせる（図5-28参照）。

② 絵画教室が始まったら，終わるまでの時間を，タイムタイマーを使って視覚的に示す（図5-29参照）。

③ どこまで取り組むかを保育者と相談し，約束したところまで取り組んだら，休憩タイムを設けるというサイクルを繰り返す。休憩方法の選択肢を用意し，必要なアイテムを持参する（図5-30参照。C児の休憩タイムアイテムの一つ。いろいろな場所に出かけて行って撮影してきた写真を見ることで，静かに過ごす）。

図5-28　一日の流れの見通し

図5-29　活動時間の視覚化

図5-30　休憩用の写真カード

④ 行事や一斉活動は，子どもの達成感を最優先に

行事や一斉活動では，保育者は，つい全体としての統一感や出来栄えに気を取られて，逸脱する子どもや，十分達成できない子どもに問題を感じてしまいます。しかし，本来，これらの活動は，子ども自身が達成感を得て成長するために設けられたものです。柔軟な発想と実態に応じた運営方法の工夫で，どの子どもにも，本来の目的を達成できる支援が求められます。　　　（阿部美穂子）

第5章　インクルーシブ保育を実現する保育内容の工夫

7 ケースカンファレンス

1 ケースカンファレンスとは

　ケースカンファレンスとは，事例検討会のことです。特別な支援が必要な子どもの見立てを確実にし，より適切な支援方法を検討するための会議であり，ケース会議とも呼ばれます。保育者のみならず，その事例の関係者が集まって，チームとしての秘密保持を前提に事例の現状と支援の内容を吟味します。さらに，外部の専門家にも同席してもらい，コンサルテーション[1]やスーパーバイズ[2]を受けて行うのがより効果的であると考えられます。

　インクルーシブ保育においては，一人一人の子どもに応じた合理的配慮[3]が求められます。その一つが，「個別の保育計画」[4]の作成ですが，ケースカンファレンスは，この個別の保育計画の作成を行う場となります。また，ケースカンファレンスは，関係者が共通理解をする場でもあります。対象児の実態と保育の目標を共有し，いつ，だれが何をどのように支援するのか，その役割分担と内容を明確にして，関係者の協働を促進します。

　このように，ケースカンファレンスは，特別な支援を必要とする子どものための保育に関する，重要な意思決定の場であるといえます。

2 インクルーシブ保育におけるケースカンファレンスの意義

　ケースカンファレンスの意義を，以下の4つの側面から考えます。

○特別な支援を必要とする子ども（以下，対象児と表記）にとって

　対象児の実態に基づく必要な支援の内容と方法を明らかにすることができます。これにより，その子どもの生活の安全と健全な発達が保障されます。

○周囲の子どもにとって

　対象児と他の子どもたちは，日々，同じ場で保育活動に参加します。そこで生まれる相互作用が，双方の成長発達に大きな影響を及ぼします。よって，ケースカンファレンスでは，対象児が，集団の中でどのように他の子どもとかかわりながら成長していくかという観点で，支援の内容や方法を決定します。逆にいうと，対象児との関係において，周囲の子どもたちに対する支援のあり方を検討することになります。これにより，周囲の子どもたちのより豊かな成長発達を保障することにもつながります。

▷1　コンサルテーションとは，異なる立場の専門家からアドバイス等を受けることを指す。具体例については，第8章1および2を参照のこと。

▷2　スーパーバイズとは，経験豊かな同職種従事者（保育者）から，指導助言を受けることを指す。

▷3　合理的配慮については，第2章コラム4を参照。

▷4　個別の保育計画については，本章1を参照。

○保育者にとって

ケースカンファレンスは，保育者にとって，研修の機会となります。特別な支援を必要とする子どもについて，事例を通して具体的，多面的に理解できるとともに，保育について直面している課題を解決するための手掛かりを得ることができます。すなわち，ケースカンファレンスは，保育者が新しい保育の視点を獲得し，その力量を高める場であるといえます。また，保育者が自信をもって保育実践に取り組む際の心理的な支えともなります。

○家庭や関係機関など周囲の人々との関係において

ケースカンファレンスを外部機関の参加を得て行う場合には，対象児に対する見立てがより多面的になるとともに，内部職員だけではなかなか気付かなかった支援方法のアドバイスを得ることができます。さらに，家庭や支援機関が担う支援内容についてもあわせて検討することで，連携内容が明確になり，いわゆる「個別の保育支援計画▷5」を作成することもできます。また，カンファレンスの場に保護者に参加してもらったり，あるいは，後日その結果について保護者に説明したりすることにより，家庭の協力を得やすくなります。このように，ケースカンファレンスは，関係者との連携を深めるために役立ちます。

▷5 個別の保育支援計画については，本章1を参照。

③ ケースカンファレンスの運営

○ケースカンファレンスの構成員

ケースカンファレンスには，対象児に関する情報と保育上の課題を整理して，参加者に提示する，事例提供者と呼ばれる者（多くの場合，対象児の担任）と，管理職以下，関係職員が参加します。常勤の保育者だけでなく，非常勤の支援員や養護教諭・看護師を含め，できるだけたくさんの職員が参加することを「通例」とすることで，全体の共通理解を得ることができ，対象児の支援体制をつくりやすくなります。また，定期的に外部の専門家の参加を得られるように，関係機関に働きかけるとよいでしょう。専門家とは，一般的には，特別な支援ニーズのある子どもの保育に精通している心理士や専門保育士を指しますが，医療・保健上の配慮を必要とするケースであれば，保健師・看護師（可能であれば医師）など，また家庭環境の問題が認められるケースであれば，ケースワーカーにも参加を要請するのがよいでしょう。さらに，保護者に参加してもらうことがより効果的な場合もあります。また，行政担当者に同席を依頼することで，その後の合理的配慮の実現に向けて，協力を得やすくなります。

○ケースカンファレンスの進行役

ケースカンファレンスの進行は，原則として，特別支援教育コーディネーター▷6が行います。当日の進行だけでなく，開催日時の調整・決定，会場の確保，参加者の選抜・連絡・出欠確認，資料の準備手配などの事前準備，また，終了後には結果のまとめ作成など，全体の運営を担います。

▷6 特別支援教育コーディネーターとは，幼稚園・保育所等において，特別な支援ニーズのある子どもの保育体制を整えるにあたり，中心的な役割を担う職員である。

④ 「インシデント・プロセス法」を活用したケースカンファレンス
の実際

　ケースカンファレンスのやり方にはいろいろなものがありますが，ここでは
「インシデント・プロセス法」を活用した方法を紹介します。[7]この方法は，対
象児に起きた出来事を取り上げ，その課題を分析し，参加者の経験や専門性に
よらず対等な立場で意見を出し合い，支援方法のアイデアを出し合うものであ
り，具体的支援方法を策定できます。

　進行の流れを図5-31に示します。

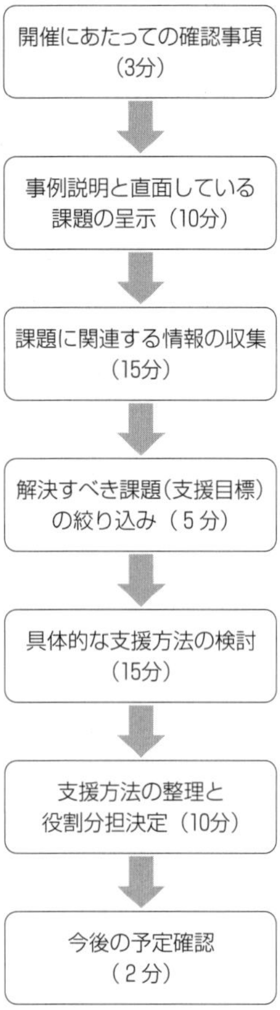

○ステップ1：開催にあたっての確認事項

　進行役は，まず参加者を確認します。もし外部からの参加がある場合は，自
己紹介などでお互いに知り合う機会を作ります。引き続き，時間の枠と流れを
説明し，終了までの見通しを明らかにします。時間の枠組みを明確にすること
は，話し合いの能率と密度を高め，参加者の負担感を軽減し，スムーズな進行
に役立ちます。たいていの場合，1時間をめどに終了するようにします。

○ステップ2：事例説明と直面している課題の呈示

　事例提供者があらかじめ，事例の概要と解決したい課題に関してまとめた資
料を準備しておきます。特別支援教育コーディネーターは，効率的な進行のた
め，事例の内容にあわせ，進行に応じたメモが書き込める資料を作成して配布
すると便利です。書式例を図5-32に示します。事例提供者はこの資料に基づ
き，要点をまとめて説明します。その際，解決したい課題は何かを明確に伝え
ることが重要です。

○ステップ3：課題に関連する情報の収集

　参加者が対象児をより深く理解し，支援方法を考える際に必要な追加情報を
得るために，事例提供者に質問します。また，参加者自身が直接対象児にかか
わって，補足情報を持っている場合は，それを報告します。

○ステップ4：解決すべき課題（支援目標）の絞り込み

　解決にむけて取り組む課題（支援目標）をなるべく具体的に決めます。[8]目標
が具体的でないと，その後の支援坊法の検討の際，焦点がぼやけてしまい，具
体策が何も決まらない事態に陥ることがあります。

○ステップ5：具体的な支援方法の検討

　参加者を4～6人ぐらいの小グループに分け，上記を達成するための具体的
なアイデアを出し合います。観点として，対象児本人のみならず，周囲の子ど
も，家庭，関係機関に対してどのような働きかけが必要かをリストアップし，
それを実行するための保育内容，物的・人的保育環境整備や関係者との連携方
法を考えます。

▷7　インシデントとは
「出来事」という意味。

開催にあたっての確認事項
（3分）

事例説明と直面している
課題の呈示（10分）

課題に関連する情報の収集
（15分）

解決すべき課題（支援目標）
の絞り込み（5分）

具体的な支援方法の検討
（15分）

支援方法の整理と
役割分担決定（10分）

今後の予定確認
（2分）

図5-31　進行の流れ

▷8　具体的な目標の例に
ついては，本章1を参照。

| ケースカンファレンス資料　　年　月　日　時　分〜　時　分
　　　　　　　　　　　会場

<事例概要>

1　氏名　　　　（男・女）　生年月日　　年齢　　在籍　　　クラス

2　診断名

3　生育歴

4　家族状況

5　発達状況

6　保育状況（※　周りの子どもとの相互作用含む）

7　保育において直面している（解決したい）課題 | <協議メモ>

・補足情報

┌──────────────────┐
│ 解決すべき課題（支援目標）　　　　│
└──────────────────┘
・支援方法のアイデア

┌─────────────┬────────┐
│ 支援方法の整理　　　　　│ 担当者等　　│
│　　　　　　　　　　　　│　　　　　　│
│　　　　　　　　　　　　│　　　　　　│
└─────────────┴────────┘ |

図5-32　ケースカンファレンス資料書式例

出所：筆者作成.

○ステップ6：支援方法の整理と役割分担決定

　上記で話し合った内容を発表してもらい，それをまとめます。ホワイトボードや電子黒板があれば，それを活用して，誰がどのような支援を行うかが一目でわかるように整理するとよいでしょう。

○ステップ7：今後の予定確認

　決定した支援事項を実行し，その経過と成果を確認するための方法を共通理解します。再度ケースカンファレンスが必要な場合は，その予定も決めます。

⑤ ケースカンファレンスで心がけたいこと

　参加者が，「自分事」として，事例に取り組む姿勢を作り出すことが，実際の保育改善につながります。ですので，ケースカンファレンスでは，誰もが対等な立場で，自由に意見を言えるような工夫が欠かせません。全員が意見発表する時間を確保できない場合は，小グループで討議したり，付箋を利用して全員の意見を集約したりなど，柔軟な運営が望まれます。　　　　　（阿部美穂子）

参考文献

尾崎康子・小林真・水内豊和・阿部美穂子（2018）.よくわかる障害児保育［第2版］（やわらかアカデミズム・〈わかる〉シリーズ）ミネルヴァ書房.
藤城光好（2012）. インシデントプロセス法：身近な出来事を生かして（特集 学校における事例研究・事例報告；学校における事例研究会のステップアップ）児童心理 66（18）（通号960臨増），66-71.

どの子どもにもわかりやすい10の言葉かけのコツ

「聞く力」「イメージする力」「覚える力」「実行する力」「注意を向け，持続する力」などに，弱さがあると，子どもは保育者の話を聞き間違えたり，理解できなかったり，すぐに忘れてしまったりします。

そこで，このような弱さのある子ども達にも，聞き取りやすく，わかりやすい言葉かけのコツについて，整理します。

コツ①　話す前に注意を惹く

注意をうまくコントロールできない子どもや，聞く力が弱い子どもの場合，保育者の声がまわりの刺激に紛れて，聞き損ねてしまいます。そこで，話す前に，子どもの名前を呼んだり，体に触れたりして，保育者の方に注意を向けさせます。また，聞き取りに弱さをもつ子どものすぐそばに立って，全体に向けて話をすることで，その子どもの集中を高め，聞き取りやすくできます。

コツ②　メリハリをつけて伝える

話す内容に応じて，声のトーンや大きさ，話すテンポを変えることで，子どもの集中を高め，話に注目させやすくなります。

コツ③　遠くから大きな声で注意せず，子どものそばで伝える

大きな声で子どもを呼んだり，注意したりすることが続くと，子ども同士が大声で注意し合う風潮が生まれ，クラスが騒然とするようになります。すると，特別な支援を必要とする子どもはますます落ち着かなくなり，話を聞けなくなります。子どもを注意するときや指示を出すときは，子どものそばに行き，落ち着いた低い声で話します。そうすると，子どもにしっかり伝わります。

コツ④　否定形「だめ」「〜しない」ではなく，肯定形「〜します」で伝える

「走らないで」ではなく「歩きます」，「騒いじゃだめ」ではなく「口を閉じましょう」のように，肯定形で伝えます。否定形で言われると，禁止されたことはわかっても，どのように直せばよいのか，想像できない子どももいます。また，「怒られた」という気持ちが先に立って，萎縮し，逃げ出してしまう場合もあります。肯定形の言葉かけが受け入れやすいのです。

コツ⑤　なるべく短い文で，一度に一つずつ伝える

丁寧に伝えようと言葉数を増やせば増やすほど，子どもは情報が多すぎて混乱し，余計に何が大事かわからなくなります。そこで，話す時は，一つの文の長さを2語〜3語以内にします。「赤い折り紙2枚と，黄色い折り紙を3枚持ってきてください。」と言うよりも「赤い折り紙を2枚持ってきます。」「黄色い折り紙を3枚持ってきます。」と別々に伝える方がわかりやすいのです。

コツ⑥　2つ以上伝えるときは，整理して伝える

「これから，持ってくるものを3つ言います。」のように，最初に，見通しをもてるように数を予告をしてから話します。さらに，項目ごとに，ホワイトボードに書きながら伝えると，子どもは，整理して聞くことができます。

コツ⑦　実物や写真，図を見せながら伝える

実物や写真を見せたり，簡単な図を書きながら話すと，子どもはイメージをもちやすく，内容の理解が深まります。さらに，子どもの注目を得やすくなり，子どもは集中して話を聞くことができます。小さなホワイトボードを持ち歩いて，それに書きながら，説明する習慣を身に付けたいものです。

コツ⑧　お手本を見せながら伝える

道具の使い方や，体の動きなどを説明する際は，実際にやって見せると，イメージしやすくなります。また，全体に手本を見せるときは，ぜひ，支援を必要とする子どもを指名して，保育者と一緒にやりながら，他の子どもに演示しましょう。これにより，その子どもは，直接体験して理解するチャンスを得ることになります。

コツ⑨　終わったらどうするかをあらかじめ伝える

「書き終わったら」「食べ終わったら」「園庭から戻ったら」など，一つの活動が終わって次の活動に移るまでのつなぎ時間をどう過ごせばよいかわからないと，子どもはつい，フラフラしたり騒いだりしてしまいます。また，ただ座って待っていることが苦手な子どももいます。そこで，終わったら何をして待つのかを前もって知らせるようにします。

コツ⑩　復唱させ，褒めて伝える

子どもに，覚えておいてほしいことは，保育者が伝えた後に，復唱させます。その際，先にも述べたように，ホワイトボードに書き留めると覚えやすくなります。復唱させた後は，「よく覚えたね」と褒めるようにします。褒められた嬉しさは，子どもの自尊心を高

め，覚える意欲を引き出します。

©きたむらイラストレーション

(阿部美穂子)

第6章
インクルーシブ保育の実践

　本章では，インクルーシブ保育の具体的な実践事例を4つ取り上げます。

　第1節では，気になる子どもが他のクラスメートと一緒に楽しい保育生活を送るために，保育者が仲介となってかかわりを続けていくことで，相互のコミュニケーションが高まった事例です。この事例では，保育者の適切な子ども理解とていねいな支援の重要性に気づかされることでしょう。

　第2節では，設定保育の一つとしてムーブメントプログラムに基づく活動を取り入れ，運動を通して障害のある子どもと他のクラスメートとの交流が深まった事例です。療育施設ではなく保育所で行うプログラムは，子どもの発達だけでなく社会性やコミュニケーションを育てることにつながります。

　第3節では，気になる子どもの行動問題の原因や結果に着目して保育者のかかわりを変えたことで，子どもの良いところが増え，結果的に行動問題が少なくなった事例です。ここでは子どもの行動を分析的・客観的に捉えて支援するという，インクルーシブ保育を行う上での保育者の専門性が示されます。

　第4節の事例は，まさに「インクルーシブ」という語そのものである「包み込む」保育となっています。既存の保育スケジュールを見直し，気になる子どもにとってわかりやすい保育や活動に切り替えた結果，どの子にとっても過ごしやすく楽しい保育生活を送ることができました。

　このように，インクルーシブ保育では，障害のある子どもの特性に応じた個別的配慮はもちろんですが，日々の保育の活動の中で，障害のある子もない子も主役になれる時と場を保障したり，発達の機会を適切にとらえて意識的にかかわったりすることが大切です。

自閉症スペクトラム障害（ASD）のある子どもとともに育つ仲間づくりの実践

 A児のこと

A児は年少組から入園し，その約1年後に ASD の診断を受けました。入園当初は，園内のあちこちを探索して興味のあることを見つけてはそれに没頭することが多く，友達とかかわったり園生活の流れに沿って活動したりすることが難しい状態でした。しかし，自分の思いを受け止めてくれる大人に対しては，大人の指示を理解し，それに応じることができました。

2 保育室が安心できる場所になることを目指して（年少組での実践）

上記のA児の実態を踏まえて，まず，保育室が安心できる居場所になるようにしたいと考えました。A児は車が好きであることから，保育室に車で遊べるスペースを作り（図6-1），そこでじっくり遊べることも保障しました。他児には，「Aくんは，車があれば保育室にいたり，先生や友達と一緒にいたりできる。そうやって，みんなと一緒にできるようになるために頑張っているので応援してほしい」と，理解を求めました。そして，友達が横にいても楽しいと思えるように，A児が機嫌よく遊んでいる時や，興味をもった遊びをしている時に，遊びの邪魔をしないようにしながら，少しずつ他児を誘って保育者を交えて同じ空間で遊ぶように心掛けました。さらに，生活の流れを絵カードで示し（図6-2），事前に活動の切り替えを知らせ，見通しをもてる工夫をしました。

その結果，クラスの子どもたちは，A児が他の子どもと違うことをしていても，その行動に同調したり，非難したりすることが減ってきました。また，A児の遊びを邪魔し，おもちゃを取り上げようとしたりする行為もなくなりました。A児は，保育室で落ち着いて過ごせる時間が長くなり，車

Point
- 全体で話を聞く際 他の子の視界に入らないように
- マットを敷くなどして 音が響きにくいように
- 興味のある話は聞けるように 高さのありすぎる壁はつくらない

図6-1　車で遊べるスペースをつくる

- リングで止めた めくる形のもの
- イラストや写真と 文字で分かりやすく
- イラストからイメージをするのが難しいときは写真を使用するとよい

そとで あそぶ
といれ

図6-2　絵カードで生活の流れを示す

以外にも興味を持って遊ぶようになりました。活動への参加の仕方は異なって
も，友達と同じ空間で一緒に楽しみ，友達の行動を見て真似てみようとする姿
に成長が感じられました。

③ 友達とのつながりを目指して（年中組での実践）

A児は回るものが好きで，ブロックで作ったコマを渡すと，とても喜んで，
自分でも作って回すようになりました。周囲の子どももその様子に興味をもっ
て加わるようになりました。A児は自分と友達のコマが同時にたくさん回って
いる状況を見るのが嬉しいと感じているものの，友達の回したコマを壊したり，
自分だけでいくつもブロックやコマを抱え込んだりする姿が見られました。そ
こで，"友達と一緒に仲良く遊ぶ方法"を身に付けなが
ら，自分がしたい遊びを成立するためには友達の存在が
大切であることを知り，友達がいるから楽しいという思
いを共有できるようにしたいと思いました。

そのために，次の4点に配慮しました。1）掛け声で
友達と一緒に回したり，長く回す競争をしたりなど，楽
しめる雰囲気作りをする。2）コマ遊びに友達が加わっ
てきたら，保育者は特に気をつけて見守り，壊そうとす
る行為を事前に静止したり，壊したら一緒に謝ったりし
て，仲を取りもっていく。3）絵や文字で「友達のコマ
を壊さない」「コマは一人2個ずつ」のルールを目に付
く場所に掲示する。自分の作ったコマを大切に，また遊
べるように置いておけるスペースを作る（図6-3）。4）
保育士も「まーぜーて」と子ども役になって遊びに加わ
り，回したコマの色の変化を楽しんだり，ぶつかり合う
面白さを言葉にして共感する。

その結果，コマ好きなB児とのつながりができ，「B
ちゃんとベイブレード®するよ」とA児の方から誘いか
けたり，B児の物や場所にも"Bちゃんの"と特別の感
情を示すようになりました。B児も好かれているのが嬉
しく，優しく声をかけたり，逆に誘いかけてたり，コマ
の作り方を教えてくれるようになりました。また，A児
がコマを3個使っているのを他児が「2個だけだよ」と
指摘した時には，「わかってるけど，まだ離せないんだ
よ」とA児の気持ちを汲んだ言葉を返してくれることも
ありました。別の場面では，片付けをするように伝えた
C児がA児に拒まれると，「あと3回ね」と普段保育者が

図6-3 コマを置くスペースをつくる

図6-4 リレーをする回数をみんなで決める

図6-5　リレーの時以外は自由に過ごす

図6-6　A児を受け入れやすい雰囲気をつくる

言っているようにかかわってくれました。A児にとって難しい部分を他児が理解し，折り合いをつけてくれたり，お世話してくれるようになってきました。一方，A児も繰り返しの中で，コマは一人2個の"仲良しルール"を覚えて口にしたり，保育者の「一人2個だったよね」の言葉で，5個持っているコマのうち3個を手渡せたりと少しずつルールを守ったり，友達の作る物に関心を寄せ，真似て作ってみようとする姿へと成長してきました。

④　一緒にやり遂げる仲間となることを目指して（年長組での実践）

年長組になって半年，A児は友達と一緒にいることや，同じ活動をすることに，強い関心をもつようになりました。そこで，運動会のリレー競技で，チームの一員として活動する経験を通し，「友達と一緒に取り組む楽しさ」や「友達との一体感」を味わえるようにしたいと支援方針を決めて取り組みました。

初めてリレーに参加した日，A児は友達が誘ってくれたチームに入りました。走順も友達が3番にしてくれました。1，2番目の子どもが走る様子を見ながら「バトンをもらった人が走るんだね」「走り終わったら次の人にバトンを渡すんだね」と実況をするように伝えました。ついにA児の番です。前を走っている子どもを追いかけ，笑顔でトラックを一周しました。ゴール付近で「Bちゃんに"どうぞ"するよ！」と伝えると，無事バトンパスもできました。この日はチームのメンバーを変えながら，3回走りました。

初日のA児の姿からわかったのは，誘ってもらうと嬉しく，張り切ってそのチームに入っていけること，3回目以降になると集中力が切れ，疲れも出てくるため，走るのが遅くなり，バトンパスもふざけてしまい，メンバーに迷惑がかかってしまうこと，そして，予想はしていましたが，そんなA児の姿を見てチームへの受け入れをあまり望まない子もいる，ということでした。

そこで次回から次のような手立てを考え，行うことにしました。

○活動前にリレーをする回数をみんなで決め，それをA児にも伝える

子どもたちに「Aくんも一緒に参加したいんだって。だけど疲れちゃうから2回までなら頑張れるんだって」と伝えました。すると「わかったよ！」「俺たちも2回だけ，一生懸命やればいいよ！」と受け止めてくれました（図6-4）。

○リレーをする時以外の時間は自由に過ごせるようにする

リレーのルールは毎年，子どもたちが作ります。リレーの前後には必ず「話し合い」の時間が設けられました。A児にはその結果を端的に伝えるだけにし，話し合いには保育士が代理で入ることにしました。A児がいることで，そのチームの考える力が減るのではと思われないように配慮しました（図6-5）。

○リレー参加後のA児の気持ちを伝え，また友達とA児とのかかわりについてこまめに認め，A児をチームの一員として受け入れやすい雰囲気をつくる

その日のチームの雰囲気によって「楽しい！」「もうやらない」と短い感想を伝えてくれていたA児。それをメンバーに伝え，客観的にその日の活動を見直すきっかけにし，「ちょっとケンカしたからや……」「バトン落としたからかな」と次回の作戦を立てるときに役立つように働きかけました（図6-6）。

こうした手立てを行う中で，徐々に，A児自身や周りの子どもの参加姿勢が変わっていきました。待ち時間や繰り返しのストレスが少ない状況が生み出され，ふざけたり遅くなりすぎたりする姿がほとんどなくなりました。メンバーの気持ちや考えをA児に端的に伝えたことで，A児も行動が決まって動きやすくなり，その結果「Aちゃん，上手だったね」「Aちゃんありがとう」という声が多くかかるようになり，両者に笑顔が増えました。

また，最も大きかったのは，チームのメンバーが"A児のできること"を考え始めてくれたことです。A児は待つことが難しいと気づき，"自分が"何番目を走りたいかではなく"A児は"何番目を走るのがよいのかを優先して考えてくれたのです。さらに，バトンパスについて"もらう"と"渡す"の2つをするのが大変なのではないか，どちらか一つに絞ってみてはどうかという案も出てきました。また何度か繰り返すうちに，もしもA児が遅れても後続の子が頑張れば取り戻せるということにも気づきました。そして第1走者を任されたA児。なんと全6チーム中，1位になることができたのです（図6-7）。

5 ともに育つ子どもたち

A児の存在は，周りの子どもたちに，違いを認め，だれもがもてる力を発揮できるよう主体的に工夫する力を育ててくれました。また，周りの子どもたちの存在がA児の人とかかわって生きる喜びを育ててくれました。ともに育つ仲間づくりの実現がインクルーシブ保育の根幹であると考えます。

（南真理子）

図6-7　A児のできることを考える

第6章　インクルーシブ保育の実践

 ムーブメント活動を導入した
インクルーシブ保育の実践

 ムーブメント活動とは

　ムーブメント（動き）を通して，子どもの身体能力（からだ），認知能力（あたま），情緒・社会性能力（こころ）の発達を促進しようとするのが，ムーブメント活動です。子どもに一斉指示で運動させる活動とは異なり，ムーブメント活動では，保育者が設定した環境（人や遊具，音楽など）の中で，子どもが楽しみながら運動遊びに取り組み，様々な能力を獲得できるように支援します。どの発達状態にある子どもにも，「できた」という達成感を得られるように柔軟に活動環境を調整することで，子どもは繰り返し自らチャレンジし，その力を伸ばしていきます。

からだ	全身を使って楽しく活動することで，子どものからだを健康にします。また遊びの要素をふんだんに取り入れているので，苦手な動きも無理なく，自然に身に付けることができます。
あたま	さまざまな感覚を活用し，目的をもって動くことは，子どもの「聞く」「見る」「思考・判断する」などの力を伸ばします。また，実際の動きや感覚を伴った，言葉の体験的理解が促されます。
こころ	成功体験や達成感を味わえる活動を通して，自己肯定感が育まれます。また，集団で動く楽しさを体験することで，人とかかわろうとする意欲と技能が育ちます。

② 保育園でのムーブメント活動

　本園では，毎週水曜日をムーブメント活動の日と決め，3，4，5歳の45名程度の子どもたちと活動しています。ムーブメント活動ではさまざまな遊具を使って遊びます。ムーブメント活動をはじめると，どの子も楽しみながら遊具を使いこなすようになります。また前日である火曜日には「明日はムーメントだね」と言って楽しみにしながら降園する子どももいます。まさにムーブメント活動が目標としている，「子どもの健康と幸福を育てる」ということが実感できる，保育者にとってもうれしいつぶやきです。

　ムーブメント活動のプログラムでは，運動の基本形を習得していない子どもには，まずそれらを練習する機会を多く設けます。その際，比較的活発な運動の次に楽な活動ができるように，プログラムの構成を配慮します。このようにして，活動を通して様々な運動能力を伸ばすことができます。

軽いウォームアップで雰囲気に慣れます。

図6-8 フリームーブメント

移動を要しない運動と移動を含む運動を毎回活動に取り入れています。
また個別の運動とグループによる活動を組み合わせることで活動を工夫します。

図6-9 課題ムーブメント

ムーブメント活動は子どもにとって楽しかったと思って終われるようにすることが大切です。

図6-10 フィナーレ

　本園には，身体に障害があり，バギーに乗って生活しているB児がいます。B児もクライメートも，ムーブメント活動をとても楽しみしており，毎回一緒に遊具を使って笑顔いっぱいで参加しています。「Bくんもわかってるから楽しいんだね」「Bくんはスカーフ（を使う活動）は好きだね」や，「Bくん，ボールを一人で持てたよ」などと，まわりの子どもたちがBくんの様子についてうれしそうに保育士に報告してくれます。Bくんが乗るバギーを押すのは当然のようにみんながやってくれます。言葉でのコミュニケーションができなくても，表情をよく見ていて，B児の意図をしっかりとくみ取り，遊んでいます。また，集団を意識することが苦手なC児も，ムーブメント活動では，自分を輝かせて遊べる時間となっています。ムーブメント活動では，子どもたち自身がどのように遊ぼうかと考え，工夫して活動しています。自分で考えてできたことは，子どもたちの自信・意欲・自己肯定感を育てます。その結果，たくさんの子どもたちがいる中でも安心して遊べるようになります。ムーブメント活動の時間は，一人ひとりが，他の子どもたちや保育士にすべてを受け入れてもらうことができます。ムーブメント活動を通したインクルーシブ保育は，そこに

集うすべての人と楽しさを共有できるのです。

 ## ④ ムーブメント活動に参加した園児の保護者の声

　保護者の方からいただいた心温まる声を2つ紹介します。ムーブメントのプログラムは，たくさんの遊具を自由に組み合わせて遊ぶフリームーブメントから始まります。楽しんでいるクラスメイトの中に，緊張して入れない子もいます。そんな子たちが，ムーブメント活動中にB児の役に立つ（スカーフやボールを持ってきてくれます）ことを見つけます。子どもたちが，まわりの環境や人に受け入れてもらえたことを実感して，その楽しさを家族に伝えていることがわかる嬉しい声です。

【園児の保護者の声】
　娘が若松保育園に入園したのは3年前。2歳児クラスに途中入園しました。クラスのお友達はみんな元気で明るく，途中から入ってきた娘にも積極的に声をかけてくれました。けれども，もともと内弁慶な上に，その場の雰囲気になかなか馴染めない性格だったため，最初の数カ月間，娘は登園してもモジモジ・ウジウジしてばかりでした。当初は心配しましたが，おかげさまで4歳，5歳児クラスにもなると，園では"お姉さん"的存在になりました。今では彼女なりに責任感をもって毎日楽しく過ごしているようですが，不安なことがあると，いまだに殻に閉じこもりがちに。そんな不安定な娘のバランス役をつとめてくれているのが，同じクラスのB君です。B君と遊びたい時は，みんなで車椅子を押して走り回ります。そこには健常者と障害者という垣根はありませんし，子どもたちの適応力の高さも実感させられます。もちろん，娘もB君のことが大好きです。彼の出す小さな反応が心地よいようで，ムーブメントにB君と遊んだり，公園でお花を摘んできてB君にプレゼントしたり，給食を隣に並んで食べたりと，B君との時間を楽しんでいるようです。感受性の強い娘にとって車椅子の上でいつも見守ってくれているB君は，心強い存在。感覚的に助けられているのだと思います。またB君は娘の名前を口に出して呼んでくれるそうで，照れながらもB君とコミュニケーションがとれたことが嬉しかったのか，笑顔で報告してくれます。そんな彼女を見ていると，こちらまで幸せな気分になります。私はこれまで障害のある方々と深い関わりをもつ機会がありませんでしたので，6歳の娘の方が，すでにインクルージョンの視点から言えば，二歩も三歩も先輩といっても過言ではありません。個々を尊重しあい，ともに生きる。インクルーシブ保育で学んだ柔軟性や人を思いやる気持ちは，娘にとって大きな財産です。この"特別"な保育が"日常"になり，多くの子どもたちも経験できれば…日本の社会も，もう少し人に優しく健やかになるのでは？と，一母親として私は思います。

【B児の保護者の声】
　私たち家族は，若松保育園でムーブメント活動に出会いました。最初に説明を聞いただけでは，リハビリ的な訓練とは何が違うのか，今一つ理解できていなかった

覚えがあります。しかし，実際にムーブメント活動に参加することで，3つの観点でとても有意義な経験ができたと感じています。

1つ目は，Bがリラックスした状態で楽しめたということです。まわりの子どもと同じことはできないけど，同じ場所で同じ遊びに参加しているということを，B自身はとても楽しく感じていたと思います。Bなりの参加の仕方を先生方が促してくれるなどの配慮や，日常の生活時間の多くを過ごしている保育園という空間（お友達や場所）での参加が大きく影響しているのだと思います。Bは「ムーブメントに行くと楽しい」ということを理解できているので，「今日は，ムーブメントに行くよ」と声をかけると，うれしい気持ちを笑顔で表現してくれます。

2つ目は，6歳年の離れた兄も含めて，家族全員で楽しめたことです。日頃は，体を動かす遊びを一緒にする機会はほとんどなく，特にBは散歩やストレッチなどはしても，動きのある遊びを家ですることはなかなか難しかったので，ムーブメント活動により，動きのある遊びを一緒に体験できて楽しかったです。また親自身も，保育園のいつもの雰囲気の中で一緒に体を動かすことによってストレス解消や気分転換ができたし，ムーブメント中に活き活きとしている我が子の姿を見ることができてよかったと思います。

3つ目は，親子一緒に楽しみながら体を動かすことの重要性を理解できたことです。Bに対しては，理学療法（PT）や作業療法（OT）などの様々なリハビリを取り入れていて，それぞれ一定の効果はあると考えています。一方で，保育園でのムーブメント活動はBだけが楽しいのではなく，親も一緒に楽しんでいることが，より効果的だと思います。リハビリのようにしなければならないという義務感の中でさせる運動と，リラックスした気分のなかで一緒に楽しむ運動の違いとでも表現すればよいのでしょうか。親自身が楽しめるので，積極的に参加することができました。このことは，日ごろから見ていただいている保育園の先生方や，お友達，そのご家族の理解や協力があってのものだと思っており，感謝しています。

保育園以外では，なかなかムーブメント活動に参加する機会がありませんが，様々な場所でこの取り組みが増え，もっと多くの人々が参加できるといいなと思います。

女子「Bくんは世界中の女子と結婚するんだよね」
Bくん（笑）

（原　秀美）

参考文献

小林芳文（監修・著）横浜国立大学人間教育学部附属特別支援学校（編）（2010）．発達に遅れがある子どものためのムーブメントプログラム　学研．

小林保子・駒井美智子・河合髙悦（編・著）（2017）．子どもの育ち合いを支えるインクルーシブ保育―新しい時代の障がい児保育―　大学図書出版．

第６章　インクルーシブ保育の実践

個別保育計画に基づいて問題行動を低減した取り組み

① C児について

　C児は，年少組の男児で，知的障害があります。身のまわりのことには保育者の手助けが必要で，尿意を訴えることが難しく，おむつを使っています。言葉の遅れが顕著で，発語は見られません。多動で，安全への意識が低く，興味に任せて屋内外を問わず飛び出して行ってしまいます。また，自分から要求を伝えられず，友達を叩く，つねる，突き倒すなどの乱暴な行動が頻回にあります。専任の保育者が常時C児のそばについているのですが，C児の乱暴な行動は保育者にとって予想不可能なことが多く，防ぎきれないこともあり，仕方なくC児をおぶって，安全を確保しながら，活動することもありました。

② 個別の保育計画を作成した支援

○C児の行動の意味を考える

　保育所では何とかC児の乱暴な行動を収める方法はないかと，自治体独自の取り組みである臨床心理士からなる保育カウンセラーの巡回相談を要請しました。そして，提案された支援シートを使ってC児用の個別の保育計画を作成し，支援に取り組みました。

　まず，突発的に起こるように見えるC児の乱暴な行動には，きっと何か理由があると考え，職員全体でC児の乱暴な行動が起こるきっかけや場面，さらに，その行動が起こった後の周りの対応を１か月にわたり詳しく観察しました。そ

▷１　富山県臨床心理士会（現富山県公認心理師協会）所属の保育カウンセラーが作成した保育コンサルテーション用支援シート。保育者が日常の保育において，子どもの気がかりな行動を観察し，その意味を考え，問題解決のための計画を立案することができる，書き込み型のシートである。保育者の日頃の行動観察から支援方法を導き出すためのツールであり，ケース会議，カンファレンスなどで活用できる。問い合わせは，富山県公認心理師協会福祉委員会ハートフル保育カウンセラー代表まで http://toyama-shinri.com/contact

○ 子どもの気がかりな行動が起こった状況やその行動の意味を分析します。

右で取り上げた行動が起こるのは，子どもにとってどのような場面と言えるでしょうか。	取り上げた，気がかりな行動は何ですか。	左の行動の結果，子どもが得るものは何でしょうか。当てはまるものを選びましょう。
・C児にとって反応が面白い子どもが側にいる。 ・何もすることがなく，手もちぶさたである。 ・誰かにかまってもらいたい。 ・自分も他の子どもと同じことをやってみたい。 ・何か伝えたいことがある。	叩く，つねる，押す，噛むなど，友達に直接触って，その子どもが嫌がる行動をする。	（　）得をする。（　）ほしいものが手に入る。 （○）気持ちがよい。好きな感覚を楽しめる。 （○）みんなが見てくれる。 （○）かまってもらえる。 （　）その他（　　　　　　　　　　）

○上記を踏まえて，子どもの気がかりな行動を子どものメッセージに置き換えてみます。

子どもが気がかりな行動で伝えようとしているメッセージを子どもの言葉で書くと…	子どもの本来の育ちへの願いを肯定的な言葉（～ができるようになりたい）で書きましょう。
・仲間に入れて！・ぼくも一緒にいたい。・相手をしてほしい。 ・人とかかわりたい。	・一緒に遊びたい。・同じ遊びをしたい。 （友達の様子をニコニコしてみているから）

図６-11　支援シート１：気がかりな行動の分析表（抜粋）

して，支援シート①（図6-11）にまとめて，C児の行動のもつ意味を考えてみました。

　観察の結果，C児の乱暴な行動は起こるのは，友達が楽しそうに遊んでいるところへ近づいた時，顔見知りの友達がそばにいる時，あるいはやりたい遊びが見つからずにうろうろしている時などが多いことがわかりました。そして，C児が乱暴な行動をするとほかの子どもが泣いたり訴えたりし，専任の保育者がすかさずそばに行って，丁寧に注意し，その後C児と一緒に遊んでやるという流れが繰り返されていることもわかりました。このことから，C児の乱暴な行動は，「自分も仲間に入れてほしい」「相手をしてほしい」「友達と同じ遊びをしてみたい」という願いの表現であり，乱暴な行動をすると，ほかの子どもが騒いだり，保育者が相手をしたりするので，C児の願いが満たされるという仕組みが働いていると考えられました。

○C児の願いを実現する方法を考える

　そこで，引き続き支援シート②（図6-12）を用いて，C児が乱暴な行動を使わなくても，その願いを表現し，それが満たされるようにする方法を考えました。まず，C児の能力を踏まえて，「保育者に仲立ちをしてもらい，ほかの子どもと同じ場で遊ぶ」行動の獲得を目標に設定しました。そして，その行動が起こりやすいように保育者がなすべきこととして，「環境設定（目標行動が起こりやすいように，あらかじめ配慮すること）」「保育者のかかわり（C児が目標行動をやり遂げることができるように，遊びの場で保育者が行うこと）」「結果の準備（目標行動を行った際に，利益や達成感を得られるように配慮すること）」「保護者・他児等への配慮事項（支援に際し，周囲の人々が共通理解すること）」を決定しました。

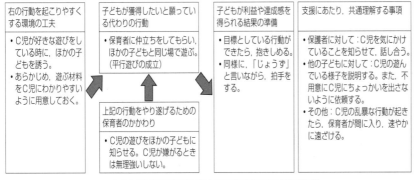

○ 行動の分析に基づき，子どもの能力と願いに応じて，支援プランを立案しましょう。

右の行動を起こりやすくする環境の工夫	子どもが獲得したいと願っている代わりの行動	子どもが利益や達成感を得られる結果の準備	支援にあたり，共通理解する事項
・C児が好きな遊びをしている時に，ほかの子どもを誘う。 ・あらかじめ，遊び材料をC児にわかりやすいように用意しておく。	・保育者に仲立ちをしてもらい，ほかの子どもと同じ場で遊ぶ。（平行遊びの成立） 上記の行動をやり遂げるための保育者のかかわり ・C児の遊びをほかの子どもに知らせる。C児が嫌がるときは無理強いしない。	・目標としている行動ができたら，抱きしめる。 ・同様に，「じょうず」と言いながら，拍手をする。	・保護者に対して：C児を気にかけていることを知らせて，話し合う。 ・他の子どもに対して：C児の遊んでいる様子を説明する。また，不用意にC児にちょっかいを出さないように依頼する。 ・その他：C児の乱暴な行動が起きたら，保育者が間に入り，速やかに遠ざける。

図6-12　支援シート2：支援プラン表（抜粋）

　「環境設定」としては，C児の理解力の実態から，ほかの子どもの遊びの内容を理解して参加するのは難しいと考えられたので，逆にC児が一人で好きな遊び（ひも通し，はさみ，スタンプ押し，折り紙，ままごとなど）をしている時に保育者が仲立ちとなってほかの子どもを誘う場面を設定しました。C児がやりた

い時にすぐ遊びを始められるように，保育室内に上記の遊びコーナーを設けました。そしてほかの子どもと安心して平行遊びができるように複数の子どもが使えるスペースを確保し，材料も十分用意しておきました。「保育者のかかわり」としては，C児に近づいてきた子どもにC児の遊びを見せて知らせたり，いろいろな遊び場面でC児とほかの子どもがしていることを保育者が相互に通訳したりして，やり取りが成立するようにしました。また，C児が嫌がって場を離れる際には，無理強いしないように気をつけました。「結果の準備」では，C児が乱暴な行動をしないで平行遊びができた時には，C児を抱きしめたり，拍手をしたりして，褒められていることが伝わるようにしました。その後，1か月ごとに保育者が集まって支援結果を評価しました。支援方法のうち，成果が見られた点は継続し，そうでない点については見直し・改善を図りました。

③ C児とほかの子どもたちに見られた変化

　支援の結果，C児は安定した情緒で他の子どもの側で遊ぶ「平行遊び」の状態が続くようになりました。設置したコーナーで友達と並んで座って折り紙をしたり，絵本をめくって過ごしたりする時間や，外遊びで友達の横で土いじりをする時間が増えてきました。ままごと遊びでは，C児は友達の真似をして同じ道具を引っ張り出し，友達の側で言葉らしきものをつぶやきながら遊ぶようになりました。そのような場面で保育者はC児とほかの子どもの双方に言葉かけをしながら，お互いがどのように遊んでいるのかを知らせたり，道具を交換したり，お客さん役をしたりして，遊びの仲立ちを積極的に行いました。

　そのうち，C児を避けていた子どもたちも徐々にC児を受け入れはじめ，遊びが発展していきました。例えば，C児がカルタ遊びをしている子どもたちに興味をもって近づいてきた場面では，読み札を担当していた保育者が，C児がたまたま手に触れた札を読んでやるという「仲立ち」をすると，C児が真似をしてその札を取れるようになりました。ほかの子どももC児の特別ルールを受け入れ，一緒にカルタ遊びをすることができました。また，別の場面では，C児がボウリング遊びをしている子どもたちに近づき，やりたそうな様子を見せるのですが，ルールがわかりません。保育者がC児に別のボールを手渡すと，隣で真似をしてボールを転がし始めました。すると，その様子を見ていた子どもたちがC児に順番を譲ってくれ，保育者がその都度ルールを教えるという「仲立ち」をするとC児もローテーションに入ってボウリングを楽しむことができました。さらに，C児が段ボールを見つけて獅子舞遊びを始めた場面では，ほかの子どもが興味をもち，自分から近づいてきて，一緒に段ボールに入ったり，周りでお囃子をしたりなど，一緒に遊ぶ様子が見られるようになりました。

　このように，C児の「平行遊び」の成立を目指して取り組んだ支援が，「やり取り遊び」の域までC君の発達を促すとともに，ほかの子どもにとっても，

C児の実態を理解し，仲間として認め，C児のできるやり方で一緒に遊ぼうと工夫する力を発揮することにつながりました。

④ C児の乱暴な行動の変化

上記の対応とあわせ，C児の乱暴な行動が起こった際には，素早くC児をほかの子どもから遠ざけ，相手をしないようにするとともに，ほかの子どもにC児に不用意にちょっかいを出さないように依頼し，C児の乱暴な行動が起こるきっかけをなるべく少なくするように配慮しました。

支援が進むにつれ，C児の乱暴な行動が徐々に減り始め，保育者がその生起数を記録したところ，支援開始時には1日に8〜10回起こっていたものが，4か月後には，1〜2回程度になりました（図6-13）。

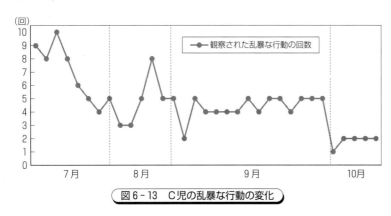

図6-13　C児の乱暴な行動の変化

⑤ まとめ

当初，C児の乱暴な行動にばかり注目していた保育者たちでしたが，その行動の意味がわかると，行動改善のためではなく，C児の願いを実現する保育を考え，実行することができました。その結果，C児の問題行動が解消しただけでなく，C児自身の発達を促すことができ，さらに，ほかの子どものC児と一緒に遊ぶ方法を見出す力を引き出すことにもつながりました。保育者も「子ども同士のかかわりを積極的に仲立ちする」「遊びのきっかけを逃さない環境設定や準備を整える」「気がかりな行動には，感情的にならず淡々と接する」「気になる子どもをほかの子どもに合わせるのではなく，気になる子どもの好きな遊びを生かしてほかの子どもを巻き込む」など，気がかりのある子どもをクラスに受け入れ，一緒に活動するための保育のコツをつかむことができました。

(阿部美穂子)

参考文献

阿部美穂子（2013）保育士が主体となって取り組む問題解決指向性コンサルテーションが気になる子どもの保育効力感にもたらす効果の検討　保育学研究, 51(3), 93-106.

阿部美穂子（2015）気になる子どもの変容を促す問題解決指向性コンサルテーションの効果に関する実践的研究―「行動の分析＆支援シート」の開発と活用―　保育学研究, 53(2), 162-173.

第6章 インクルーシブ保育の実践

 集団への参加を可能にした
保育カリキュラム改善の取り組み

① D児との出会いと最初の対応

　D児は2歳の時に本園に編入してきました。待つことが苦手で，順番を守ることができない，急に部屋から飛び出すという，多動性が顕著でした。また，友達の使っている玩具を横取りしたり，友達を叩く，押す，つねる，ひっかく，嚙むなど，友達に対する乱暴な方法でのかかわりも見られました。当初，保育者は，このような行動を修正しようと，禁止の言葉をかけたり，後を追いかけて連れ戻したりする対応を続けていましたが，年少クラスに進級してからもD児の行動に変化はありませんでした。

② D児の気がかりな行動の意味を考える（年少〜年中段階での取り組み）

　D児が，情緒の安定を基盤に，主体的に環境にかかわって生き生きと活動できるために，保育者はどのようなかかわりをすればよいのかを模索し，保育の見直しをしました。そこで，まず，全職員で気がかりな行動が起こった状況をD児の視点で分析を行い，気がかりな行動の意味を理解することから始めました。すると，「急に保育室から飛び出したり，遊戯室を走り回ったりするのは，やることがなくなって待たされる時であり，待たせない工夫が必要である」「未満児の年下児には優しく接することができるので，その姿を具体的に褒める」「まだうまく言葉で伝えることができないので，保育者が代わりに伝えたり，友達とのかかわる際に仲立ちが必要である」などの支援の糸口が導き出されました。

　次に，D児の適切な行動が起こりやすくするための保育環境や保育者のかかわり方について，保育者がチームになって支援プランを作成し，それに基づいて実践し，結果を記録して振り返り，支援の見直しや新しい支援の手立てを考える取り組みを繰り返しました。その際，D児に個別に対応するだけでなく，クラス全体にどのように働きかけるかを考えるようにしました。

　具体的な支援例を紹介します。「気持ちを言葉で伝える」行動の獲得を目指した取り組みでは，自由遊びが始まる際に，保育者がクラス全員の前で，「貸して」という言葉を使って，おもちゃを借りる様子を見せるようにしました。その結果，クラスの子どもたちが，少しずつ互いに物の貸し借りができるようになり，D児にもおもちゃを貸してくれるようになりました。D児は友達から貸

してもらえることで安心し，保育者の「今は，『貸して』（と言って頼む場面）だね」の言葉に応じて，「貸して」と言うことができるようになりました。また，時計やホワイトボードを使い，クラスの子どもたちに，次にすべきことや予定を視覚的に知らせるようにしました。加えて，D児には，何もしない時間が生まれないように，活動と活動のすきま時間にできる遊びを用意しておくこと，また，部屋から出たい時は，行く場所や戻る時間を自分で選択して保育者に許可をもらい，気分転換する時間をもてるようにしました。このようなかかわりの積み重ねの中で，D児は，保育者が自分を規制したり，注意したりするためではなく，これからすることを予告したり，手本を見せたりするために自分に近づくことがわかるようになり，次第に部屋からとび出す回数が減り，待つこともできるようになりました。その結果，保育者が注意する場面も少なくなりました。また，クラス全体の子どもたちにも見通しをもって行動する様子が見られ，保育者の指示する言葉の量や大声を張り上げて注意する場面も減りました。

❸ どの子も主体的に取り組める保育カリキュラムを考える
（年中〜年長段階での取り組み）

　発達に気がかりがある子どもの行動の意味を考えて，その育ちに応じた配慮をすることは，その子どもだけでなく，クラスのどの子どもにとってもわかりやすく，その発達を引き出す保育になると気づいた保育者達は，引き続き，D児を含むクラス全体の子どもの育ちを支援するように視野を広げました。保育室内に発達に応じて，遊ぶ素材を選べる制作棚やままごとコーナーなどを用意しました。また待ち時間を減らすために，保育の流れを変更し，おやつの時間も保育者の指示を待つのではなく，自分で準備し，食べ，片付けるというように，子ども自身で行動する流れに変えました。

　しかし，クラスの中だけで環境や保育の流れを見直しても，保育園全体の活動の流れはそのままでした。本園では，登園後に全体集会を日替わりで行うデイリープログラムを導入していたために，子どもによっては遊ぶ時間が足りず満足できないので，D児のように集会の途中で逸脱する子どもの姿が複数見られました。また，自分から遊びにとりかかれず，何をするにも「これで遊んでもいいの？」と逐一保育者に指示を求める子どもの姿も見られ，保育者もつい，子どもを指示どおりに導く保育に流れてしまいがちになりました。

　そこで，「自分で考え行動する子どもの姿」を目指し，保育の改善に取り組むことにしました。園全体のデイ

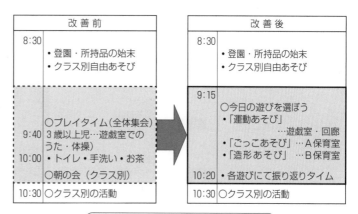

図6-14　デイリープログラムの見直し

図6-15 子どもが自分で時間を見て判断するための時計ボード

リープログラムを見直し、思い切って登園後の全体集会を取りやめ、代わりに選択遊びの時間を十分確保できるようにしました（図6-14）。保育室や遊戯室を開放し、遊びの基地となる「運動遊び」「ごっこ遊び」「造形遊び」の3つの場を用意しました。そして、年少児以上の全員が、年齢枠を超えてどの場で遊ぶかを自分で選べるようにしました。また、必要な遊具や道具を自分で出して、自分で片付けられるように、時計や写真、文字など、子どもが選んだり、判断したりして行動する手がかりを整えました（図6-15）。また、選択遊びの終わりには、それぞれの場で子どもたちが集まって、自分が取り組んだ遊びの内容や成果を他の子どもに披露したり、感じたことや気づいたことを伝えたりする「振り返りタイム」をもちました。体験を振り返って整理したり、友達の遊びの様子を聞いたりすることが、どの年齢の子どもにとっても、次に「自分で考え行動する」ための手がかりになると考えたからです。

④ D児に見られた成長

　毎朝登園後、玄関に置かれたお知らせプレート（図6-16）を見てその日の自分の遊び場を選び、思い思いに散っていく子どもたちの中に、D児の姿もありました。D児のお気に入りは、ダイナミックな運動遊びです（図6-17）。

　体を動かすことが大好きなD児の「良さ」が、「運動遊び」の場で発揮され始めました。D児が年長に進級した頃、運動遊びの場では「縄」をテーマに環境を設定しました。D児は大縄跳び104回を記録、さらに、遊戯室の梁を利用した1本縄のぶら下がり、ウォールクライミングを利用したレスキュー隊ごっこなど次々と遊びを展開し、いつしか運動遊びのリーダーとして活躍するよう

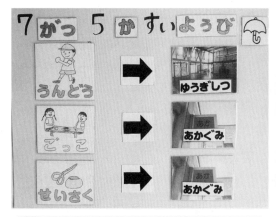

図6-16 3つの遊びを選択するためのお知らせボード

図6-17 運動あそび（ロープぶら下がりや壁面を使ったレスキュー隊）に夢中

になりました。

「振り返りタイム」では，自分が頑張ったことを発表することはもちろん，次第に他の子どもの発言に耳を傾け，質問する姿も見られるようになりました（図6-18）。友達の良いところを見つけたり，反対に自分の良いところを見つけてもらったりすることで，D児の中で友達の存在が大きくなっていく様子が伝わってきました。それまでの「対大人」中心の人間関係が，「対子ども，友達，仲間」へと拡大し，異年齢児との交流場面における言葉

図6-18　振り返りタイムで自分の取り組んだ遊びを紹介する子どもたち

使いや仕草から，「運動遊び」の場で生まれた遊びリーダーとしての自信が，D児の思いやりや優しさの育ちを支えていることがわかりました。けんかやトラブルが起きたときも，これまでのような「乱暴な解決法」は激減し，代わりに自分なりのクールダウン方法を試したり，周りに仲裁を頼んだりするようになりました。

⑤ 園全体の子どもたちの育ち，そして保育者の成長

遊ぶたびに「してもいい？」と許可を求めてきた子どもや，自分からなかなか遊び出せなかった子どもが，「明日は，忍者屋敷の屋根をつくろう」等と友達に話す姿が見られるようになりました。このように，実践を通して，D児だけでなく他の子どもたちにも，ちょっと難しいことでもあきらめず繰り返し挑戦する姿や，もっと面白い遊びにならないかと調べたり，考えを出し合い工夫したりして新しい遊びを生み出す姿が生まれてきました。D児をわかりたいと願って始めた取り組みが，園全体の保育を変え，どの子どもにとっても必要な保育の実現に至りました。また，今回の保育実践は「集団に個を合わせる」のではなく，「個を大切にすることで集団も育つ」という保育者の気づきや学びにつながりました（図6-19）。取り組みの過程で習慣化された「保育の点検・改善・環境調整」は，D児の卒園後も，子どもたちが自分で考え行動する育ちとそのための時間を保障する保育実践として継続されています。

（豆本友江・慶寺一枝）

今までは，指示を出すことが多く，子どもに考える時間をつくっていなかったことに気付いた。	以前は，トラブルが多い子どもや気がかりな子どものことばかり考えていた。きちんと座っている子の思いを考えることはなかった。今は，一人一人の動きや表情なども見ることができるようになった。	「ダメ」「やらないで」等の言葉を使わないようにし，良い所を見つけてほめる保育に変わった。
全員が，一斉に活動できるように，はみ出す子がいないか，常に気にしていたが，はみ出す子の思いを考えるようになった。		環境を整えることで，ゆとりと落ち着きをもって，子どもとかかわれるようになった。

図6-19　実践に取り組んだ保育者の振り返り

参考文献

社会福祉法人和田保育園・高岡市保育士会（2017）．「H29年度　富山県保育士会　公開保育研究会資料『自分で考え行動する子ども』の保育の追求」．

第7章
地域・自治体で取り組むインクルーシブ保育

　インクルーシブ保育の直接的な担い手は幼稚園・保育所等ですが，それをバックアップするのが，地域・自治体の大切な役割です。

　本章では，各地域・自治体の取り組みの具体例を紹介します。

　第1節では，日本一小さな村である富山県舟橋村において，保健・福祉・教育の担当者が，日常的な顔の見える連携関係を生かして，就学期支援体制を作り上げた，5歳児健診の取り組みを紹介します。

　第2節では，富山県氷見市の幼保小連携事業を紹介します。1年を通じて長期的かつ計画的に子どもの就学移行体験活動を行うことにより，障害の有無にかかわらず，すべての子どもが安心して小学校生活をスタートできるようにした全市規模の取り組みです。

　第3節では，北海道釧路市における巡回訪問支援の例を紹介します。発達支援センターが中心となってきめ細やかな保育サポートを実施しています。

　第4節では，神奈川県横浜市・相模原市の例を紹介します。都市部ならではの専門機関資源を活用し，保育者に様々な学びの機会を設定することでインクルーシブ保育をサポートしています。

　第5節では，東京都葛飾区のインクルーシブ保育体制の構築例について紹介します。地域療育システム検討会が核となり，調査や連携のためのツール作成などに取り組んでいます。

　それぞれの取り組みは，いずれもその地域の規模や擁する人材などの特性がうまく生かされています。このように，その地域・自治体ならではの支援体制づくりが，インクルーシブ保育の実現を支えます。

第7章　地域・自治体で取り組むインクルーシブ保育

健診を活用し，保健師と保育士が連携する長期的支援
富山県舟橋村の事例

 「5歳児健診」をきっかけにした連携体制づくり

　舟橋村は，3.47平方kmと面積が日本一小さく，認定こども園，小学校，中学校が1校ずつの小規模自治体です。しかし，1980年代には1,500人程だった人口がその後急激に倍増し，2008年頃には小学校の教室も足りない状況でした。またコミュニケーションが取りにくい，集団で活動することがうまくいかない等の課題を抱えた子どもが目立つようになりました。そこで，従来の健診に加え，2009年度から5歳児健診を実施しました。健診で大切にしたのは，発達障害児を見つけるのではなく，幼児期から児童期へと子どもと保護者への支援を繋いでいく仕組みを整えるという考えです。

　5歳児健診を始めるに当たり，県の担当者や発達障害者支援センター等関係機関に相談し，対象者は，集団生活の経験があり，かつ療育等を行う場合小学校入学まで猶予がある年中児としました。村は当時，幼児の約3分の1が村外の幼稚園・保育所等に通園していたので，小学校で同級生になる子どもや保護者が顔見知りになるきっかけになればと集団健診のスタイルにしました。通常乳幼児健診は，問診，身体計測，内科・歯科健診，集団指導，個別相談を行います。しかし，「5歳児健診」はあえて，問診と集団遊び活動，診察，個別相談という内容で行うことにしました。健診中の子どもの様子をスタッフが観察し，保護者も同じ場面を見ることで，子どもの具体的な姿を共有でき，次の相談等につなげやすくなりました。小学校の特別支援コーディネーターもスタッフに加わり，教師は1年後就学する子どもたちの様子を把握でき，保護者も教師と顔見知りになる機会が得られました。健診の最終カンファレンスでは，全スタッフで参加者の情報共有と今後の支援に関する協議を行います。その際には，村内の多くの子どもが在籍する認定こども園の園長にも参加してもらい対応を一緒に考える機会としています。「5歳児健診」をきっかけに，子どもの発達支援については，今まで保健師と認定こども園，保健師と療育機関というように点と点のつながりであったのが，顔見知りのスタッフ間で情報の共有・連携が密になり，「みんなで村の子どもたちを見守っていこう」という体制ができま

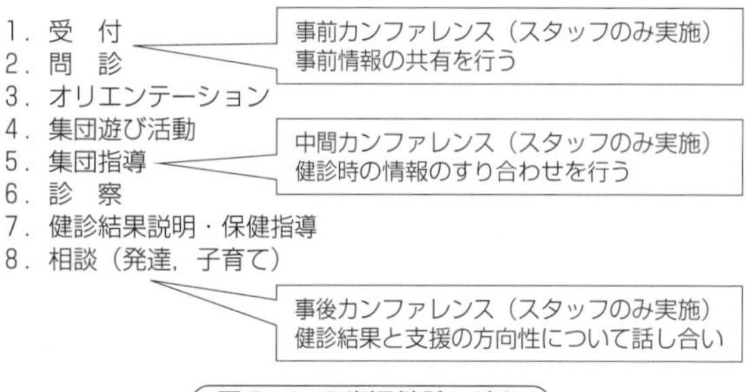

1．受　付 ─ 事前カンファレンス（スタッフのみ実施）
2．問　診 ─ 事前情報の共有を行う
3．オリエンテーション
4．集団遊び活動
5．集団指導 ─ 中間カンファレンス（スタッフのみ実施）
6．診　察 　　健診時の情報のすり合わせを行う
7．健診結果説明・保健指導
8．相談（発達，子育て）
　　　　　　　事後カンファレンス（スタッフのみ実施）
　　　　　　　健診結果と支援の方向性について話し合い

図7-1　5歳児健診の流れ

した。

❷ 保育者と保健師の役割分担について

　健診を行う上で大切にしたことは，子どもを見る視点と情報を共有すること，各連携機関の役割を明確にすることでした。問診票は保護者用と幼稚園・保育所用の二通りを準備し，家庭で保護者から見た子どもの様子と集団生活の場で担任から見た子どもの様子と健診での様子を総合的に判断し，必要な支援につなげます。健診時以外にも，担任に保育上の困難があれば，その都度保健師が訪問し，園での対象児の状況を把握しながら，対応を一緒に考えます。そして保護者に何を伝えるか，依頼するか等を話し合い，誰がそれを伝えるかまで決めます。大切にしているのは，毎日送り迎え等で保護者と会える園だからこそできることと，できないことを明確にし，できないことは保健師から伝えるというように役割分担を決めていることです。例えば，園からは保護者に日々の対象児の様子，対応の工夫点を具体的に話し，保護者の心理的なフォローアップを行います。一方保健師は，専門的な説明と，家庭での状況に合わせた具体的な対応，病院受診等，今後保護者がなすべき事項について話します。このように役割を決め，一緒に対応を考え，勉強会等を開き，子どもを支援する仲間となることで，お互いに気になること，心配なことを話し合う機会が増えました。園で実施された臨床心理士によるコンサルテーションや，園内の支援体制づくりの勉強会にも保健師は一緒に参加し，内容を把握しました。こうして連携しながら支援を継続していくうちに，子どもたちが変化してくると，保護者も園を信頼し，病院受診や療育に対する心理的ハードルも下がります。口コミで「うちの子も療育を受けたい」という保護者も出てきました。また，保健師が園に行くことを保護者が普通のことと捉え，どの健診後も継続して保護者と話す機会も得られました。もちろんうまくいくことばかりではなく，健診結果を拒否し怒り出したり泣き出したりする保護者もいます。今は受け入れられなくても保護者がいつかの時点で子どもの発達の特性を意識し，支援に向けて動き出す時が来るのを信じて，情報を小学校，中学校と確実につなげていくことが重要だと考えています。舟橋村のような小規模自治体では，支援のための資源は少ないですが，一人一人に丁寧に一貫した支援を行えることが強みであると考えています。

（黒田綾子）

▷1　問診票等資料提供については，島原市にご協力いただいた。

参考文献

小枝達也（2008）．5歳児健診―発達障害の診療・指導エッセンス―　診断と治療社.

第7章　地域・自治体で取り組むインクルーシブ保育

 自治体全体で取り組む幼保小連携
富山県氷見市の事例

 幼保小連携事業について

　氷見市は，人口約4万7千人の富山県西部にある水産業と観光の町です。少子化や核家族化が進む社会の中で，これからの市の未来を担う大切な子どもたちを市全体で育成していこうという願いを実現するため，幼・保・小連携は，各小学校と保育所，認定こども園（以下，園と記す）とが工夫しながら，年長児が就学の期待を高めるための大切な取り組みになっています。しかし，いざ就学すると，環境の違いからか学校生活への不適合を起こす子どもも少なくありません。その原因は，それぞれの園と小学校とがお互いの文化の違いを十分に理解していなかったためであると考えられ，改善のためにはお互いが顔見知りになり，ねらいをもって小学校との交流を図ることが必要であると思いました。そこで，平成27年度より，市の子育て支援課と教育委員会が管轄する教育総合センターが協力して，幼保小接続研修会をスタートさせました。この研修会は，市内すべての小学1年生の担任と年長児の担任が直接集まって話し合いを行うもので，1年間を通し計画的に実施されます（表7-1）。

　まず，研修会の場で「ひみっ子わくわく（アプローチ）・きときと（スタート）カリキュラム——指導のポイント」を作成しました（表7-2-1，表7-2-2）。その際に重要なのが「接続期の子どもにとっての段差」を，園と小学校の参加者がしっかり確認し共通理解することでした。その上でそれぞれの段差の解消

表7-1　平成〇〇年度 氷見市幼保小接続支援事業年間計画

日　時	活　動
前年度3月	園長研修会　・小学校長会で接続事業の説明をする。
4月	○第1回幼保小連絡会・授業参観
5月～6月	○授業サポート体験・給食見学会
6月～3月	○氷見市保育園等巡回相談
6月	○第1回　幼保小接続研修会
8月	○第2回　幼保小接続研修会
9月～2月	○年長児の小学校生活体験訪問（複数回） ・「小学校区わくわく・きときとカリキュラム」に基づき交流体験及び給食体験を行う。
1月	○第3回　幼保小接続研修会 ・大学教員をスーパーバイザーに招いて，接続カリキュラムを見直し，課題を検討する。
2月～3月	○第2回　幼保小連絡会

表7-2-1 ひみっ子わくわく（アプローチ）・きときと（スタート）カリキュラム——指導のポイント——（抜粋）

期間		ひみっ子わくわく（アプローチ）カリキュラム【年長児1月～3月】											
ねらい		○小学校へのあこがれを膨らませ，活動に自信をもつ。											
		学校生活	片付け方	登下校・トイレ	準備物	給食	集団行動	きまり	学習内容				
子供にとっての段差（接続期の段差）	園	・環境の中で学ぶ遊び中心の生活である。	・所持品の始末や用具の片付けは，保育者の見守りの中で行っている。	・登降園は，保護者が責任を持って送迎する。時間帯も家庭の事情により様々である。・早寝・早起き・朝ごはんの習慣が身に付くように働きかけている。	・持ち物は，保護者に連絡して準備してもらうことが多い。	・保育者と当番が配膳する。・給食時間は30分程である。	・グループ活動が主である。	・保育者の見守りの中，「きまり」を守って生活する。	・年長児としての役割を果たす。	・自分の考えを伝える。	・興味・関心により，集中する時間を調整している。	・生活や遊びの中で，実際に体験しながら学んでいる。	・聞くことが苦手な子供には，個別に声かけをすることが多い。 ／ ・文字や数字に興味・関心をもち読もうとする。
	小学校	・座って学ぶ教科中心の生活である。	・自分で管理・整理・整頓する持ち物が多くなる。	・登校・下校時刻が決まっている。・早寝・早起き・朝ごはんの習慣を身に付ける必要がある。・洋式トイレ・和式トイレに慣れる必要がある。	・時間割やハンカチ等，保護者と一緒に自分の持ち物を準備する。	・当番が配膳する。・給食時間は20分程である。	・「みんなで」を意識して行動することが多くなる。	・みんなで「きまり」を守る場面が多くなる。	・新入生として，学校生活を学ぶ。	・自分の考えを相手に分かるようにまとめて伝える。	・授業時間は45分間で区切られている。	・教科別の指導になる。	・全体への指示が多くなる。 ／ ・正しい書き方，書き順の指導をする。
期間		ひみっ子きときと（スタート）カリキュラム【小学1年生4月～5月】											
ねらい		○小学校のことが分かり，安心して活動する。						○友達とかかわりながら自信をもって活動する。					

に向けた交流実践カリキュラムを立案し，年間を通し活動を行いました。主な内容は以下のとおりです。

年長児が就学先の小学校に出向き，1年生や同じ小学校に入学予定の他園園児との交流体験を数回行います。これにより，園と小学校が実際の子どもの姿を確認しながら，就学後に予想される困難さやつまずきをあらかじめ共有し，環境整備や指導・支援上の配慮事項を検討します。また，小学校の教員が園を訪問する機会を設け，教育・保育の内容や子どもの活動の様子を直接観察します。

特に，特別な支援を必要とする子どもについては，その子の発達状態や就学にあたっての配慮事項を整理した「氷見市就学接続シート」を作成し，子どもの支援のポイントを明確にします。さらに入学後には，前年度の年長児担任が小学校に出向き，現在の問題解決に向けた話し合いを，担任と授業参観後に行います。

② 連携の実践例

「ひみっ子わくわく（アプローチ）カリキュラム」の実践例を紹介します。各小学校区で実情に合わせた交流体験活動を行います。ある小学校区では，年長児が小学校へ出向き，授業体験をしたり，ランドセルを借りて担いでみたり，校内を探検したりしました。実際にトイレや手洗い場を使用し，園の設備との違いを知ることは，就学時の不安解消につながりました。小学校の給食をいただき，食べる時間の目安や配膳，片付けの方法などを体験できました。

表7-2-2　ひみっ子わくわく（アプローチ）・さきさき（スタート）カリキュラム —指導のポイント—（抜粋）

期間		ひみっ子わくわく（アプローチ）カリキュラム[年長児1月〜3月]		接続期の子供にとっての段差		ひみっ子さきさき（スタート）カリキュラム[小学1年生4月〜5月]	
		子供の姿	指導のポイント	園 →	小学校	子供の姿	指導のポイント
ねらい						○小学校のことが分かり、安心して活動する。 ○友達とかかわりながら自信をもって活動する。	
自分づくり（主体性）	自己発揮意欲	(1)自分の成長を喜び、新しいことや苦手なことにも意欲的に挑戦する子供	・子供のよさを見取り、励ましながら自信がもてるようにする。 ・小学校へのあこがれを高めつつ、年長児としての役割を果たし、進んで行動できるようにする。	**学校生活** ・環境の中で学ぶ遊びが中心の生活である。 **片付け** ・所持品の始末や用具の片付けは、保育者の見守りの中で行っている。	・座って学ぶ教科中心の生活である。 ・自分で管理・整理・整頓する持ち物が多くなる。	(1)自己肯定感を高め、学校生活への意欲をもつ子供	・園での経験を生かし、認める場面を大切にする。 ・一人一人の入学への期待感や不安な気持ちにしっかりと寄り添う。
	自立心	(2)基本的生活習慣が身に付き、活動に見通しをもって行動する子供	・保護者に協力を求め、学校の生活に少しスムーズに移行できるようにする。	**登下校・トイレ** ・登校園は、保護者が責任をもって送迎する。時間帯も家庭の事情により様々である。 ・早寝・早起き・朝ごはんの習慣を身に付けるように働きかけている。	・登校・下校時刻が決まっている。 ・早寝・早起き・朝ごはんの習慣を身に付ける必要がある。 ・洋式トイレ・和式トイレに慣れる必要がある。	(2)見通しをもって自主的に生活できる子供	・決められた時間、トイレの食事やマナー、トイレの仕方、手洗い、引き出しの整理整頓、くつ揃え、椅子の座り方・姿勢。
かかわりづくり（社会的）	基本的生活習慣			**準備物** ・持ち物は、保護者に連絡して準備してもらうことが多い。	・持ち物は、保護者に連絡して一緒に自分の持ち物を準備する。		・チャイムを意識した生活。黒板の文字を目で追いながら、話を聞く。文字を手ふだで、生活の見通しをもつ。机上の整理整頓。椅子の座り方を整えて学習する。
	仲間意識	(3)友達と協力して、共通の目的や課題に向かってやり遂げようとする子供	・友達と遊びを工夫しながら、協同して遊ぶ楽しさを味わえるようにする。	**給食** ・保育者と当番が配膳する。・給食時間は30分程度である。	・当番が配膳する。 ・給食時間は20分程度である。	(3)自分の役割を自覚できる子供（当番活動や係活動）	・子供の気持ちに寄り添いながら集団生活に慣れていくようにする。 ・個人で使うもの、みんなで使うものを区別し、大切にする。
	規範意識		・地域や小学校等のいろいろな人々との交流の場を設定する。	**集団行動** ・グループ活動が中心である。	・みんなで「きまり」を意識して行動することが多くなる。		
	思いやり	(4)思いやりやあこがれの心をもって、人と接する子供	・地域や小学校等のいろいろな人々との交流の場を設定する。	**きまり** ・保育者の見守りの中、「きまり」を守って生活する。	・みんなで「きまり」を守る場面が多くなる。 ・新入生として、学校生活を学ぶ。	(4)友達と思いを伝え合い、折り合いを付けて活動する子供	・「してほしいこと」「してほしくないこと」に気付けるよう、考えながら行動できるようにする。
学びの基礎づくり（言葉・好奇心・探究心）	聞く力・話す力	(5)人の話を聞いたり、自分の経験したことややりたことを言葉で表現したりする子供	・言葉のやり取りを通して、気付きや思いを深められるようにする。	**学習内容** ・自分の考えを伝える。	・自分の考えを相手に分かるように伝える。 ・授業時間は45分間で区切られている。	(5)最後まで話を聞き、友達に聞こえる声で話す子供（集団活動でのルールを守る）	・15分間の活動を組み合わせて、友達と分かり合える場を集中できるようにする。
	興味・関心	(6)様々なことに興味や関心をもち、おもしろさを感じ、学ぼうとする子供	・冬の自然のおもしろさや不思議さに気付けるようにする。	・興味・関心により、時間を調整している。 ・生活や遊びの中で、実際に体験しながら学んでいる。	・興味・関心により、集中する時間が長くなる。 ・教科別の指導になる。	(6)追究的な学びができる子供（運動・音楽・創作活動・自然体験）	・発言、発表など自己表現の場を増やしていくようにする。 ・文字や数字について指導していくねいな文字の書き方やノート指導を大事にする。
	文字や数字への親しみ・表現力		・生活や遊びの中で、文字や数量に関心をもち、書いたり比べたりする子供	・文字や数字に興味をもち、声に出して読もうとする。	・全体への指示が多くなる。 ・正しい書き方、書き順の指導をする。		・合科的な指導を大切にする。

③ 連携の効果と今後の課題

　年間を通して研修を重ねることで，園の保育者と小学校の教員が顔見知りになり，お互いをわかり合おうとする気持ちが一層強まりました。年長児にとっては，就学先の小学校の生活に見通しがもてるようになり，新1年生にとっては成長の様子を園の保育者に知ってもらえる良い機会となりました。さらに，氷見市保育所等巡回相談事業において小学校からの参加があったり，保護者が就学前に学校見学に出かけられるようになったりと，支援が必要な子どもが安心して小学校生活をスタートするための準備もできました。

　しかしながら，まだイベント的交流が中心で日常の授業や園の生活場面での交流までには至っていません。また，事業体制が十分に定着していないため，職員の異動等により事業の説明を初めからやり直す場合もあります。氷見の子どもたちの未来のために，園と小学校がこの事業の必要性を十分に理解し，お互いに歩み寄りながら，組織ぐるみで今まで以上の連携を進めていけるよう努めていかなければならないと考えています。

（山本裕子・野手ゆかり）

第7章　地域・自治体で取り組むインクルーシブ保育

3 児童発達支援センターによる幼稚園・保育所等巡回訪問支援

北海道釧路市の事例

1 地域支援相談室の概要

　釧路市児童発達支援センターは，釧路市こども保健部に属する，児童福祉法によって定められた支援機関です。その一部である「地域支援相談室」では，子どもへの直接的な発達支援のほか，地域支援として，子どもの心身の状態に関する相談，運動やことば・コミュニケーションなどの発達相談や，巡回訪問支援を行っています。職員構成は，室長1名，言語指導員1名，言語聴覚士1名，理学療法士1名，作業療法士2名，臨床心理士1名，相談員2名，相談支援専門員2名，指導員3名となっています。この中で特に相談員が，幼稚園・保育所等への訪問を行っています。

▷1　巡回訪問については第2章6を参照。

2 幼稚園・保育所等への訪問支援

　釧路市には，公立保育園6園，私立保育園13園，公立幼稚園3園，私立幼稚園16園，認定こども園15園があり，それらの園を対象に年間100件前後の訪問を実施しています。

　訪問を行う主な場合は，①地域支援相談室における子どもの心理相談の際に保護者が幼稚園・保育所等と地域支援相談室との連携を希望する場合，②保護者が，子どもの育ちに不安や心配を感じ，相談員による集団生活の中での子どもの様子確認を希望する場合，③幼稚園・保育所等が，子どもへのかかわり方に苦慮し，助言を得たいと希望している場合，などがあります。

　相談員が訪問する際には，対象となる子どもの担任や周りにいる子どもとの関係，一斉指示が出された時の動きなどを観察したり，相談員が子どもへ直接働きかけ，その時の子どもの言動などを見せてもらったりします。その後，カンファレンスを行います。このカンファレンスには，担任・主任・園長らが参加し，保護者にもできる限り同席してもらっています。

▷2　ケースカンファレンスについては，第5章7を参照。

▷3　保育の現場で保育に参加し，子どもとかかわりながらその様子を観察すること。

　カンファレンスでは，相談員からは当日の参与観察での様子，担任からは，日頃の園での様子，保護者からは，家庭での様子などについてそれぞれ情報を出し合い，子どもの状態像の共通理解を図ります。その後，相談員から子どもへの具体的なかかわり方について園と家庭それぞれにアドバイスを行い，子どもが生活する場面で対応する者ができるだけ一貫したかかわりができるように調整します。

③ 訪問支援事例

○A児の場合

保護者から地域支援相談室に「幼稚園に通っているA児（3歳児）が，集団に参加できていないと感じている」という電話相談が入りました。その後の相談の中で，在籍する幼稚園との連携を提案したところ，保護者の同意があり，後日，相談員による幼稚園訪問を行いました。幼稚園では，A児は同じクラスの子どもへの興味関心がほとんどなく，自由遊びの時間は，一人で絵を描いて過ごしていました。設定保育では，担任の指示を理解できず，取りかかりにも，遂行にも時間を要していました。このことから，早急にA児の実態に応じた保育内容を個別に準備する必要があると考えられました。カンファレンスでは，A児の状態像について関係者と共通理解し，その上で，保護者が就労していることもあり，A児に合わせた丁寧なかかわりを行ってもらえる障害児専門保育機関への移行を検討しました。

○B児の場合

B児は，3歳児健診で保健師より言葉の遅れを指摘され，保護者が地域支援相談室に来室しました。保護者が幼稚園との連携を希望したため，後日，相談員が幼稚園訪問を行いました。行動観察後，保護者，園長，担任，相談員の4者でカンファレンスを行いました。この中で，B児の特性について共通理解を図り，その上で，幼稚園および家庭で行う支援内容を確認しました。また，相談員が各学期に訪問を行うこととなり，その都度，保護者にもカンファレンスに同席してもらい，家庭でのかかわり方を確認することにしました。

④ 訪問支援で重視すること

訪問の際には，相談員は常に相手の気持ちに寄り添って共感し，思いや悩みを聞き，共に考える姿勢とねぎらいの気持ちをもち，話し合いを行っています。また，カンファレンスに参加しているそれぞれの立場の人の力量，障害観，障害のある子どもについての知識が多様である状況を踏まえ，相談員は，次の3点に留意しています。

① 障害のある子どもの特性について説明を行い，家庭や保育場面で必要とされる具体的な対応の仕方やアドバイスを行う。

② 子育ての協働者として，保護者と幼稚園・保育所，それぞれの思いを伝える代弁者となる。

③ 保護者と幼稚園・保育所等をつなぐコーディネーター的な働きをする。

相談員が行う訪問は，保護者，担任，幼稚園・保育所等が，発達に気がかりのある子どもに合わせたかかわりができるようになることで，最終的には，相談員の訪問が不要となるように支援することを目指しています。　（小林麻如）

参考文献

小林麻如・二宮信一（2012）．専門機関と保育園との連携における専門職の役割　北海道乳幼児療育研究，第25号．

ドナルド・ショーンほか（2001）．専門家の知恵——反省的実践家は行為しながら考える——　ゆみる出版．

川村隆彦（2006）．支援者が成長するための50の原則——あなたの心と力を築く物語——　中央法規出版．

第7章　地域・自治体で取り組むインクルーシブ保育

4 地域資源を活用したインクルーシブ保育促進支援
神奈川県横浜市・相模原市の事例

　横浜市における，専門機関が行うインクルージョン強化支援策

○巡回相談と療育セミナー

　横浜市の療育センターでは，設立当初（1980年代）より，センターを受診した子どもと保護者への支援のみならず，地域の幼稚園・保育所等でインクルーシブ保育を受ける子どもへの巡回相談にも取り組んできました。近年広がりつつある保育所等訪問支援では，契約した子どものみが支援の対象となります。しかし横浜市の巡回相談事業は，保育者にとって「気になる子ども」すべてを対象とし，療育センターの利用や診断を前提としない点が特長です。実際，相談にあがる事例の半数近くを，いわゆるグレーゾーンと呼ばれる，特性の見え隠れする子どもが占めています。

　巡回相談では，療育の専門知識をもつソーシャルワーカーが保育現場に出向き，専門的な視点から保育者の相談に応じ，子どもへの対応や教室環境の工夫について助言します。この方法は，個々の事例に即してタイムリーに助言できるという点で効果が高い反面，事例や保育者が変わると，新たな支援が必要になるという課題があります。そこで療育センターでは，担当地域の保育者を対象に「療育セミナー」を開催しています。療育セミナーでは，発達障害の特性や，インクルーシブ保育に必要な対応や環境整備の基本について，ベテランの療育者やソーシャルワーカーがレクチャーを行っています。

○療育体感講座

　ところがセミナーを繰り返し開催しても，学んだ知識を保育現場で活用する段階になって難しさを感じることや，自分の実践に確信がもてず迷いを感じるという悩みが，多くの保育者から聞かれました。

　そこで横浜市総合リハビリテーションセンターでは，インクルージョン強化支援策の新たな柱として，「療育体感講座」を開発しました。センターの診療所にある療育クラスで，参観日を定め，クラスの子どもが通う幼稚園・保育所等のみならず，広く地域の幼稚園・保育所等にも案内しました。単なる参観に終わることがないように，事前に参加者に「療育のポイント」を説明し，参観後には，参加者同士で体感した療育内容について意見交換する時間を設けました。

　参加者へのアンケートには「療育セミナーで学び，頭では理解したつもりで

▷1　横浜市は，国の心身障害児総合通園センター構想（厚生省，1979年）に基づき，1985年より地域療育センターの設立を開始し，現在，8か所の療育センターおよびそれらの中核機能を担う総合リハビリテーションセンターが設置されている。各センターでは，担当エリアの福祉保健センター，保育所・幼稚園，その他関係機関との緊密な連携のもと，障害児の早期発見・早期支援システムを構築している。

▷2　横浜市の巡回相談事業は，国の巡回支援専門員整備事業（厚生労働省，2011年）などに先駆けて1970年代より開始され，障害児者の地域活動に対する専門家からの間接支援として様々な機関で実施されている。

▷3　ソーシャルワークに専門性をもつ対人援助専門職の総称。国家資格としては社会福祉士，精神保健福祉士があるが，これらの資格をもたずとも，この職種名で活躍している社会福祉職もいる。

▷4　平野亜紀ほか（2009）．保育園・幼稚園におけるインクルージョン強化支援の新機軸―その1：ニーズの爆発的増加を契機とした自閉症スペクトラム障害の

いたが，いざ体感すると目から鱗の発見が沢山あった」「療育セミナーで学んだことを具体的に体感し，こうすればよい！　という確信がもてた」，「同じ立場の保育者同士で意見交換ができてよかった」などの感想が寄せられました。また後日，ソーシャルワーカーがある参加者の園に巡回相談に出向いたところ，教室内に療育的な工夫が取り入れられており，以前よりも子どもたちが落ち着いて参加するようになったと報告がありました。

　療育セミナーによって，専門的な「知識」普及を促進しつつ，巡回相談によって，個々の事例に即した支援の「技術」を助言する。さらに「療育体感」によって，実感に基づく発見や確信，同じ立場同士の連帯感など，インクルーシブ保育に向けた前向きな「態度（意欲や関心）」を促進する。こうした「知識」「技術」「態度」の3側面へのバランスのよい働きかけが，インクルージョン強化支援策として功を奏しています。

❷ 相模原市における，園の中で専門性を高めるための仕組みづくり

　療育センターを拠点とした包括的なシステムは，全国に多くはありません。そこで，心理士と連携して専門性の高いインクルーシブ保育を実践している事例を紹介します。

　相模女子大学幼稚部（認定こども園）では，2016年より園内に子育て支援室[7]を設置し，専属の心理士を配置しています。心理士[8]の業務は，インクルーシブ保育を開始した障害や特性のある子どもに対するアセスメントと個別支援計画の作成，その子どもが利用する医療機関や児童発達支援事業所などの関係機関との連携や調整，個々の子どもへの保育時間中の個別的支援，保護者からの相談への助言，小学校への引き継ぎに向けた準備など多岐にわたります。

　心理士は，クラス担任や園長・主任などとのチームの一員として，常に方針や情報を共有しながらその業務を進めます。しばしばクラス担任からの相談にも応じ，心理士のみで対処が難しい場合は，隣接する大学内の子育て支援センターに巡回相談やコンサルテーションを要請します。まさにチームの"かゆいところに手が届く"働きを担えることが，心理士を園に配置する利点です。

　心理士が園の中で機能することで，保育士にとっても次のような効果が期待されます。まず，心理士が障害や特性のある子どもに接する姿は，クラス担任にとって，自分が受け持つ個性あふれる子どもたちへの接し方の「ロールモデル」になります。そして，心理士によるアセスメントに担任が直接触れることで，担任自身のアセスメントの力が育ちます。さらに，心理士が，担任と共に対応に苦慮する保護者への支援を検討し，必要な時は面接に同席することで，保護者支援のスキルも促進されます。園の中にインクルーシブ保育の専門性を高める仕組みをつくることは，一般の保育も含めた園全体の質の向上につながるのです。　　　　　　　　　　　　　　　　　　　　　　（日戸由刈）

「早期介入システム」再編
—　リハビリテーション研究紀要，20，23-28．

▷5　日戸由刈 ほか（2009）．保育園・幼稚園におけるインクルージョン強化支援の新機軸—その2：知的な遅れのないASD幼児の集団療育の場を利用した，保育士のための「療育体感講座」—　リハビリテーション研究紀要，20，29-33．

▷6　現在は，「療育体感講座」だけでなく，すべての療育センターで様々な方法を展開し，療育を体感できる工夫に取り組んでいる。

▷7　和田美奈子 ほか（2018）．認定こども園相模女子大学幼稚部における子育て支援の役割　子ども教育研究，10，73-80．

▷8　臨床発達心理士。この民間資格は，東京都の「特別支援教室巡回相談心理士」などインクルーシブ教育・保育の強化をサポートする支援者養成に力を入れている。

参考文献
清水康夫・本田秀夫（2012）．幼児期の理解と支援2—早期発見と早期からの支援のために—　金子書房．

第7章　地域・自治体で取り組むインクルーシブ保育

 インクルーシブ保育体制の構築にむけた自治体の多角的な取り組み
東京都葛飾区の事例

 葛飾区地域療育システム検討会の成り立ち

　インクルーシブ保育を推進していくためには，地域の課題を見極め，関係機関が連携協働していくことが大変重要です。東京都葛飾区では，区内療育機関，幼稚園・保育園等，特別支援学校，特別支援学級のある小学校，区役所内関係部署等の関係者をメンバーとした「葛飾区地域療育システム検討会（以下，療育システム検討会）」が平成18年に設置され，様々な活動が行われています。

2 支援ツールの開発

　保護者は，相談機関や療育機関，病院，園，学校など，複数の場所で子どもの成育歴や相談歴，発達状況などを説明することになります。また，幼稚園・保育園等に通っている場合は，園での具体的な状況がわからないこともあります。そこで療育システム検討会では，保護者が子どもの発達について相談したり，関係機関に情報を引き継いだりする際にできるだけ正確でスムーズな情報共有ができるように，下記のような支援ツールを開発しました。

○「発達支援パンフレット（初版名：「うちの子ちょっと気になるけどどうしよう…」）

　保護者や保育者，教員，発達支援にかかわる福祉や医療関係者などがどのような発達支援がどこで行われているかについての情報を得ることを目的とした区内の施設・機関紹介パンフレットです。平成18〜30年度までに5刷を数え，幼稚園・保育園等，および各関係機関に毎年配布されています。

○「連携ファイル」

　保護者と支援機関（幼稚園・保育園等，療育機関，学校など）が連携して作成するもので，「私の紹介」と「アイリスシート」の2種類があります。

① 面談用資料「私の紹介」

　保護者が発達に関する相談をしたり，子どもが療育を受けたりする際に，家族状況や子どもの発達や支援状況などに関する基本情報を正確に伝えることを目的とした葛飾区内共通の面談用資料で，保護者が複数の施設に何度も同じ内容を説明しなくてもよいという利点があります。

② 連携シート「アイリスシート」

　子どもが所属する幼稚園・保育園等，療育施設などで，発達状況（目標とそ

の達成状況），配慮方法などを具体的に記載し，保護者を通じて関係機関が共有するためのシートです。「日常生活」「活動・学習」「集団参加」「安全管理」「コミュニケーション」などの項目について，年に1回，各機関で作成します。また，就学時には「就学支援シート[1]」として，活用できるようになっています。

③ 発達に心配のある乳幼児の実態調査の実施

インクルーシブ保育の実施状況に関する実態調査は，課題抽出のためにも大変重要です。葛飾区では平成21年度に，区内の全幼稚園・保育園等を対象に，「発達に心配のある乳幼児の実態調査」を実施し（回答率78.4％），そのうち90％に発達に心配のある子どもが在籍し，44％がアイリスシートを作成しているとの回答を得ました。人的配置では，東京都からの補助を受けている園が42％で，自由意見ではさらなる充実を求める声が寄せられました。また，巡回相談の充実や園内での支援の専門性向上と地域連携が求められていることも明らかとなりました。

④ その後の基礎的環境整備

その後，平成23年度に新しく整備された「子ども総合センター」では「発達相談」の窓口を一本化することとなりました。子育てや発達についての個別相談が就園相談や就学相談につながるようになり，園に専門家が出向く「巡回訪問事業」による支援が充実してきました。平成27年度から導入された5歳児健診では，行動観察を「巡回相談」の中で行うことで，子どもにも保護者にも負担なく，情報を共有することができるようなシステムを構築しました。平成18年度には4か所だった地域の療育施設はすべて児童発達支援事業[2]に移行し，平成30年度現在，14か所，保育園や幼稚園に所属しながら療育に通える機会も増加しています。今後は児童発達支援事業所と利用者との直接契約による「保育所等訪問支援[3]」の充実も期待されています。

（東　敦子）

▷1　家庭，幼稚園，保育園，療育機関，医療機関等における子どもの様子や発達状況，支援状況，留意点などについて書かれたもので，就学後の学校生活をより適切に行うために作成される連携シート。幼稚園や保育園から小学校へ直接引き継がれる公簿（幼稚園幼児指導要録や保育要録）とは別に，保護者を介して引き継がれる点が重要である。

▷2　平成28年に改正された「児童福祉法」に基づく障害児の通所支援事業で，就学前児を対象とした児童発達支援事業と小学生から高校生を対象とした放課後等デイサービスがある。日常生活における基本的動作及び知識技能の習得，並びに集団適応，心身の状況や環境に応じた適切かつ効果的な指導及び訓練を行うことを目的とした事業。

▷3　主に保育園や幼稚園（学校）などに在籍する障害児と事業所が直接契約し，所属先の施設に支援者が訪問し，障害児本人の支援と，施設の職員への支援を行うサービス。障害児の地域参加やインクルージョン保育（教育）の専門性の向上などを目的としている。

第8章

他専門職との連携・活用

　本章では，様々な専門職との連携例を取り上げます。専門職には，医師・看護師・保健師・心理士・各種療法士などが挙げられます。保育の専門職である幼稚園・保育所等の保育従事者が，保育とは異なる専門性を有する者と連携することで，特別な支援を必要とする子どもの実態を多角的に理解できます。また，それまでの保育のあり方を見直す機会が得られます。これにより，集団の中で個々の子どものニーズに応じた保育を行うという，インクルーシブ保育実践の新たなヒントをつかむことにつながります。

　第1章では，心理職による定期的な巡回相談を繰り返しながら，保育の工夫を生み出し，保育内容を改善していく例を紹介します。

　第2章では，複数の専門職で行うコンサルテーションにより，保育者の支援力を高めていく例を紹介します。

　第3章では，地域のクリニック（小児科）と連携し，長期的な視点に立って子どもの発達を支えていく例を紹介します。

　そして第4章では，保健センターと保育園が連携して就学期の子どもと保護者とを支援する療育教室の例を紹介します。

　これらの連携例では，いずれも，各専門職が有している力を活用することにより，発達に気がかりのある子どもへの適切な支援を実現するともに，保育者の資質向上と，保育の質的改善をもたらしています。このように，専門職との連携は，幼稚園・保育所等におけるインクルーシブ保育の内容を充実させるための有力な支えとなるのです。

第8章　他専門職との連携・活用

 心理職との連携による定期的な巡回相談

1 心理職とは

　心理職は，心理にかかわる業務を専任する職種です。臨床心理士，臨床発達心理士などの有資格者が担当する場合が多いですが，2017年に公認心理師法が施行され，今後は国家資格を有する場合も増えていくと思われます。心理職は，子どもの発達とそのつまずき，発達期における各種障害，保護者支援，保育者の心理的ケア等に関する専門性を有しています。よって，巡回相談^{▷1}などを通して，インクルーシブ保育の実現に向けて取り組んでいる保育者を支援する役割を担います。

　富山県では，富山県公認心理師協会に委託し，心理職による幼稚園・保育所等の巡回相談を実施しています。以下にその内容を紹介します。

2 富山県における心理職による幼稚園・保育所等への巡回相談例

○富山県ハートフル保育カウンセラー派遣事業

　本事業では，毎年，全県下から巡回相談を希望する保育所を募ります。そして，緊急性に応じて派遣先が決定されます。1か所あたり1名の臨床心理士（または公認心理師）が年間を通し，継続して複数回のコンサルテーション^{▷2}を実施します。

○巡回相談のスタイル

　この事業では，従来の巡回相談に見られがちな課題^{▷3}を解決するため，以下のような独自の工夫を加えています。この方法は保育者による主体的な問題解決指向型のコンサルテーション（Consultation for Proactive Approaches of Nursery Teachers towards Problem Solving）であることから，PANPS コンサルテーションと呼んでいます。

　1点目は，反復性と定期性の確保です。原則として1回の訪問は4時間で，保育参与観察とカンファレンスを行います。これを1〜2か月に1回繰り返し，保育者は協議内容に基づく実践結果を持ち寄って次回の巡回相談に参加します。

　2点目は，保育そのものを対象とする参与観察です。相談の対象としてあげられている子ども（以下，対象児）の課題を，その特性のみからではなく，保育との相互作用で捉え，保育者の能動的な保育改善を引き出します。

　3点目は，対象児の担任だけでなく，管理職をはじめできるだけ多くの保育者や職員（看護師，給食職員なども含む）でカンファレンスを行うことです。

　4点目は，支援シート^{▷4}（図8-1）の開発と活用です。保育者が，子どもの行

▷1　巡回相談については第2章6を参照。

▷2　コンサルテーションの説明については本章2の側注を参照。

▷3　巡回相談に見られがちな課題については第2章6を参照。

▷4　支援シートを用いた実践例については第6章3を参照。

子どもの行動の分析&支援シート　　　　　　　　　　　　　　　子どものイニシャル（姓名）：　　Z児

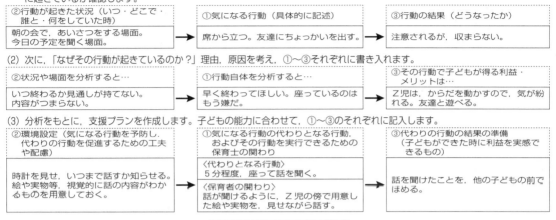

(1) まず，①子どもの気になる行動→②その行動の起きた状況・場面→③その行動の結果，の順に書き入れ，気になる行動がどのように起きているか確認します。

②行動が起きた状況（いつ・どこで・誰と・何をしていた時）	①気になる行動（具体的に記述）	③行動の結果（どうなったか）
朝の会で，あいさつをする場面。今日の予定を聞く場面。	席から立つ。友達にちょっかいを出す。	注意されるが，収まらない。

(2) 次に，「なぜその行動が起きているのか？」理由，原因を考え，①〜③それぞれに書き入れます。

②状況や場面を分析すると…	①行動自体を分析すると…	③その行動で子どもが得る利益・メリットは…
いつ終わるか見通しが持てない。内容がつまらない。	早く終わってほしい。座っているのはもう嫌だ。	Z児は，からだを動かすので，気が紛れる。友達と遊べる。

(3) 分析をもとに，支援プランを作成します。子どもの能力に合わせて，①〜③のそれぞれに記入します。

②環境設定（気になる行動を予防し，代わりの行動を促進するための工夫や配慮）	①気になる行動の代わりとなる行動，およびその行動を実行できるための保育士の関わり	③代わりの行動の結果の準備（子どもができた時に利益を実感できるもの）
時計を見せ，いつまで話すか知らせる。絵や実物等，視覚的に話の内容がわかるものを用意しておく。	〈代わりとなる行動〉5分程度，座って話を聞く。〈保育者の関わり〉話が聞けるように，Z児の傍で用意した絵や実物を，見せながら話す。	話を聞けたことを，他の子どもの前でほめる。

図8-1　支援シート（一部）

出所：阿部（2013a）.

動の理解・支援方法の立案と実践・振り返りの一連の手続きを体験できるように開発したものです。記入後はそのまま，個別の保育計画[5]となります。

5点目は，協議に基づく保育のPlan—Do—Check—Actionサイクルの促進です。支援シートを活用して，巡回相談当日をめどに上記4点目の手続きを繰り返し，保育の質的改善と対象児の変容を導きます。

6点目は，訪問した心理職がファシリテーター役を担うことです。カンファレンスでは，専門家への依存を防ぎ，参加者が主体的に実行可能な保育計画を作成できるように，訪問した心理職はなるべく直接的助言を避け，協議の進行を調整します。

○巡回相談の結果

巡回相談前後に実施したアンケート調査の結果，参加した保育者の気になる子どもの保育効力感（気になる子どもの保育において望ましい結果を生み出すために必要なことを行うことができる信念）の点数が向上したことがわかりました。また，園長・所長へのアンケート調査から，90％以上の幼稚園・保育所等で対象児の理解促進と対応方法の改善が見られ，巡回相談終了後も対応を継続できるとする回答が得られました。さらに巡回相談で獲得した方法を活用し，今後，新しい問題に自分たちの力で対応できるとする回答も，90％近く得られました。

3 心理職との連携から得られるもの

本連携例では，心理職は巡回相談を単なるアドバイスの場とするのではなく，気がかりがある子どもの保育を改善する方法を見出す保育者の技能を育て，その自信を高めるように支援しました。心理職の専門性を活用することは，インクルーシブ保育における保育者育成に役立つと考えられます。　　（阿部美穂子）

▷5　個別の保育計画については第5章1を参照。

参考文献

阿部美穂子（2013a）．保育士が主体となって取り組む問題解決志向性コンサルテーションが気になる子どもの保育効力感にもたらす効果の検討　保育学研究，51(3)，379-392.

阿部美穂子（2013b）．気になる子どもの保育における効果的な巡回相談スタイルの実践的検討―保育所（園）長アンケートの分析―　富山大学人間発達科学部紀要，7(2)，41-53.

第8章　他専門職との連携・活用

保育者の支援力・保育効力感向上を目指した専門職によるコンサルテーション

① コンサルテーションの必要性

近年，「発達が気になる子ども」「発達障害が疑われる子ども」が幼稚園・保育所等に多数在籍するようになり，現場の保育者からたくさんの支援ニーズが寄せられています。しかし実際には，専門家による定期的・継続的な支援が現場に行き届きづらい状況があります。そこで，所沢市では，「現場の保育者だけでケース検討を行うことができるようになること」を目的としたコンサルテーション[1]を実施しました。以下にその内容を紹介します。

② 所沢市における専門職によるコンサルテーション例

○対象保育園

市内の保育園を管轄する所沢市こども未来部保育幼稚園課と協議して，4つの公立保育園を対象としました。

○スタッフの構成

スタッフは所沢市保育幼稚園課職員，所沢市児童発達支援センター職員，秩父学園職員で構成し，各保育園に2～3名の担当を配置しました。職種は保育士4名，児童指導員1名，言語聴覚士1名，作業療法士1名でした。

○方　法

まず，保育園に「スタッフによる観察・評価の対象児」を1～2名，「保育者たちのケース検討対象児」を1名，それぞれ選定するよう依頼しました。そして，その対象児について，スタッフが実際の集団活動場面や自由保育場面を観察し，後日，スタッフによる対象児の考察の報告と，保育者によるケース検討会を開催しました。報告・ケース検討会は，保育者全員に参加してもらえるよう，職員会議に合わせて実施しました。また，参加者が共通理解のもとに進行できるよう「ハートフル保育専門アドバイザー事業支援シート[2]」を一部改編したものを使用しました。

○実施期間

2016年7月～12月に対象児の観察，報告・ケース検討会をそれぞれ3回ずつ実施して，2017年1月にまとめを行いました。

○得られた効果

コンサルテーションの効果を判定するために，アンケート調査を行いました。

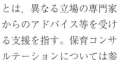

▷1　コンサルテーションとは，異なる立場の専門家からのアドバイス等を受ける支援を指す。保育コンサルテーションについては参考文献を参照。

▷2　「ハートフル保育専門アドバイザー事業支援シート」は富山県臨床心理士会（現富山県公認心理師協会）が開発したものである。具体例は第6章3および本章1を参照。

その結果を分析したところ，コンサルテーションを行う前に比べて，「発達特性に応じた活動の提案や環境設定ができるようになった」「集団活動に参加できるように配慮ができるようになった」「保育士間で一貫した対応がとれるようになった」等と感じる保育者が，コンサルテーションを受けた全保育園で有意に増えていました。また，「自分の支援に自信がもてた」「支援シートを使用することで，順序立てて支援を考えられた」「他の先生の意見を聞くことができてよかった」といった感想も多く寄せられました。

　実際の保育場面では，「クラスの垣根を超えてケース検討をした対象児に一貫した態度で臨む」「クラス内での保育者の役割分担が明確になる」「一日を通して同じ保育者が1人の対象児の対応をする（キーパーソンの明確化）」といった変化が見られるようになり，それに伴って対象児や他の園児の様子も変わっていきました。例えば，複数の子どもが互いに刺激し合い，落ち着いて集団活動に取り組めなかったクラスでは，保育者が対応する子どもを分担し，子ども同士の距離を置いて座るよう設定したことで，全員が落ち着いて活動に取り組むことができました。子どもたちは互いに干渉することなく，それぞれ自分の得意なことに積極的に取り組み，それを褒めてもらえるようになりました。そのほか，保育者同士の会話からは，「○○くんからおはようって言ってもらえた」「朝のお集まりで椅子に座って参加できたんだよ」と変化を報告し合い，ともに喜ぶ声が聞かれました。

③ コンサルテーションがもたらすもの

　本コンサルテーションで行ったことは，①「私たちならこう考えます」という考え方を，多職種の専門家が複数の視点で提示したこと，②システム化された支援シートを使用して，保育者に自分たちの力で発達が気になる子どもの対応を考え，実践して，評価する，という過程を体験してもらったことの2点です。いわゆる外部専門家から一方的に伝えられた方略ではなく，現場の保育者が自分たちで考えた支援策なので，「とりあえずやってみよう」という積極性や，「もっとこうした方がいいんじゃないか」といった意見がたくさん出されました。また，その結果，対象児や他の園児にも良好な変化が見られたことが保育者の自信につながったように思われます。

　このように，保育者に「協力し合えば自分たちだけでもできる」といった気持ちの変化をもたらすようなコンサルテーションができれば，「少しかかわりにくい子ども」に対しても，支援のためのアイデアが現場で自然に生まれるようになると考えます。

（杉本拓哉）

参考文献

尾崎康子・小林真・水内豊和・阿部美穂子（編）（2017）．よくわかる障害児保育　第2版　ミネルヴァ書房.

第8章　他専門職との連携・活用

3 クリニックベースによる幼児期発達支援

① クリニックにおける発達外来について

　発達における様々な気がかりについて，医療的観点から診療および支援を行うのが，クリニックにおける発達外来です。子どもが発達外来を受診する経緯は，保護者自身の気づきの他に，乳幼児健診後のフォロー，幼稚園・保育所等，学校からの紹介など様々です。風邪などの診察中に，極端な感覚過敏や対人面の違和感がある場合には，医師が受診を勧めることもあります。

　予防接種や乳幼児健診などで小児科に来院する子どもたちの中には，1歳以前でも発達が気になる子どもがいます。また，保護者自身に疾病や障害があることで育ちのリスク要因が高い子どもや，愛着形成に困難さが懸念される親子にも，予防として早期支援が必要となります。小児科クリニックでは，0歳から医師が介入する機会があるため，早期発見により，保護者が子どもへの接し方を変えたり，周囲が親子を支えるようになるなど，子どもの発達に良い影響を与えることが期待できます。ここでは北海道釧路市のHクリニック（小児科）の例を紹介します。

② 釧路市Hクリニックにおける発達外来の例

（1）診察の流れ

　まず，ケースワーカーが事前に面談し，保護者の心配事や幼稚園・保育所等，学校での様子，生育歴等を聞き取ります。その後，医師が子どもを診察しますが，より詳細な発達の情報が必要な場合には，心理士が知的水準や認知特性等の検査を行います。診察では「診断」と「子育て方法」と「将来像」について，医師が保護者の知りたいことを中心に丁寧に説明していきます。子どもの状態によっては薬物療法や療育の必要性の有無などの方針が提案されます。保健師や他機関と連携しながら地域全体で子育てをサポートし，継続的に成長を見守ることが必要な場合もあります。

　発達外来では，医療的なケアはもちろんのこと，ケースワーカーが保護者の相談を担い，切れ目のない長期的な支援を行っています。幼児期に初診し，高校生になった現在も支援を継続している例も珍しくありません。

（2）幼児期支援の実際

○出生～3歳頃まで

　生理的なリズムが整いにくい，激しい泣きが続く，視線が合いにくい，など

▷1　ケースワーカーとは，発達に関連した保護者の相談を受け個別援助を行う者のことを指す。

▷2　主な検査としては，新版K式発達検査2001，田中ビネー知能検査V，WISC-Ⅳ（児童版ウェクスラー式知能検査第4版），PARS-TR（親面接式自閉症スペクトラム障害評定尺度テキスト改訂版）などがある。

▷3　主な薬物療法としては，注意欠如・多動症に対してのメチルフェニデート（商品名：コンサータ），アトモキセチン（商品名：ストラテラ），グアンファシン（商品名：インチュニブ）など。自閉症スペクトラム障害に対してのアリピプラゾール（商品名：エビリファイ），リスペリドン（商品名：リスパダール），漢方薬などがある。

子どもの「育てにくさ」に悩んだり，言葉や運動発達や行動が「他の子どもと違う」と感じて，医師に診てもらうことを希望する保護者が相談に訪れます。多くの保護者は，「子どもに障害があるのか?」「自分の育て方が悪いのか?」という漠然とした不安を抱えており，子育ての手がかりを求めています。

この時期には，まだ発達の個人差として確定診断には至らないこともありますが，人よりも物への興味が強い，感覚が過敏すぎる，発語が少ない，など，発達障害の特性が複数認められる場合には，経過を観察していきます。大人が適切にかかわることによって，認知面や社会性の成長が期待できる時期です。心理士は実際に子どもと遊びながら子どもの様子を観察し，発達段階や行動特性に合わせて，遊び方や声のかけ方，玩具や絵本の選び方などのコツを伝えます。医師により，専門的な働きかけが必要と判断される場合には，ケースワーカーが療育機関を紹介するなどの支援を行います。

○就園～就学前まで

幼稚園・保育所等に入ると，保護者の気づきだけではなく保育者の勧めで受診につながることが増えます。その多くは「落ち着きがない」「他児とのトラブルが多い」など，集団適応の困難さが問題とされます。大人が問題行動と捉えていることにも子どもなりの理由があり，どの場面で何に困っているのか，どのような配慮があれば本人の困り感を減らすことができるのかについて，行動観察や発達検査・知能検査等により明確にします。

検査結果の説明の際には，一方的に説明するだけではなく，対応のしかたの具体策を保護者と一緒に考えます。その中で，「子どもの行動を誤解していたかもしれない」「こうやるとうまくいくことが多い」など，保護者自身の気づきが生じることがあります。なお，説明時に渡す報告書については，子どもの状態とともにかかわり方の具体例をのせており，幼稚園・保育所等の先生にも渡しておくことをすすめています。保護者と保育現場との共通理解が深まることをねらいとしていますが，要望によっては，保育者と直接やりとりをし，子どもが楽しく園生活を送ることができるよう助言することもあります。[4]

特に，年長児になり就学の時期が近くなると，保護者や保育者は「1年生になるのだから」と要求水準が高くなりがちです。叱咤激励を受け続けることで，二次的な問題行動や自己肯定感の低下が招かれます。意欲や自信を育てることが学習を支える力になることを説明し，子どもの知的水準や障害特性に合わせた褒め方や励まし方など，大人側の行動を変えていくことの重要性を伝えます。

就学については，地域により事情が異なることから，ケースワーカーが幼稚園・保育所等，教育委員会，学校などと連携をとりながら子どもにとって望ましい方向に進めるよう支援していきます。

(安沢恵実)

▷4 保護者を軸として，クリニック，幼稚園・保育所等が顔の見える関係を構築することが効果的な支援を生み出すカギになると考えられる。

第8章　他専門職との連携・活用

 **保健センターが保育園と連携して
行う療育教室**

 保健センターとの連携

　保健センターは，子どもの出生時から様々な健診を通して，その発達の状況を把握しています。保健センターと幼稚園・保育所等が連携することにより，発達に気がかりのある子どもを長期的な視点で支援することができます。ここでは特に就学時の支援における連携について，富山県射水市の例を紹介します。

 療育教室「わんぱく広場」

○療育教室開始に至るまで

　富山県射水市では，かねてより年に2回，市内すべての幼稚園・保育所等に巡回訪問を実施し，積極的に支援についての情報交換やフォロー児[1]の処遇について話し合う機会を設けていました。その場で毎回議論となるのは，就学に不安がある年中・年長児の対応です。集団活動が苦手・友達との関係が築けない等，社会性やコミュニケーションに困難さが目立つ時期でもあり，保護者に対して子どもの特性に気づきを促し，子どもへの対応や理解を求める必要性について切迫感をもって実感する頃でもあります。そのような重要な時期に園での対応だけでは限界があり，医療機関の受診や専門療育機関での相談に抵抗のある保護者に対して紹介しやすいソーシャルスキル教室を開催してほしいとの要望が多く寄せられていました。それを受けて，保健センターと幼稚園・保育所等が共同で取り組んだのが「わんぱく広場」です。

○療育教室「わんぱく広場」の概要

　「わんぱく広場」は，主に診断を受けていないグレーゾーンの年中・年長児を対象とし，ことばの教室の保育士と保健センターの保健師が行う，ムーブメント活動を応用した親子グループ指導教室です。6回1コース，定員18組とし，社会スキルを学ぶためのテーマを設定し親子で望ましい対応の仕方を実践的に学ぶことを目的としています。ただ参加して"楽しかった"で終わるのではなく，必ず保護者に"学び"をもって帰ってもらうこと，困ったことは「わんぱく広場」で聞こうと思ってもらえるように，グループ指導と合わせて，意見交換も含めた保護者勉強会の時間も毎回確保しました。子どもの社会性の基盤づくりと，有効な親子関係を築くための保護者支援の両面から，子どもの力を伸ばすことを考え内容を構成しています。

▷1　フォロー児とは，1歳半健診・3歳児健診などで要観察と判断された子どもを指す。

（3）「わんぱく広場」における連携のポイント

○対象児の検討と保護者への声かけ

保護者の参加へのモチベーションを高めるにあたり，日頃の子どもの様子を最も把握している保育士から保護者に参加を勧めてもらうことが，保護者への動機づけの面でも重要でした。

○行事日程の考慮

教室の学びがコースで積み上げていく形式であるため，幼稚園・保育所等の行事と重なって教室を欠席することのないように事前にスケジュールを連絡し，調整しました。

○保育士のスタッフとしての協力

グループ指導で課題をやり遂げ，成功体験につなげるには，子ども2～3人に対しスタッフ1人がサポートにつく必要がありました。そこで，市内の保育所から毎回4～6名の保育士が参加し，保健センターのスタッフとともに支援にあたりました。

○園にわんぱく広場の学びを伝達・普及

スタッフとして参加した保育士がグループ指導での学びを幼稚園・保育所等に持ち帰り，他の保育士にも伝達することで，現場の保育に反映されるようになりました。このことは，保育士にとっては実践的な研修の場の確保となり，保健センターとしては，わんぱく広場の学びが幼稚園・保育所等に普及し，ひいては市全体の発達支援の士気を上げることにもつながるため，互いのメリットとなりました。

③ 連携が生み出した成果

「わんぱく広場」を開始してからは，参加している子どもや保護者の様子を連絡したり，具体的な支援方法についてやり取りしたり，就学支援につなげたりと，より幼稚園・保育所等と保健センターで連携することが多くなりました。

また，親子参加型にしたことで，家庭での子どもの姿しかイメージできていなかった保護者が，小集団の中の我が子の姿を目の当たりにし，子どもの得意なことや苦手なことに気づきが得られ，親としてどうかかわるか，どう支援を求めるか等，子どもの立場で考え主体性のある行動につながったことは，大きな成果でした。保護者の変化に応えるように，スタッフとして参加した保育士からも，子どもの違いを受け入れ，子どもに合わせた肯定的なかかわりが，全体の雰囲気の向上につながっているとの声も聞かれるようになりました。

医療機関へのつなぎ，ソーシャルスキル教室，ペアレント教室として，「わんぱく広場」という総合的に親子支援のできる場が確保されたことで，これまで手をこまねいていたグレーゾーンの子どもへの支援環境が整ってきたことは，連携の大きな成果と考えられます。

（中村有紀）

第9章
インクルーシブ保育を支えるツール

　本章では，インクルーシブ保育を支える様々な側面からのツールを紹介します。

　第1～4節では，一人一人のニーズに応じた保育を行う前提となる適切な子ども理解を助けるツールである各種のアセスメント・ツールを紹介し，またそれをいかにインクルーシブ保育に生かすかについて述べます。

　第5～7節では，今日の情報化社会が子どもを取り巻く環境にどのように影響しているのかを理解した上で，子育て支援や保育においてメディアやICT機器をいかに活用できるかについて述べます。

　第8～11節では，子どもの発達や成長において生活の基盤となる家族を支えるための取り組みについて具体的に紹介します。ここでいう家族にはきょうだいも含みます。また家族を支える支援ツールや，方法であるサポートブック，ペアレント・トレーニングは，保育者も知っておく必要があるでしょう。さらには地域の支援機関との連携も重要です。

　インクルーシブ保育が適切に行われるためには，クラスの中で保育者一人が努力するだけではなく，保育や支援を行う上で，本章で取り上げたような，物的・人的なツールや社会資源をうまく活用することが大切です。

第9章　インクルーシブ保育を支えるツール

 1　アセスメント①　発達障害のアセスメント・ツール

1　発達障害のアセスメント

　インクルーシブ保育では，子ども一人一人の発達や行動特性に合わせた保育を行うことが求められます。発達障害の子どもについては，保育者が日々の保育場面の中で行動観察を行って子どもの状況を把握することが最も重要です。しかし，子どもによっては行動観察だけではその発達状態や障害特性がわからないために，より詳しい情報を得たい場合があります。そのような時に知能検査，発達検査，障害特性を調べる検査などのアセスメント・ツールが有用です。障害特性を調べる検査については，近年，様々なアセスメント・ツールが作成されるようになりました。特に，2005年の発達障害者支援法の施行と2007年の特別支援教育の開始によって，自閉症スペクトラム障害（Autism Spectrum Disorder：以下，ASD），注意欠如・多動性障害（Attention-Deficit/Hyperactivity Disorder：以下，ADHD），学習障害（Learning Disorder：以下，LD）などの発達障害の検査に関心が高まり，多くのツールが開発されました。また，2013年に発表された DSM-5 において自閉症状のスペクトラムという概念が取り入れられ，それに合わせたアセスメント・ツールが多数作成されています。

2　発達障害のアセスメント・ツール

　専門家による発達障害のアセスメントでは，これらの心理検査を単独で実施するのではなく，発達状況を調べるための知能検査や発達検査と，障害特性を調べる検査などとのバッテリーを組んで行うことが推奨されています。バッテリーを組んで様々な側面から検査結果を検討し，それらの観点から日々の生活や集団行動における子どもの行動観察を再評価し，総合的に子どもの状態をアセスメントすることにより，子どもを適格に把握することが可能になります。

○知能検査と発達検査

　知能検査や発達検査では，全体の知能指数（IQ）や発達指数（DQ）がわかるだけでなく，下位検査によって領域ごとの能力がわかるので，発達障害児に見られる能力の偏りを調べることができます。また，偏りがわかることにより支援方法につなげられます。乳幼児を対象に実施できる主な知能検査や発達検査を表9-1に示します。これらには，検査者が行う個別検査と，親や保育者が記入する質問紙検査があります。正確な結果が得られるのは個別検査ですが，

▷1　それまで既存の障害者福祉制度の対象から外れて対応が遅れがちであった発達障害に対して，障害特性やライフステージに応じた支援を国・自治体・国民の責務として定めた法律である。本文は2016年に改正された。

▷2　2007年に特別支援教育が学校教育法に位置づけられ，障害児に対する教育が特殊教育から特別支援教育に変換した。
　特別支援教育は，これまでの特殊教育の対象の障害だけでなく，知的な遅れのない発達障害も含めて，特別な支援を必要とする幼児児童生徒が在籍するすべての学校において実施されるところに特徴がある。

▷3　DSM（Diagnostic and Statistical Manual of Mental Disorders）-5 は，米国精神医学会から出版された精神障害の診断と統計マニュアルの第5版である。精神障害の分類のため標準的基準が提示されている。

▷4　自閉症状がスペクトラム状にあるという自閉症スペクトラムの概念は，以前より Wing（1988）によって提唱されていた。

▷5　知能検査によって精神年齢を求め，以下の式で算出する。

個別検査を行うには一定のトレーニングが必要です。それに対して質問紙検査では，正確な指数を求めるのは難しいですが，簡便に行うことができるので，親や保育者がおおよその子どもの状況を知りたい時に有用です。

○発達障害の特性を調べる検査

障害特性の検査では，発達障害の子どもがもっている特徴を調べることによって，障害症状の度合いを評価するとともに，その度合いに応じた支援のあり方も考えることができます。ここではASDとADHDの乳幼児を対象に実施できる主な検査についてみていきます（表9-2）。ASDに対する国際的スタンダードの診断用検査として評価されているのが，ADI-R（Autism Diagnostic Interview Revised）とADOS-2（Autism Diagnostic Observation Schedule Second Edition）です。これらは，ともにDSMやICD [7] の自閉症診断基準に準拠しており，ADI-Rは，親に半構造化面接法を行って評定していくものです。また，ADOS-2は，指定された検査道具を用いて課題を実施し，その際の子どもの行動観察を行って評定する検査です。対象児の表出性言語水準，生活年齢，興味・能力によって5種類のモジュールがあります。これらは欧米で開発された検査ですが，我が国で開発された半構造化面接を行って評定するPARS-TR（Parent-interview ASD Rating Scale-Text Revision）もあります。また，簡便にできる検査として，親や保育者に評定を求める質問紙検査があります。幼児期早期の子どもを対象に親が評定するM-CHAT（Modified Checklist for Autism in Toddlers）やSCQは，社会的コミュニケーションなどの項目から構成されています。ASQ（Autism Screening Questionnaire）は，ADI-Rを基に開発された尺度で，4〜5歳時のASDの特徴を表した項目を保育者や親が評定します。さらに，健常範囲の知能をもつ成人の自閉症的特性あるいはその幅広い表現型の程度を測定するAQ（Autism-Spectrum Quotient）の児童用があります。また，ADHDの診断検査としては，DSMの診断基準をもとにしたADHD-RS（ADHD-Rating Scale）とConners 3があります。

③ アセスメントのプロセス

障害特性を調べる検査は多数ありますが，それらの簡便さや精度によって使い分けると効率的にアセスメントを行うことができます。例えばASDの場合，最も簡便にできるM-CHATを乳幼児健診などでのスクリーニング [8] として実施し，そのフォローアップとしてPARS-TR，SCQ，AQを使います。そして，最終的な鑑別診断としてADOS-2やADI-Rを行います。これにより最も時間と労力のかかるADOS-2をどの子どもにも最初から行うことが避けられます。

（尾崎康子）

知能指数（IQ）＝精神年齢÷生活年齢×100

▷6 発達検査によって発達年齢を求め，以下の式で算出する。
発達指数（IQ）＝発達年齢÷生活年齢×100

▷7 ICD（International Statistical Classification of Diseases and Related Health Problems）とは，世界保健機関（WHO）が作成した疾病及び関連保健問題の国際統計分類である。最新の分類は，1990年のICD-10である。

▷8 スクリーニング（screening）とは，英語で「ふるい分けをする」ことであり，スクリーニング尺度とは，疾病や障害が疑われる者をふるいにかけて多めに選び出し，精密検査につなげていくための尺度をいう。

（参考文献）
尾崎康子・三宅篤子編（2016）知っておきたい発達障害のアセスメント ミネルヴァ書房

表9-1　知能検査と発達検査の一覧表

名　称	原著者（発表年）	適用年齢	形　式	項目数 構成領域
WPPSI-Ⅲ知能検査	Wechsler（2002）	2歳6か月〜 7歳3か月	個別検査	「全検査IQ（FSIQ）」「言語理解指標（VCI）」「知覚推理指標（PRI）」「語い総合得点（GLC）」を算出。 ※4歳以上ではさらに「処理速度指標（PSI）」が加わる。
WISC-Ⅳ知能検査	Wechsler（2003）	5〜16歳 11か月	個別検査	15の下位検査（基本検査10，補助検査5）。全検査IQ，4指標得点（①言語理解，②知覚推理指標，③ワーキングメモリー，④処理速度）。
田中ビネー知能検査Ⅴ	田中教育研究所 （2005）	2歳〜成人	個別検査	118問。結晶性領域，流動性領域，記憶領域，論理推理領域の領域別DIQと総合DIQを評価。
K-ABCⅡ心理・教育アセスメントバッテリー	Kaufman & Kaufman （2004）	2歳6か月〜 18歳11か月	個別検査	8尺度。認知尺度（継次尺度，同時尺度，計画尺度，学習尺度）と習得尺度（語彙尺度，読み尺度，書き尺度，算数尺度）。
新版K式発達検査2001	新版K式発達研究会 （2002）	0〜14歳	個別検査	324項目。①姿勢・運動，②認知・適応，③言語・社会
DENVERⅡデンバー発達判定法	Frankenburg, W. K. （1989）	0〜6歳	親の聴取と子の個別検査	122項目。①個人-社会，②微細運動-適応，③言語，④粗大運動
改訂版PVT-R絵画語い発達検査	上野一彦・名越斉子・小貫悟（2008）	3〜10歳	個別検査	4つの絵が描かれた図版12枚から理解語彙を評価。計70問。
遠城寺式乳幼児分析的発達検査法 ［九大小児科改訂版］	遠城寺宗徳・合屋長英 （1977）	0〜4歳8か月まで	親の聴取と子の個別検査	154項目。①移動運動，②手の運動，③基本的習慣，④対人関係，⑤発語，⑥言語理解
乳幼児精神発達診断法	津守真・稲毛敦子・磯部景子（1961，1965）	0〜7歳	親・保育者評定	0〜3歳：264項目。①運動②探索・操作，③社会，④食事・排泄・生活習慣，⑤理解・言語 3〜7歳：174項目。①運動，②探索，③社会，④生活習慣，⑤言語
KIDS乳幼児発達スケール	三宅和夫（1989）	1か月〜6歳11か月	親・保育者評定	1〜11か月：117項目，1〜2歳：142項目，3〜6歳：133項目。 ①運動，②操作，③言語理解，④言語表出，⑤概念，⑥社会性（対成人），⑦社会性（対子ども），⑧しつけ，⑨食事

表 9-2　発達障害の特性を調べる検査の一覧表

名　称	原著者（発表年）	対象者年齢／障害種	形　式	項目数 構成領域
ADI-R 日本語版自閉症診断面接改訂版	Couteur, Lord, & Rutter（2003）	MA 2 歳以上／ASD	親への半構造化面接	3 つの機能領域。93項目。①相互的対人関係の質的異常，②意思伝達の質的異常，③限定的・反復的・常同的行動様式
ADOS-2 日本語版自閉症診断観察検査	Lord, Luyster, Gotham, & Guthrie（1999）	12か月〜／ASD	行動観察による評定	言語水準及び年齢による 4 モジュール。社会的コミュニケーションなどの行動観察により，数量的な段階評定。
PARS-TR親面接式自閉スペクトラム症評定尺度テキスト改訂版	一般社団法人発達障害支援のための評価研究会	3 歳以上／ASD	親への半構造化面接	8 領域57項目。3 段階評定。①対人，②コミュニケーション，③こだわり，④常同行動，⑤困難性，⑥併発症，⑦過敏性，⑧その他（不器用等）
M-CHAT修正版乳幼児自閉症チェックリスト	Robins, Fein, Barton, & Green（2001）	18 か月〜36 か月／ASD	親評定	23項目。2 段階評定。①共同注意，②対人反応，③対人関係性，④社会的参照
SCQ 日本語版	Hutter, Bailey, Berument, Lord, & Pickles（2003）	4 歳以上／ASD	親評定	誕生から今まで40項目，現在40項目。①コミュニケーションスキル，②対人関係
AQ 日本語版自閉症スペクトラム指数	Baron-Cohen & Weelwright（2001）	成人用（16歳以上），児童用（6 〜15歳）／ASD	自己評定	50項目。4 段階評定。①社会的スキル，②注意の切り替え，③細部への注意，④コミュニケーション，⑤想像力
ASQ 自閉症スクリーニング質問紙	Berument, Rutter, Lord, Pickles, & Bailey（1999）	4〜5歳用，6 歳以上用／ASD	親，教師評定	40項目。2 段階評価。①対人相互作用，②コミュニケーション，③常同・反復的行動
ADHD 評価スケール ADHD-RS 日本語版	DuPaul, Power, Anastopoulos, & Reid（1998）	5〜18歳／ADHD	親，教師評定	18項目。DSM-Ⅳの診断基準をもとにした不注意と多動-衝動性の領域。
Conners 3 日 本 語 版［DSM-5 対応］	Conners（2008）	6〜18歳／ADHD	親，教師，本人評定	保護者110項目，教師115項目，青少年本人99項目。DSM-5 の診断基準をもとにした不注意と多動-衝動性の領域。
CHEDY 幼児用発達障害チェックリスト	尾崎（2014）	4 〜 6 歳／ASD・ADHD	保育者評定	①社会的コミュニケーションの困難さ，②こだわりと過敏性，③注意散漫，④多動・衝動性，⑤理解の判断の困難さ
Vineland-Ⅱ日本語版適応行動尺度	Sparrow, Cicchetti, & Balla（2005）	0 〜 92 歳 11 か月／ASD・ADHD・ID 等	親への半構造化面接で評定	5 つの領域。①コミュニケーション，②日常生活スキル，③社会性，④運動スキル，⑤不適応行動

第9章　インクルーシブ保育を支えるツール

アセスメント②　CHEDY 幼児用発達障害チェックリスト

① CHEDY 幼児用発達障害チェックリストとは

　幼児用発達障害チェックリスト（Checklist for Developmental Disabilities in Young Children：以下，CHEDY）は，幼稚園・保育所等で保育者が評価する発達障害のスクリーニング検査です。近年，発達障害に関するアセスメント・ツールが多数開発されていますが，それらは，専門家が行う個別検査であったり，簡便にできても生活場面の様子を親に尋ねる検査が大半です。インクルーシブ保育では，保育者が子どもの行動特性などを客観的に把握し，それに沿った支援を行うためにも，保育者が評価できるツールが必要です。そこで，尾崎ら（2014）が，保育現場での子どもの観察に基づいて保育者が評定できるスクリーニング検査として CHEDY を開発しました。

　保育現場には，自閉症スペクトラム障害（以下，ASD）や注意欠如・多動性障害（以下，ADHD）などの子どもやその疑いのある子どもが一定程度いることが報告されています。そして，特別支援教育の制度のもとでは，小中学校だけでなく幼稚園・保育所等においても障害の状態に応じた個別の指導計画を立てることが求められます。このような状況に対応するために，保育者が保育現場で子どもを評価して障害状況を把握できるアセスメント・ツールが必要とされていることから，CHEDY が開発されました。

　さらに，CHEDY の特徴は，ASD だけでなく，ADHD の症状も同時に評定できる点にあります。DSM-Ⅳ-TRでは，ASD と ADHD の両者が認められる場合には，ASD を優先して診断することになっていましたが，2013年に発表された DSM-5 では，ASD と ADHD を併記することになりました。以前より，ASD の過半数が ADHD を合併しているとの報告もあり，ASD と ADHD を同時にチェックしていくことは，現場のニーズとも合致するところです。CHEDY は，保育機関で保育者が，ASD と ADHD の両症状を評定し，それを指導計画や日々の対応に生かすことを目指しています。

② CHEDY の検査構成

　CHEDY は，33項目からなる質問紙検査です。これらは，5つの下位尺度，すなわち，「社会的コミュニケーションの困難さ」（6項目），「こだわりと過敏性」（8項目），「注意散漫」（7項目），「多動・衝動性」（7項目），「理解・判断

▷1　スクリーニング検査とは，ふるい分け検査とも呼ばれ，大勢の子どもの中から障害の疑いのある人を早く発見するための簡便的な検査である。スクリーニング検査で抽出された子どもに対して診断的検査に繋げていく。

▷2　発達障害のアセスメント・ツールについては，第9章1アセスメント①を参照。

▷3　DSM-Ⅳ-TR は，2000年に米国精神医学会から出版された，DSM の第4版（DSM-Ⅳ）のテキスト改訂版（Text Revision：TR）である。

▷4　DSM-5 は，2013 年に米国精神医学会から出版された DSM の第5版である。

の困難さ」（5項目）から構成されています。「社会的コミュニケーションの困難さ」と「こだわりと過敏性」は、ASD の行動特性を問う ASD 尺度であり、また、「注意散漫」と「多動・衝動性」は、ADHD の行動特性を問う ADHD 尺度です。また、「理解・判断の困難さ」は、発達が遅れている場合の行動特性を問う発達遅れ尺度になります。すべての項目について、「1. あてはまらない」「2. あまりあてはまらない」「3. ややあてはまる」「4. あてはまる」の4段階で評定します。

3 CHEDY の評価

　5つの下位尺度の得点を求め、それを CHEDY 行動特性プロフィール（図9-1）と CHEDY 領域図（図9-2）に書き込むことによって、対象児の行動特性と ASD や ADHD の可能性について評価していきます。CHEDY 行動特性プロフィール（図9-1）では、5つの下位尺度の棒グラフの高さを比較することで、対象児がもっている特性の強弱を把握することができます。CHEDY 領域図の ASD 領域図（図9-2上図）では、プロットした点が「ASD の可能性が高い」灰色の領域内にあれば、対象児には ASD の可能性が疑われます。ADHD 領域図（図9-2下図）では、「ADHD の可能性が高い」灰色の領域内にあれば、ADHD の可能性が疑われます。ASD と ADHD の両方の図で可能性が疑われた場合には、ASD と ADHD を合併していることが考えられます[5]。　（尾崎康子）

▷5　図9-2の事例は、ASD の可能性が領域内であるが、ADHD の可能性の領域からはわずかにはずれていることを示している。

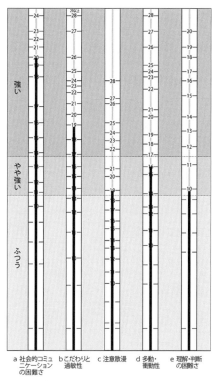

図9-1　行動特性プロフィール

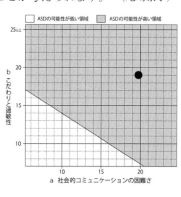

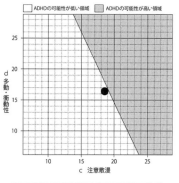

図9-2　CHEDY 領域図：ASD 領域図（上）と ADHD 領域図（下）

参考文献

尾崎康子（監修）尾崎康子・小林真・阿部美穂子・芝田征司・齋藤正典（2014）．CHEDY 幼児用発達障害チェックリスト　文教資料協会．

尾崎康子（監修）尾崎康子・小林真・阿部美穂子・芝田征司・齋藤正典（2014）．CHEDY 幼児用発達障害チェックリストの解説書　文教資料協会．

第9章　インクルーシブ保育を支えるツール

 3 アセスメント③　MEPA-R (Movement Education Program Assessment Revised)

▷1　MEPA-R「ムーブメント教育・療法プログラムアセスメント」(小林芳文, 2005, 日本文化科学社刊) は, 幼児期の発達アセスメントであり, 1985年に小林芳文によって開発されたMEPAの改訂版である。

1 MEPA-Rとは

　MEPA-Rは, 子どもの実態に応じた具体的な支援の手がかりを得るためのアセスメント・ツールです。子どもの日常的な遊びの様子を観察しながら, 感覚運動 (姿勢・移動・技巧), 言語 (受容・表出), 社会性の3分野6領域にわたって, 子どもの発達状態をチェックできるようになっており (表9-3), 保育者にとって, 現場で使いやすいツールであるといえます。

表9-3　MEPA-Rの構成

3分野	6領域	内　容
運動・感覚	姿勢	非移動, 主に静的な活動
	移動	物を媒介としない主に動的な活動
	技巧	物を媒介とする操作性
言　語	受容言語	語彙, 比較用語, 指示の理解等
	表出言語	語彙, 比較用語の表出等
社会性 (情緒を含む)	主に対人関係	主に対人的な反応や対人関係

出所：小林芳文・大橋さつき・飯村敦子 (2014)「発達障がい児の育成・支援とムーブメント教育」大修館書店, 一部抜粋.

2 MEPA-Rでわかること

　MEPA-Rでは, 生後0〜72か月 (乳幼児期) における平均的な子どもの発達状態を, 全180項目でチェックします。各項目は, 身体運動発達を基準に, 表9-4に示す7つのステージに分けられています。なぜなら, 身体運動は子ど

表9-4　MEPA-Rの7つのステージ

ステージ	月　齢	発達課題 (抜粋)
第1	0〜6ヵ月	〈原始反射支配ステージ〉　首のすわり・寝返りなど
第2	7〜12ヵ月	〈前歩行ステージ〉　座位・四つ這い・つかまり立ちなど
第3	13〜18ヵ月	〈歩行確立ステージ〉　一人立ち・一人歩きなど
第4	19〜36ヵ月	〈粗大運動確立ステージ〉　様々な姿勢や動作の変化など
第5	37〜48ヵ月	〈調整運動ステージ〉　バランスのとれた動き・手操作など
第6	49〜60ヵ月	〈知覚運動ステージ〉　微細な操作・課題を意識した運動など
第7	61〜72ヵ月	〈複合応用運動ステージ〉　複雑な創造的運動など

出所：表9-3に同じ.

もにとって外界とかかわる重要な手段だからです。子どもは，首が座ると，自ら見たいものに目を向けるようになり，座位が取れると自ら手で物を操作し，さらに四つ這いができると自ら興味のあるものに近づくようになります。このように，子どもは自分の体の動かし方を獲得し，その動きを用いて環境に働きかけ，知的能力や情緒・社会性能力など様々な能力を有機的に発達させていくのです。

MEPA-R では，各項目に示された反応や行動が，子どもに明らかに観察できる場合を（＋），観察できない場合を（−），まだ完全ではないがもう少しでできそうな場合を芽生え反応（±）としてチェックし，結果をプロフィール表に転記します（図9-3）。（＋）は四角形，（±）は三角形で塗りつぶされており，その子どもの発達段階だけでなく，得意な部分や発達が進んでいる部分，逆に苦手な部分や発達が滞っている部分など，子どもの発達の全体像が一目でわかります。

このように，MEPA-R は，対象となる子どもの発達の詳細を視覚化できるので，得意な力をさらに伸ばしたり，得意な力を活用して苦手な部分にも挑戦できるように保育内容を工夫したりするための手がかりを得ることができます。

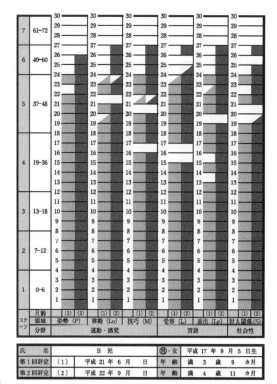

図9-3 MEPA-R プロフィール表

出所：研究代表 小林芳文（2010年度）「包括的保育に結びつけたムーブメント教育の実践分析に関する研究」『保育科学研究』第1巻，p.89.

③ インクルーシブ保育における MEPA-R の活用について

インクルーシブ保育においては，障害のある子どもだけでなく，クラス全員を対象に MEPA-R を実施することが有効です。プロフィール表を手がかりに，クラスの子ども一人ひとりの発達の状態を把握し，それを踏まえて，障害のある子どもも他の子どもも，ともに参加できる保育プログラムを作成する手がかりが得られるからです。ある保育園では，障害のある子どもを2人含む24人の4歳児クラスで，全員に MEPA-R を実施し，その結果をもとに，ロープ，フープ，形板，新聞紙，パラシュートなどを活用して，楽しく身体を動かすムーブメント活動▷2を取り入れて保育を構成しました。その結果，どの子どもも自発的に動きに取り組み，それぞれが自らの発達に応じた課題を成し遂げた達成感を得る様子が確認できました。その後も定期的に MEPA-R を再実施し，発達の変化を確認するとともに，保育内容の改善を図っています。

このように MEPA-R は，保育者にとって，障害の有無にかかわらず，子どもの発達ニーズに応じた保育内容の手がかりを得ることができる，インクルーシブ保育に活きるツールといえます。

（松田麻美）

▷2 ムーブメント教育は，からだ（動くこと）・あたま（考えること）・こころ（感じること）の総合的な発達を支援する教育である。ムーブメント教育による活動は，訓練とは違い，遊びの要素を含んでいるため，音楽や遊具などの環境を取り入れて楽しく身体を動かすことができる活動である。第6章2を参照。

第9章　インクルーシブ保育を支えるツール

 4　アセスメント④　アセスメントの実際

　保育の現場において，知的障害をともなわないものの，社会性が乏しかったり，多動などの行動特性が顕著なために集団適応が難しい子ども，いわゆる発達が気になる子どもが一定程度いるといわれています。このような子どもは，発達障害の診断を受けていないことが多く，保育者は，どのような配慮や支援をすればいいか戸惑うことがあります。そこで，子どもの発達や特性に合わせた支援や配慮を行うために，子どものアセスメントを行うことが必要になってきます。ここでは，保育の現場における心理検査を用いたアセスメントの実際についてみていきます。

 スクリーニング検査を用いた事例

　保育者が保育現場で実施可能な発達障害のスクリーニング検査の一つとして「幼児用発達障害チェックリスト」（以下，CHEDY▷1）があります。ここでは保育者が，保育中の子どもの観察からCHEDYを用いて評定し，その結果を保育に生かすとともに，保護者と共有していくことによって，子どもの支援につなげていったケースを紹介します。なお，検査をする場合は，保護者に事前に告知して，了承を得ておくことが必要です。

　A児は，保育の集団活動において気になる行動が認められる子どもです。障害の診断を受けてはいませんが，一斉保育中に急にふらっと教室を出ていくなどの行動が見られます。しかし，普段は静かで大人しい性格であり保育活動を乱すことがないため，保育者はA児を育ちがゆっくりで幼い子どもとして捉えていました。しかし，CHEDYの行動特性プロフィールを作成してみると，保育者が当初気にしていた多動傾向は認められず，「社会的コミュニケーションの困難さ」が「強い」区域にあることが判明しました。保育者は，集団行動において目立つ行動特性に着目してしまい，社会的コミュニケーションの困難さには気づかずにいたのです。CHEDYを実施するにあたって，子どもの観察を項目に沿って丁寧に行うことによって，保育者自身も新たな気づきを得ることができたといえます。この結果をもとに保育場面でA児の行動特性に合わせた支援内容を再検討し，それを個別支援計画に反映させました。そして，保護者との連携に役立て，共通認識をもつことが可能になりました。

　また，CHEDYのチェック項目自体が障害特性理解のための良い教材となります。保育者が今まで気にとめなかった特性に着目することができます。実際

に実施するときは，担任だけでなく，他の保育者もアセスメントを行うことによって，子どもに対する保育者間の共通認識が可能になります。

2 発達検査を用いた事例

　子育て相談及び発達相談を行う中で，保護者が子どもの発達検査を求めてくることがあります。療育と違って保育所や幼稚園側から保護者に発達検査を勧めることはほとんどありませんが，このように要望があったときには実施します。そして，検査結果をもとに情報共有し，共通の理解に役立てます。ここでは，園の発達相談において発達検査を行ったB児とC児の事例を示します。

　B児は，乳幼児健診で言葉の遅れを指摘された年少児です。保護者の希望により発達相談につながった当初は，人と視線が合わないなど自閉傾向を気にしていました。保護者の主訴は「2歳を過ぎても言葉がほとんど出てこなかった。最近，周りの子どもが成長してきたのを見て，少し不安になってきた。気になって小児科を受診したところ，発達検査を他機関で受けてくるように言われた」というものです。そこで，園で相談担当の心理士が発達検査を行うことになりました。B児はまだ言葉を話せませんが指さしはできるので「新版K式発達検査2001」を実施しました。言葉の表出はないものの，言葉の理解は思っていたよりもできること，そして形の認知は得意なため，視覚的な支援の有効性が推察されました。保護者に検査結果と検査時の様子を報告し，それをもとにB児への理解が促進するための話し合いを継続的に行いました。園の生活の中で子どもができるようになることの保護者の願いや希望を聞き取りながら，園も保護者と共に子育てに伴走していくことを伝えました。また，保護者の了承を得てから，検査結果からわかったB児の発達特性を保育者に伝え，保育生活でのB児に対する合理的配慮について園全体で検討しました。

　C児は，園ではほとんど言葉を発しませんが家庭ではよく話をするという場面緘黙の年長児です。園では言葉を使わず，身振りなどによる非言語的コミュニケーションで先生や友達とやりとりをしています。保護者は，C児が少し内向的な性格のために園で言葉を話さないと捉えていました。一方，担任はC児が実際どの程度言葉を理解しているのかがわからず対応に困っていました。コミュニケーションの際に適切なかかわりをもつ手がかりの必要性を感じたことから，保護者に了承を得てアセスメントを行いました。そこで，言葉を話さなくても指さしだけで答えられる「絵画語い発達検査（PVT-R）」を実施した結果，C児が生活年齢相応の語い理解能力をもっていることがわかりました。しかし，検査中に指示の理解に自信がない様子が認められ，その背景には話し言葉の聞き取りに弱さがあることが推測されました。そこで，保護者や担任ともこれらの情報を共有し，短くてわかりやすい言葉での指示や会話を心がけることを個別支援計画に反映させることにしました。　　　　　　　（和田美奈子）

▷2　発達検査については第9章1を参照。

▷3　適応年齢は0歳〜成人まで。発達年齢を年齢で示した発達年齢と（DA），発達指数（DQ）によって表されます。「姿勢・運動」（P-M），「認知・適応」（C-A），「言語・社会」（L-S）の3領域で評価する。
生澤雅夫・松下祐・中瀬惇（著）（2002）．新版K式発達検査2001．京都国際社会福祉センター．

▷4　上野一彦・名越斉子・小貫悟（著）（2008）．絵画語い発達検査．日本文化科学社．

▷5　個別支援計画については第5章1を参照。

第9章　インクルーシブ保育を支えるツール

 **5　保育とICT①　乳幼児を取り巻くICTや
メディアの状況と健康問題**

1　乳幼児の「スマホデビュー」の時期

　今日，回転寿司の注文やカラオケの曲の予約など，生活場面の至るところでタッチパネルタイプのICT（情報コミュニケーション機器）端末を活用しています。これは乳幼児においても例外ではありません。橋元ら（2019）は，2018年10月に母親約2,200人を対象に，乳幼児（1〜6歳，第一子）のスマートフォン（スマホ）の利用状況や，育児中のデジタル機器利用の実態について調査しています。表9-5はその結果を示したものですが，0歳児に「いずれの機器にも触らせていない」という回答は59.6％であったのに対し，「スマホを利用させている」と答えたのは実に34.9％でした。これは2017年度の同調査においては23.5％であったことから，実に1年間で11.4ポイント増加していることになります。またタブレット端末も3歳以上で25％〜30％まで増加していく様相が見て取れます。

表9-5　乳幼児の年齢別情報機器の状況（単位：％）

	0歳 (N=324)	1歳 (N=324)	2歳 (N=324)	3歳 (N=324)	4歳 (N=324)	5歳 (N=324)	6歳 (N=328)
スマートフォン	34.9	63.0	68.8	68.5	67.6	65.1	66.2
携帯電話（ガラケー）	0.3	0.3	1.2	0.0	0.9	0.9	2.7
タブレット端末（iPadなど）	7.1	19.8	23.5	26.5	28.4	29.3	31.4
パソコン	3.7	5.2	5.6	6.5	8.6	8.6	13.1
触らせていない	59.6	28.4	23.5	22.2	19.8	22.2	18.0

2　母親の「スマホ育児」の状況

▷1　ゲーム障害の主な症状は，ゲームをする頻度や長さを自分で制御できず，

　表9-6は同調査による，母親が子どもと一緒に過ごす6つの生活場面において，携帯電話やスマホ，タブレット端末などの情報機器をどの程度利用しているか「よく利用している」「時々利用している」「あまり利用していない」「全く利用していない」の4件法でたずねたものを，「よく利用している」「時々利用している」の合計を「利用している」として年齢別にパーセンテージで示したものになります。その結果，どの年齢においても，自宅で

表9-6　全体および子どもの年齢別　子どもと一緒に過ごす場面での携帯電話・スマートフォン・タブレット端末の利用割合（単位：％）

	自宅での 食事時間	外食時	電車やバスなど公共の場	公園など外での遊びの時間	自宅での遊びの時間	授乳中(過去の経験も含む)	N
全体	18.8	18.8	44.6	18.4	65.2	54.3	2272
0	21.0	27.5	57.4	11.7	64.2	70.4	324
1	18.5	26.2	39.5	12.3	67.6	51.9	324
2	20.4	29.3	38.3	14.5	66.0	52.5	324
3	14.2	21.3	41.4	19.4	61.4	54.3	324
4	19.1	21.9	43.2	20.4	67.6	53.4	324
5	21.9	18.8	48.8	24.4	67.0	53.7	324
6	16.2	19.8	43.9	25.9	62.8	43.9	328

の遊びの時間は，すべての場面の中で母親の情報機器利用率が，65％強と最も高いことがわかります。特筆すべきは授乳中のスマホ利用における0歳児の母親の利用率の高さであり実に70.4％にも上ります。また公園などの外遊び中の利用は，子どもの年齢が高くなるにつれ利用率も高くなっていました。

③ 乳幼児のメディアやICTとの付き合い方

これらのことから，現代の子どもたちは，もはやスマホやタブレット端末のようなICT機器に触れないということはなく，そのデビューも年々早くなってきていること，また子育て場面における保護者の利用は生活の全般にわたっていることがわかります。しかし，特に愛着形成の重要な授乳期においての利用が多いことへの発達上の問題や，外遊び中の母親の利用は子どもの年齢が高くなればなるほど多くなることから目を離してしまう時間が長くなることによる安全面について懸念されます。さらには，2019年には世界保健機構（WHO）の精神疾患の国際的な診断基準の一つであるICD-11（WHO, 2019）において，新たに「ゲーム障害」が加わりました。このようにメディアのもたらす，個々の心身の問題や社会的問題が注目されています。したがって，乳幼児とその保護者に早期からつながることのできる保健センターや保育所・幼稚園等もこうした問題を認識し，保健指導や，園だよりや保育参観の機会などを通して，日頃から家庭におけるICT機器やメディアとかしこくつきあう方法について，啓発したり考えたりする機会を作る必要があるでしょう。

ここでは，公益社団法人日本小児科医会が出している「子どもとメディアに対する5つの提言」と「スマホに子守りをさせないで」のポスターを紹介します。

「子どもとメディアに対する5つの提言」

① 2歳までのテレビ・ビデオ視聴は控えましょう。

② 授乳中，食事中のテレビ・ビデオの視聴はやめましょう。

③ すべてのメディアへ接触する総時間を制限することが重要です。1日2時間までを目安と考えます。

④ 子ども部屋にはテレビ，ビデオ，パーソナルコンピュータを置かないようにしましょう。

⑤ 保護者と子どもでメディアを上手に利用するルールをつくりましょう。

（水内豊和）

ゲームを生活での利益や日常活動よりも優先し，問題が生じてもゲームを継続して個人，家庭，社会，教育，職業など重要な機能の障害をもたらすこと。そしてこうした症状が12カ月以上続けば「ゲーム障害」と診断される。

図9-4 「スマホに子守りをさせないで」

参考文献

橋元良明・久保隈綾・大野志郎（2019）．育児とICT：乳幼児のスマホ依存，育児中のデジタル機器利用，育児ストレス．東京大学大学院情報学環情報学研究　調査研究編，35, 53-103.

日本小児科医会「子どもとメディア」対策委員会（2004）．「子どもとメディア」の問題に対する提言．

日本小児科医会（2013）．スマホに子守りをさせないで（ポスター）．

第9章　インクルーシブ保育を支えるツール

 保育とICT② 子育て支援や保育所・幼稚園等におけるICT活用

子育て支援へのICT活用

　今日，多くの地方自治体から子育て支援のアプリが出されています。これらは，子どもや母親父親向けの「イベント情報」「おしらせ」「予防接種」などの通知機能や「施設検索」などが利用できるようになっています。こうした自治体の子育て支援アプリは，市町村の広報誌，母子健康手帳交付時や乳幼児健診時などに紹介し，普及と使用促進を図っています。これまで，母子健康手帳や広報誌，そして紙媒体の子育て情報月刊誌などが担っていた子育てに関する情報は，ローカルなものも全国区的なものも入手しやすくなり，また情報を取捨選択しやすくなりました。子どもの成長や発達に関する記録も，紙ベースのものに比べてビジュアル的に可愛らしく，また写真や動画まで記録できたり，それらを遠隔地にいる祖父母とも共有できたりする機能もあります。さらには育児記録や日記がFacebookやinstagramなどのSNSと連携しているものもあります。健診時期や予防接種の時期などは，子どもの生年月日を登録しておけば自動的に知らせてくれます。それどころか，日々の授乳時間やおむつ交換時間などを知らせてくれるアプリもあります。さらには，AI（人工知能）によるネット上のバーチャルな育児相談，それでも解決しにくいような個別の相談もSNSやチャット機能を用いて専門家のみならず同じ悩みをもつ保護者同士で解決することもできます。◁1　子育て支援において，ICTの進歩と普及はとても便利で有効な機能をもたらしてくれるようになりました。発達障害のある子どもを育てる母親が発信するブログも多くあり，有名ブロガーはブログの記事が子育て本やマンガになって出版されることもあります。

　このように，子育てに関する様々な情報が手軽に入手できるようになったものの，その情報が果たして信頼できるものかという点では注意が必要です。学術的にはエビデンス（根拠）がないとされた治療を謳うような内容のサプリメント販売や治療・訓練方法のサイトも多く存在します。またブログにある障害児の育児経験は，あくまでそのブロガーのケースであり，診断名が同じだからといって，必ずしも同じように自分の子どもに応用できることばかりではありません。育児記録や写真がSNSと連携していて公開されることは時に事件や犯罪に巻き込まれるだけでなく，「デジタルタトゥー」として一生ネット上に残りうる危険性も同時にはらんでいます。したがって，子育て支援に携わる専

▷1　例えば首都圏に限るが，「キッズドクター」というアプリは子どもが病気になった時に，自宅にいながらスマホで医師に相談を書き込むと，30分以内に医師から電話がかかってきて症状や対処法を相談できる。さらには医師が自宅に来て診察や薬の処方までしてくれる。

門家や保育者は，子育てに関するICT活用のメリットとデメリットについてよく理解し，それらを正しく保護者に伝えていく必要があります。

2 保育所・幼稚園等にみるICT活用

　平成30年2月に文部科学省が示した幼稚園教育要領解説には，ICTの利活用に関しては唯一，「第1章総説」の中の「第4節指導計画の作成と幼児理解に基づいた評価」のうちの「3. 指導計画の作成上の留意点」の中において「(6) 情報機器の活用」についての記述があります。そこでは，「幼児期は直接的な体験が重要であることを踏まえ，視聴覚教材やコンピュータなど情報機器を活用する際には，幼稚園生活では得難い体験を補完するなど，幼児の体験との関連を考慮すること」とあるように，幼児の直接的な体験の「補完」としてのICT利用が示されています。具体例として「園庭で見つけた虫をカメラで接写して肉眼では見えない体のつくりや動きを捉えたりすることで，直接的な体験だけでは得られない新たな気づきを得たり，自分たちで工夫してつくった音などを聴いて遊びを振り返ることで，体験で得られたものを整理したり，共有したりすることができるであろう。また，体を使った活動や演奏の前などに，それらを映像で視聴することで，イメージをもちながら見通しをもって取り組んだりすることもできる」としています。このように，幼児を遊びを通して発達を促進する保育においては，ICTを活用する際にはあくまで幼児の直接的体験の補完であることが重要視されています。一方で小学校以降においては，こと情報活用能力の伸長が求められていることから，使うことに消極的である必要はないともいえます。特に学齢期以降においては，特別支援教育の進展とともに，タブレット端末のもつカメラ・ビデオ機能のような基本的操作の活用は，見るべきところを焦点化しやすくしたり，長期間記憶・保持したりできることから，特別な支援を要する子どものみならず，クラス全員の子どもにとっても有効なことが多いです。活用方法や利点について詳しくは本章第7節にて述べますが，ここで重要なことは，幼稚園教育要領解説にある「(前略)幼児の発達に即しているかどうか，(中略)といった点を考慮し，情報機器を使用する目的や必要性を自覚しながら，活用していくことが必要である」ことであり，単にメディア・ICTのリテラシーだけでなく，保育者としての資質や専門性に大きく委ねられているといえるでしょう。

　第9章5で見た子育て支援での状況や，小学校以上での使用状況とは異なり，幼児教育・保育の領域では，全体として子どものICT利用に消極的，否定的な状況が続いています。しかし，幼児にも使いやすいタブレット端末が登場し，家庭での利用も広がりをみせる中で，幼稚園・保育所等でも，新しい保育環境やコミュニケーションの場，遊具の一つと位置づけて，現在の保育活動を充実・発展させる目的でタブレット端末を取り入れる例が少しずつ増えてきてい

ます（小平，2019）。また，登園時の健康確認を，ロボットとの会話での質問応答やタッチで体温や脈拍などの生体確認でするものを導入している保育所もあります。さらには，日中の保育活動における子どもの様子を室内外のカメラとネットを通じて保護者がいつでも確認できるようにしている保育所もみられます。こうしたICTを利用した新しい保育サービスはこれからも急速に拡大していくでしょう。

（水内豊和）

▶タブレット端末を用いた絵画制作

▶マルチメディアでのインタラクティブなデジタル図鑑

▶スマートスピーカーを用いたお集まりのときの音楽
©きたむらイラストレーション

参考文献
小平さち子 (2019).「子どもとメディア」をめぐる研究に関する一考察—2000年以降の研究動向を中心に— 放送研究と調査, 69(2), 18-37.

第9章　インクルーシブ保育を支えるツール

 保育とICT③　障害のある子どもの　発達を支えるICT活用

① ICTを用いた保育・発達支援

　インクルーシブ保育が，障害のある子どもにとって単に時と場のみ一緒になるだけでなく，きちんと発達保障を伴うものになるためには，合理的配慮は欠かせません。それは幼児期においても同様です。特別支援教育の浸透とともに，子どもがわかって動けるための支援ツールとして，例えば視覚的支援の方法として，タイマーや手順表，絵カードなどが用いられることが，保育現場でもみられるようになってきました。それらいくつものツールが集約された，保育者のエプロンのポケットにすっぽり収まるスマホ大のICT端末だったら便利かもしれません。またICT端末による視覚的情報は，単に静止画だけではなく動画にもできます。さらに音声情報も付与できます。このように従来のアナログな支援ツールは，ICT端末に代替されることによって，短所を補うばかりか，より機能的な用い方ができる可能性があります。例えば，保育所でよくみられる洗面台に貼ってある歯磨きの手順表についても，今では無料のアプリで，アニメーションで歯ブラシが動きながら時間経過とともにアナウンスにより磨く場所を変えつつ5分間磨くことを案内してくれるものもあります。口腔内から見たものと，外側から見たものの両方のタイプがあり，子どもの理解に合わ

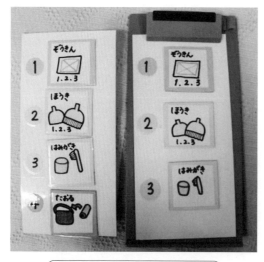

図9-5　アナログな支援ツールの例

給食の後の片付けの手順表

図9-6　ICT端末とアプリを用いた支援ツールの例

運動会の日のスケジュール（アプリは「DropTalk」）

図9-7 アナログな支援ツールの例

「ごちそうさま」の時間を伝えるアナログタイマー

図9-8 ICT端末とアプリを用いた支援ツールの例

その日の給食とともに残り時間を伝えるタイマー
（アプリは「絵カードタイマー」）

せて選択できます。しかし、ICTにはメリットばかりではありません。例えば、水没や衝撃に弱いことやバッテリーの駆動時間が限られること、価格が高いため必要な数だけ揃えるのが容易ではないこと、その子どもにぴったり合った機器やアプリというのはなかなか存在しないこと、発達や成長とともに作り替えることができないことなど、デメリットも少なくなく、従来のアナログの支援ツールがよい側面も多々あります。歯磨きの場面では、洗面台近くにタブレット端末でタイマーを示すよりも、濡れても平気な砂時計や、安価なキッチンタイマーの方が良いかもしれません。したがって、ICT機器やアプリがあるからやみくもに活用するのではなく、個々の子どもの発達の把握やニーズに基づいて、アナログタイプな支援ツールも含め、どのようなものを使うことがよいのか、十分に検討する必要があります。

2 ICTについて教える保育

　第9章6でみたように、今日、乳児でさえICT端末に触れることが例外ではない時代において、ICT機器やメディアが保育所や幼稚園で用いられることは当たり前のこととして、子どもたちにはそれらとうまく付き合っていくことをていねいに教えることも、保育者としては重要です。

　例えば、実物投影機やプロジェクターは、図鑑を拡大して見せたり、行事の際にスライドを写したりするのに活躍しますが、特に落ち着きのない子どもや集中力のない子どもは、スクリーンに近寄って行ったりして、他の子どもたちの邪魔となり、結果叱られてしまいます。また例えば、タブレット端末を使ってなわとびをしているところを記録してすぐに見せてあげるようなとき、端末が1台しかなければ、順番が待てなくてけんかになるかもしれません。また力加

減が難しい子どもは，叩いたり投げたりするかもしれません。このように ICT 機器は子どもたちにとっては魅力的な道具であるがゆえに，トラブルを引き起こすこともあるでしょう。したがって，事前に扱い方を確認したり，時間制限やルールを提示したり，うまく使えたらほめてあげたり，また他の子どもの気持ちを考えさせるよい機会と捉えたりする配慮や工夫が求められます。また時には飼育動物をタブレット端末で毎日撮影する係に任命するなどして，ほめられる機会を作ることもよいでしょう。ICT やメディアとかしこく，うまく付き合うことを教えることを，家庭ならびに保育所・幼稚園等でも同時に連携して行っていくことは，これからの時代を生きる幼児にとっては必要不可欠なことです。

③ ICT にしかできない保育

　2020年度より，小学校においてプログラミング教育が必修化されます。ここでいうプログラミングとは，コンピュータを使ったプログラミング言語によるコーディングではなく，発達の段階に即して，「プログラミング的思考」（自分が意図する一連の活動を実現するために，どのような動きの組み合わせが必要であり，一つ一つの動きに対応した記号を，どのように組み合わせたらいいのか，記号の組み合わせをどのように改善していけば，より意図した活動に近づくのか，といったことを論理的に考えていく力）を育成することだとされています。これは必ずしもコンピュータやタブレット端末を使う必要はなく，実際には，簡単なロボットや玩具によるプログラミング，Viscuit や Scratch Jr. といったビジュアルプログラミングアプリを用いた教育が小学校では行われます。そうした動きの中，民間の早期知育教育産業や塾だけでなく，障害のある児童を対象とした放課後等デイサービスなどでもプログラミング教室を開設するところも増えてきました。そして，幼児期から前倒ししてプログラミング教育を取り入れる保育所や幼稚園もみられます。発達障害のある子どもたちの中には，プログラミングに関係する認知能力やユニークな思考に長けた子もいるため，能力の開発と伸長においてプログラミング教育は有効な側面もあります。またその過程で，順番を守ったりルールを意識したり適切に発表したりといった諸側面の発達や，社会的スキルの獲得などもねらうことができます。▷1

　この他にも，今日安価になった 3D プリンタは，既製品にはない形のブロックやパズルを作ったり，幼児の描いた絵画を立体物にすることを容易にし，より想像力と創造力とを高めることが期待できます。たとえば空想のものづくりやまちづくりなどをよりリアルに楽しむことができるでしょう。また RoBoHoN や Pepper といった民生用のロボットが普及してきつつあり，これらを応答的な保育環境や遊具としてだけでなく，コミュニケーション支援のツールとして教育的に利用する事例もみられます。ドローンは，まるで鳥や飛行機のように，人間の視点を超えた高所やアングルから事物を見ることができ

▷1　例えば，知的障害や発達障害のある低学年児童を対象にしたプログラミング教育の実践とその効果についての検討には以下のものが参考になる。水内豊和・山西潤一（2018）小学校特別支援学級における様々な障害のある子どもに対するプログラミング教育の実践　日本 STEM 教育学会編　STEM 教育研究，1，31-39．山崎智仁・水内豊和（2018）知的障害特別支援学校の自立活動におけるプログラミング教育の実践―小学部児童を対象としたグリコードを用いて―　日本 STEM 教育学会編　STEM 教育研究，1，9-17．山崎智仁・水内豊和（2018）知的障害特別支援学校におけるプログラミング教育―小学部の遊びの指導における実践から―　富山大学人間発達科学部附属人間発達科学研究実践総合センター紀要，13，41-45．

ます。タブレット端末の録画機能を活かせば，セミの幼虫が羽化する様子やミニトマトが発芽して成長していく様をタイムラプス機能を用いてわかりやすく見て理解することにつながります。このように従来の遊具や教具の枠にとらわれず，ICTにしかできない保育や体験機会を提供することも，ユニークな能力をもつデジタルネイティブ世代の発達障害のある子どもたちの能力開発や伸長にとっては有意義なことでしょう。

(水内豊和)

▷2 例えば，コミュニケーションが苦手な自閉症スペクトラム児に対してRoBoHoNやアバターを用いた指導実践（https://maho-prj.org/2018PRJ/reports/3-7_B_山崎智仁_富山大学附属特別支援学校.pdf）や，場面緘黙があり対人コミュニケーションが苦手な児童がPepperを用いて自分の意見を他者に表出する指導実践（https://maho-prj.org/2018PRJ/reports/3-6_B_押塚雄史_千葉県立東金特別支援学校_最終成果報告書＿最終報告書＿最終稿.pdf）がある。

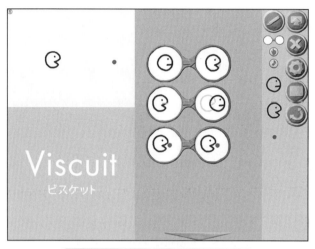

図9-9 Viscuitによるプログラミング

Viscuit（ビスケット）は，合同会社デジタルポケットが開発・提供する，国産の教育用のビジュアルプログラミング言語。絵の変化（動き）の仕方を「めがね」という部品を使ってコンピュータに教えてプログラムを作成する。2019年5月現在，教育的用途においては無償で利用できる。

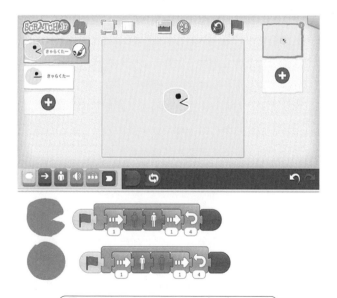

図9-10 Scratch Jr.によるプログラミング

Scratch Jr.とは，ブロック型のコマンドをつなげてプログラムを作成する，入門用のプログラミング言語。タフツ大学，MITメディアラボのLifelong Kindergartenグループ，Playful Invention Companyが共同開発し，無償で利用できる。

第 9 章　インクルーシブ保育を支えるツール

 8 ## 家族支援① サポートブックの作成と活用

 1 サポートブックとは

　サポートブックとは子どもの保護者が，支援者に見せることで，自分の子どもについての理解を深めてもらうことを目的としたツールです。複数の支援者の間で，子どもの様子，子どもとの接し方や支援の仕方を共通理解することが主なねらいです。使用する場面としては，担任保育者が変わる時や，就学時，医療機関の受診時や，一時的にボランティアに子どもを見てもらう時など，いろいろなケースがあります。したがって，コミュニケーションの取り方や積極的なかかわりに必要なこと，子どもが影響を受けやすいこと等を具体的に示したものになります。そのためサポートブックには，子どもの苦手やつまずきやすいことだけでなく，支援者が対象児とかかわる上で有効な情報となる子どもの好きなことや得意なこと，興味をもっていることなどが具体的に多く示されていることが望まれます。

2 サポートブックの種類

　サポートブックは，使う目的や見せる相手によって，内容や形式が異なります。例えば歯科診療を受ける上で忙しい歯科医に伝えるべき内容と，お泊まり保育のような生活全般を含む事態で保育者に伝えるべき内容は当然異なります。また前者は，多くても A4 1 枚程度の情報量でシート形式，後者は食事，風呂などの生活シーンごとになるため，複数ページの冊子形式のものになるでしょう。したがって，作成する際には，なんでも盛り込みすぎるのではなく，それを見る対象，場面や用途をよく考える必要があります。

3 サポートブックの内容

　サポートブックの内容には以下のようなものが含まれます。

　プロフィール（名前，愛称，連絡先など）／利用している医療機関や療育機関などの社会資源／子どものコミュニケーションの取り方，要求や拒否の仕方／興味関心や好き・得意なことや遊び，今はまっていること／苦手なことや場面と，その時の対処法／食事やトイレなどの日常生活面での支援方法／身体とアレルギー（身体の特徴＆アレルギーについて）　など。

④ サポートブックのひな型

インターネット上に，多くのサポートブックのひな型が掲載されています。[1]
検索サイトで「サポートブック＋テンプレート」などと検索してみてください。
自治体や各地の発達障害者支援センターなどが中心となってその地域の支援リソースの情報なども付随したひな型を提供しているものもあります。また，スマホやタブレット端末上で，ガイダンスに従いながら項目を入力していくことで簡単に作成できるアプリもあります。

⑤ サポートブックを作成するプロセス

支援者がサポートブックの作成を手伝う際によくあるのが，「お子さんの得意なことを教えてください」と尋ねた時に，保護者からの「得意なことはありません」とか「思い浮かびません」という答えです。逆に「お子さんが困っていることを教えてください」と尋ねると，「すぐ立ち歩いてしまい人の話を聞けない」「かんしゃくやパニックを起こす」などとたくさん出てきます。支援者はそうした保護者の抱える困りの気持ちを受け止めつつも，「子どもの困り」と「保護者の困り」とを区別しつつ，そうした困った行動がいつ，どこで，どのような時に生じていて，その時にどのような対応を取ることでうまくいくのかなどを整理して随時保護者にフィードバックしてあげると，保護者も自分の子どもを客観的に見る目が育ちます。また，まだ家庭と保育所等との間で，まだ完全にはできていないけどいまチャレンジしていることなども確認しあえるよい機会となります。このように，作成にあたっては，保護者と専門家とのできれば複数回にわたる共同作業が必要です。個別の発達相談の場でもいいですし，親の会などの場でサポートブック作成教室のような形で作成会を行うと，同じ障害のある子どもの保護者同士で話し合い，意見を取り入れながら，より子ども像が具体的で，支援を考えるのに役立つサポートブックの作成につながります。なお，サポートブックは一度作成したら終わりではなく，子どもの発達や状態の変化に合わせて随時書き足したり改訂したりすることが大切です。

⑥ サポートブックの意味

サポートブックの目的は，担任保育者や支援者に渡して子どもについての理解を促すことがすべてではありません。むしろ，支援者とのていねいな共同作業による作成過程で，保護者自身が自分の子どものことを客観的に見つめ，育ちを再認識できることにこそ大きな意味があります。

したがって，支援者は，「サポートブックを作ればいいですよ」と保護者に対し簡単に勧めることは好ましくありません。ましてやサポートブックの見本を見せるだけだったり，作り方の本やウェブサイトを紹介するだけでは，専門

▷1 例えば LITALICO ジュニアの「サポートブックテンプレート」のサイト https://junior.litalico.jp/about/hattatsu/supportbook/ や，「楽々式サポートブックの書き方」サイト https://www.rakurakumom.com/supportbook は，詳しい説明と共に作りやすいテンプレートがある。

家のする支援としては不十分かつ無責任です。なぜなら，保護者が一人で，子どものことを客観的に見つめなおし，支援の方策を具体的に整理して記述することは，そんなに簡単なことではないからです。したがって，支援者は短絡的にサポートブックを作ることを保護者にすすめるのではなく，その作成過程にかかわりながら，子どもの「見方」を変え，保護者がより子どもの「味方」になるように導いていくことが必要です。

　また，保護者の中には，せっかくサポートブックを作成しても，これを保育所や就学先の小学校に渡すことでモンスターペアレントと思われるのではないか，あるいは「こんな対応はうちではできません」と一蹴されるのではないかという思いから「渡していいものか？」と悩んでいる方もいます。したがって，支援者は，渡す機会に立ち会って保護者とともに先方に説明したり，電話やメールで保護者の日々のがんばりやサポートブック作成に込めた思いを先方に伝えてあげることなども必要かもしれません。また保護者が一人で作ったのではなく支援者と共に作ったことがわかるように，サポートブックの最後のページなどに監修として支援者の氏名や所属を示しておくこともよいでしょう。

表9-7　サポートブックを書くときの注意点

1．対応の仕方について，具体的な例を挙げて説明します。 2．何をどのようにしたらよいかを簡潔にはっきりと伝えます。 　「○○（場面・状況）のときに，子どもが△△（行動・状態）になったら，□□（具体的な対応）のようにしています。」
3．困ったときの対応だけでなく，子どもとかかわるときの手がかりも書きます。 4．積極的なかかわりにプラスになることも含めます。たとえば，好きなこと，得意なこと，興味や関心，コミュニケーションの取り方，普段の過ごし方等々。
5．支援者に一番わかってほしいこと，起きたら特に困ることに絞って書きます。 6．支援者のできること，負担にならないことを書きます。
7．たまにしか起こらないこと，それほど問題でないことは，程度に応じて書き分けます。 8．見やすさ，使いやすさを工夫して，活用しやすい形に仕上げます。

出所：武蔵博文・高畑庄蔵（2006）発達障害のある子とお母さん・先生のための思いっきり支援ツール．エンパワメント研究所，より作成．

コミュニケーションの取り方

●___ちゃんから

要 求：何かをして欲しいときは「～してください」
と言うことができる。

「お茶をください」など

拒 否：自分ができない時、したくない時には「いや」
「だめ」と言う。

「いや」という言葉のかわりに、「足が痛
い」「おなかが痛い」「眠い」などと言うこ
ともあります。

注意喚起：場面に関係なく、大声を出したり歌をう
たうことが多い。

その場合は、今は大声を出す場面では
ないことを伝えると同時に、理由を聞
いてやってください。

好きなこと（もの）

水の流れ・水たまり

転がる玉

コマ回し

スパーマリオ

（___ちゃんは、「ゲームは小学生になってから」
と言って兄がしているのを見ているだけで
すが、でてくるキャラクターはよく覚えてい
ます。マリオ、ルイージ、クッパなど。）

虫・植物

（ダンゴ虫、ミミズ、カエル大好きです。畑に
種をまいて野菜を育てるのも好きです。）

得意なこと

工作

船

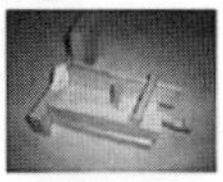

パックンフラワー
（マリオ）

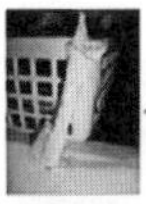

ブロック（レゴ・ニューブロック）

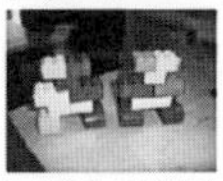

キノピオ（マリオ）

クッパ城（マリオ）

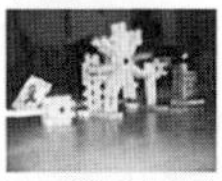

図9-11 手作りのサポートブックの例（筆者監修）

例えば，得意なことが「ブロック」としか書いていなかった場合，どのような大きさのブロックが扱えるのか，遊び方としては色や形を揃えるのか，それとも物を見立てて作ることができるのかなどがわからない。そのため，行動の具体的記述や写真は，見る側の支援者にとってすぐに役立つ情報として重要である。

（水内豊和）

第9章 インクルーシブ保育を支えるツール

 9 家族支援② きょうだいへの支援

 気にかけてあげたいきょうだい児の存在

　ここでは，障害のある子どものことを「同胞」と表記し，同胞とともに育つ兄弟姉妹のことを「きょうだい」と表記することにします。家庭でも保育の場でも，大人はつい障害のある同胞に手を取られ，きょうだい児に目が届かないことがよくあります。さらに，きょうだい児は「〇〇さん（同胞）のお兄さん，お姉さん」のように，自分の名前で呼ばれずに同胞と常にセットにされ，周りから一人の子どもとしてその存在を認められにくいことも少なくありません。このような環境の影響を受け，きょうだい児の中には成育上の課題を抱えてしまうケースも見られます。これまでの調査研究から，図9-13に示すようなきょうだい児の気がかりな特徴が指摘されています。[1]

親代わりタイプ：いわゆる「あてになる子」

　障害のある同胞の面倒を見たり，母親の代わりに家事をしたりなど，親の片腕のようにお世話役を引き受ける。素直で気が利く。

例えば…
・いつも親から認められるように行動する。
・責任感が強く，同胞に教えることが自分の役目と思い，同胞がうまくできないと自分のせいだと感じてしまう。
・親に迷惑をかけないように，我慢している。

優等生タイプ：いわゆる「自慢の子」

　自分が頑張っているのを認めてもらいたいと，勉強や習い事など，優秀な成績や賞を取るため，必死に努力する。親が同胞のできない分を自分に強く期待していることを感じるので，その期待を裏切らないように自分を追い込む。

例えば…
・親の評価を常に気にしている。
・コンクールで賞を取ろうと過剰に努力する。
・少しでもできないと過剰に落ち込む。
・いつも頑張っていて，弱音を吐かない。

ひきこもりタイプ：いわゆる「手がかからない子」

　自分のことは話そうとしない。同胞にも無関心。自分から要求もしないし，自分のことは自分でするので，親も安心。

例えば…
・感情を表に出さないことが多い。
・何か聞いても，「別に，いい」と言う。
・学校でも，パッとしない。でも，問題も起こさない。やる気がないように見える。
・「どうせできないから」と自己肯定感が低い。
・自分の好きなことを一人でしている。

問題行動タイプ：いわゆる「手を焼く子」

　怒る，文句を言う，暴言を吐く，物に当たることもある。なだめたり，説得したりしても反発して，受け入れようとしない。わざと逆のことをして親を困らせることもある。

例えば…
・何かにつけ同胞のことを言いつける。
・いうことを聞かず，注意すると腹を立てる。
・同胞に意地悪したり，叩いたりすることもある。
・年上なのに，同胞と比べては，すねる。

図9-12　きょうだいの気がかりな特徴

出所：Siegel & Silverstein（1994）及び遠矢（2009）を参考に筆者作成.

▷1　このような類型化は，きょうだいの抱える問題を明らかにするためのものであり，すべてのきょうだい児をあてはめて分類することを意図したものではないことに留意する必要がある。

 きょうだい児の子育てに悩む親

　一方，阿部・神名（2011）の調査では，障害のある子どもときょうだい児を一緒に育てている親の約70％がきょうだい児の子育てに悩み，支援が欲しいと考えていることが示されました。また，きょうだい児の気がかりとして，「爪かみ」「チック」「喘息」「過食」などが挙げられました。さらに，「きょうだいげんか」「友人とのトラブル」「会話の減少」「不公平感」「いつまでも親といたがる」といった行動も見られました。さらに阿部・神名（2016）の調査では，親はきっと自分を助けてくれるはずだとする期待感が弱いきょうだい児ほど，

障害のある同胞に関する否定的な感情が強いこともわかりました。このことから，きょうだい児が抱える育ちの課題は，きょうだい児のみではなく家族関係上の課題でもあり，家族を視野に入れた支援が必要であると考えられます。

3 きょうだい児の育ちを応援する

○きょうだい児の願い

きょうだい児の思いを探るうちに，次のような思いや願いが見えてきました。「自分の心配や不満をわかってもらいたい」「同胞の障害のことをもっと知りたい」「同胞にどう対応したらよいか知りたい」「同胞と一緒に遊ぶ方法を知りたい」「誰かに同胞のことを尋ねられた時の答え方を知りたい」「お母さんにもっと自分の話を聞いてほしい」「同胞のことで困った時，だれに助けてもらったらいいか知りたい」などです。このようなきょうだい児の思いに応えるために，障害児親の会や大人になったきょうだい児自身が中心となって，徐々にきょうだい児の支援活動が実施されるようになりました。

Sibshop（シブショップ）は，アメリカのマイヤー（Meyer, D.）らによって開発されたきょうだい支援プログラムです。すでに20年以上の実績があり，現在では全世界で取り組まれるようになりました。日本でも各地で Sibshop の理念を取り入れたきょうだい支援活動が行われています。Sibshop では，きょうだいが安心して思い切り遊べる場を提供し，きょうだい児の心理的開放を促します。また，活動を通してきょうだい児同士の仲間関係を育て，悩みを話し合ったり，ファシリテーターと呼ばれるサポーターと相談したりする機会を設けています。

ほかに，親子関係を促進するための取組として，きょうだい児と親が一緒に遊ぶ場を設けたり，きょうだい児が同胞の障害や自分の家族について学ぶとともに，親もまた，きょうだい児の直面する課題を学んだりする家族参加型の支援教室も開発されています。阿部・神名（2015）によれば，このような活動に参加したきょうだい児の同胞に関する否定的な感情が低減するとともに，親子関係が安定したことが報告されています。

4 ま と め

きょうだい児の支援はインクルーシブ保育の背景となる家族支援において，不可欠な要因です。障害のある子どものみならず，ともに生きるきょうだい児もまた，特別な支援ニーズのある子どもであることを忘れてはならないと考えます。

(阿部美穂子)

参考文献

Siegel, B. & Silverstein, S. (1994). What about me?: Growing up with a developmental disabled sibling. Plenum Press.

吉川かおり (2008). 発達障害のある子どものきょうだいたち―大人へのステップと支援― 生活書院.

Don Meyer, Patricia F. Vadasy (2008). Sibshops: Workshops for Siblings of Children with Special Needs. Brookes Pub; Revised 版.

遠矢浩一 (2009). 障がいをもつこどもの「きょうだい」を支える―お母さん・お父さんのために― ナカニシヤ出版.

阿部美穂子・神名昌子 (2011). 障害のある子どものきょうだいを育てる保護者の悩み事・困りごとに関する調査研究 富山大学人間発達科学部紀要, 6(1), 63-72.

阿部美穂子・神名昌子 (2016). きょうだいの障害のある同胞に関する否定的感情と親からのサポート期待感との関係に関する調査研究 特殊教育学研究, 53(4), 157-167.

阿部美穂子・神名昌子 (2015). 障害のあるきょうだいとその家族のための支援プログラムの開発に関する実践的研究 特殊教育学研究, 52(5), 349-358.

第9章　インクルーシブ保育を支えるツール

10 家族支援③　保健センターが地域全体で取り組む子育て教室(ペアレント・トレーニング)

黒部市は，富山県の北東部に位置し，人口は約4万2千人，出生数は年間約300人です。黒部市では，子育て世代包括支援センターを設置し，産前・産後ケアをはじめ，様々な母子保健事業の取り組みに力を入れています。

1　ほめほめ教室（ペアレント・トレーニング）を始めた経緯

子育てをする環境は近年，大きく変わり，急速な情報化，少子化と核家族化が進み，地域での人とのふれ合いやつながりといったものも希薄になってきました。親は子どもに対してのかかわりに悩み，子どもは家庭や地域が基盤となって身に付けるソーシャルスキルも獲得しにくくなってきています。ソーシャルスキルが不足すると，集団生活で対人関係のトラブル等により子ども自身の自己評価が低くなり，社会的適応能力がさらに低くなっていきます。

黒部市の保健センターは，乳幼児健診事業を通して，学校・保育所等との関係が以前からありました。そこで，ソーシャルスキル・トレーニングを身近な所で学ぶことの必要性に鑑み，平成19〜24年度にかけて小学校，特別支援学校，発達障害児を抱える保護者，保育士からの協力を得て，ソーシャルスキル・トレーニング教室を開催しました。この教室の目的は，子どもたちが，コミュニケーション（聞く，話す，見る等）のスキルを学びながら友達との交流を深めること，参加した保護者が，教室で子どもの良い行動を褒め，子どもたちの自尊心を高めることでした。対象者は，平成19，20年度は小学1・2年生を，平成21〜24年度は年中・年長児でした。保護者に褒められた子どもたちはとても嬉しそうな表情で，その表情を見ている保護者も柔らかい表情でした。この教室を通じて，保護者が子どもたちをほめる大切さ，それが子どもの行動変容につながることがわかり，また保護者が，子どもの本来もっている力を伸ばすスキルを身に付けることは，子育てへの自信につながることも明らかになりました。

ソーシャルスキル・トレーニング教室は，子育て教室の再構築のため，平成24年度で終了しましたが，一方で，県障害福祉課から市にペアレント・トレーニング教室のモデル事業の話がもちかけられたことをきっかけに，平成26年度よりペアレント・トレーニングとしての「ほめほめ教室」を開始しました。

2　「ほめほめ教室」という教室名に願いを込めて

この教室の最大の目的は，「子どもを褒めて親子ともどもハッピーに！」と

▷1　個人や集団が自分の人生の主人公となれるように力をつけて，自分自身の

いうことで「ほめほめ（褒め褒め）教室」というネーミングになりました。子どもが良い行動を親に褒められることから，子どもは自然と適応行動を増やし，不適応行動を減らしていきます。このことにより，親が子どものよき支援者になると同時に親は子育てへの自信をもち，それがさらなる良好な親子関係の築きとなり，ひいては親のエンパワメント（empowerment）^{◁1}につながっていきます。

また，この教室は，子育てに対して悩みを抱える親同士の話し合いの場，すなわち，ピアカウンセリング^{◁2}の場であり，参加者同士から自分の子育ての悩みに対しての解決方法を見出していくきっかけにもなっています。

③ 「ほめほめ教室」の紹介

対象者は，黒部市内に在住の4歳児を養育している保護者で，表9-8に示すプログラム全6回の参加が可能な受講希望者です（欠席した回は保健師が補習を実施）。スタッフは保健師，臨床心理士で，毎回の教室の中で，親の困りごとに対する相談の時間をとりアドバイスをしています。また，ホームワークとして教室で学んだことを自宅で実践する課題を課し，次回の教室でそのことについて参加者が共有し，話し合いします。6回の教室が終了した後，フォローとして約3か月後に同窓会も開催しています。

▷1 生活や環境をよりコントロールできるようにしていくこと。エンパワー（empower）という単語は，もともとは「能力や権限を与える」という意味。

▷2 同じ障害のある子どもを持っているなど，同じ立場にある仲間どうしによって行われるカウンセリング。ピア（peer）とは仲間という意味。

表9-8 「ほめほめ教室」のプログラム

	テーマ	内　容
	事前面談（地区担当保健師）	教室参加にあたり，子育ての困りごとや教室に期待することなどを聞き取る
1	オリエンテーション　子どもの行動の見方	子どもの行動を3種類（してほしい　してほしくない・してはいけない）に整理
2	行動の理解～しつけと言葉～　臨床心理士より	発達課題やしつけ，言葉の使い方
3	してほしい行動を引き出す①	肯定・否定的な注目の違い，褒めるポイント
4	してほしい行動を引き出す②	効果的な指示の出し方
5	してほしい行動を引き出す③	困った行動を減らすテクニック　ごほうびシールの使い方
6	まとめ，修了式	学んだことのまとめ，振り返り
	事後面談（地区担当保健師）	教室の感想，子どもの行動の変化などの聞き取り

④ 行政保健師と子育て支援

行政保健師は，妊娠届の受理をきっかけに母子保健でのかかわりが始まります。その後，家庭訪問や健診等を通じて，親子と早期から深くかかわり，多職種と協働で子育て支援をしながら，地域で安心して子育てができるよう継続した支援をしています。そして，この教室では保護者が子育てに悩み，孤立しないよう，子育てに悩む保護者同士が情報を共有し合いながら自身のエンパワメントを促す場を設定する役割を，保健師が担っています。

⑤ おわりに

「ほめほめ教室」は，保護者の育児不安の軽減を図り，同時に子どもの自己肯定感と保護者のエンパワメントを促す教室です。今後も，良好な親子関係を築けるように支援することを目的に事業を展開していきます。　　　（本多康子）

第9章　インクルーシブ保育を支えるツール

 11　家族支援④　大学が取り組む　家族支援プログラム

1　子どもと家族のサポートに取り組む大学機関

　特別支援教育や保育を専門とする多くの大学では，発達に気がかりがある子どもとその保護者のための相談支援活動を実施しています。この活動は，本来，大学の研究成果を広く地域のために役立てることを目的としています。そのため地域の課題に対応できるように，独自の内容が取り入れられます。その方法も，研修会，個別発達相談やカウンセリング，シリーズ方式のセミナーなど様々です。また，対象も発達に気がかりがある子ども本人や家族，支援者，一般市民に至るまで多様に設定され，本人や家族の希望参加が原則となっています。

2　大学が取り組む家族支援の実践例

○地域の実情を踏まえた支援活動

　K市は，いわゆるへき地と呼ばれる人口減少地域であり，専門相談機関が少なく，いわゆるグレーゾーンの子どもたちとその家族が，十分支援を受ける機会を得られないまま，就学に至る現状があります。そこで，K市内にキャンパスがあるH大学では，就学期にある発達に気がかりのある子どもとその家族への支援活動を実践しました。

○支援プログラムの実際

▷1　ムーブメント活動については，第6章2を参照

▷2　ペアレント・トレーニングについては，第9章10を参照

　年長後期から小学校1年生修了までの1年半にわたり，月1回，1セッション3時間半のプログラムを行いました。毎回のプログラム構成は表9-9のとおりです。

　まず，最初に親子で楽しい運動遊び（ムーブメント活動）を通して，子どもは身体運動面に加え，認知・社会性面での発達課題に挑戦し，保護者は我が子が力を発揮できるための支援方法や良さを見つけて褒める課題に取り組みます。その後，子どもたちは親から離れ，個別活動とクッキング活動に取り

表9-9　家族支援プログラムの流れ

時程	内　　容		
13:00	チェックイン・保護者面接・子どもの自由遊び		
13:15	親子ムーブメント活動（全員）		
14:00	個別活動（子ども）	発達に応じた個別課題（プリント・制作・クイズなど）	子育て勉強会（保護者）	子ども理解，子どもの支援方法，褒め方などの子育てスキルの学びと，話し合い，次回までのホームワーク
14:30	クッキング（子ども）	おやつ作り（子どもが火を使わずできるもの，保護者やスタッフなど全員分）		
15:15	会　食（全員）	子どもが作ったおやつを食べながら，親子とスタッフで活動を振り返り，親から子どもを褒めてもらう		
15:45	解　　散		

表9-10 保護者勉強会の内容例（半期分）

回	テーマ	ねらい	内容例	ホームワーク
第1回	子どもの良い所探しをしよう	子どもの長所を知り，それを発揮する方法を考える。	・子どもの長所や強みを見つけて付箋に書く。 ・その力を活用できる場面のアイデアをまとめる。	「いいね！ 嬉しいよ」を伝えよう
第2回	子どもの力を発揮できる環境を整えよう	子どもが望ましい行動ができるための環境を工夫する。	・子どもに獲得してほしい行動を考える。 ・どのような環境を整えると，子どもが自分で上記で考えた行動を実行できるか考える。	考えた環境で子どもを応援しよう
第3回	子どもの苦手克服を応援しよう	子どもの視点から，抱えている困難さを理解する。	・子どもがうまくできずに困っていることを考える。 ・子どもを助ける方法を考える。	先手を打って，子どもを助けよう
第4回	わかりやすい指示の出し方は？	子どもの認知特性を踏まえた指示ができる。	・自分の子どもにとってわかりやすい指示の出し方や説明の仕方を考える。	子どもにわかりやすく伝えよう
第5回	気がかりな行動を減らすには？	気がかりな行動が起こりにくい対応や環境を工夫する。	・気がかりな行動が起こる仕組みを理解する。 ・気がかりな行動への対処方法を考える。	子どもが頑張っているのを褒めよう
第6回	まとめ	子どもを応援するコツをまとめる。	・これまで自分が学んだり，実践したことを振り返り，今後の取り組みに向け，スローガンをまとめる。	スローガンを実行しよう

組みます。個別活動では，発達アセスメントと興味関心に基づいた課題が準備され，子どもは一定時間集中して課題をやり遂げることを目指します。クッキング活動では，子ども同士で分担・協力しながら，見通しをもって家族やスタッフのためにおやつを作り，他者のために力を発揮する喜び体験を積みます。

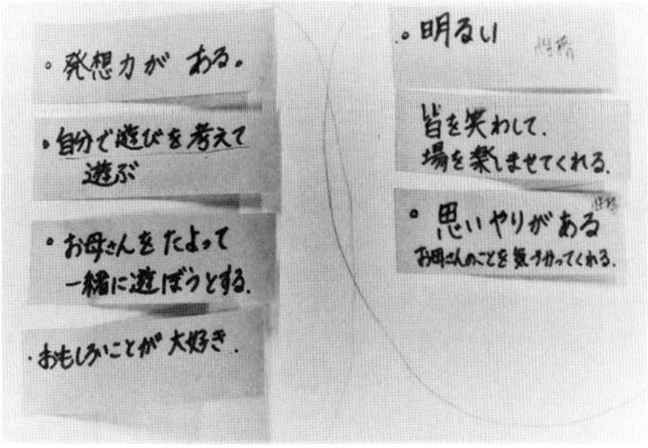

一方，その間に保護者たちは，子ども理解と子育てについて学びます。就学に向け不安が高まると，子どものできないことばかりに目が向いて，つい子どもを責めてしまいがちです。そこで，ペアレント・トレーニングの内容を参考にし，子どもの良さを発見し，子どもが力を発揮しやすい環境を整える方法を考え，話し合い，さらにホームワークで実践します。子育てのスキルと自信を獲得することがねらいです。勉強会の内容例を表9-10・図9-13に示します。

図9-13 子どもの長所や強みを見つけて付箋に書いた例

③ 大学が行う家族支援の成果と意義

筆者が携わった例では，大学の教員だけでなく，学生，地域の保育士，教員，保健師，心理士，福祉指導員などがボランティアとして参加し，月1回の家族支援プログラムを行いました。実践後には，発達に気がかりがある子どもたちの社会性スキルの獲得が促進され，さらに，保護者の子育てに対する自信度と満足感が高まったことが，アンケート調査により明らかになりました。このように，大学では，専門的知見に基づいて地域特有の課題に対応し，さらにその公共性を生かして地域の多様な人々の連携を引き出すことができ，大学ならではのインクルーシブ保育を支える家族支援活動を展開しています。

（阿部美穂子）

参考文献

阿部美穂子（2014）．発達に気がかりがある子どもの社会的スキル獲得を目指した子育て支援実践―親子ムーブメント活動を活用したプログラムの検討― 保育学研究，52（3），365-378.

阿部美穂子・小渕隆司・木戸口正宏・戸田竜也・小林麻如・安沢恵実（2017）．発達障害のある子どもとその家族への支援に関する学生の意識変容―大学における地域貢献プロジェクト「おひさまクラブ」での実践を通して― 北海道教育大学釧路校研究紀要「釧路論集」，49，93-104.

障害者の権利に関する条約
（障害者権利条約）

第24条　教育

1　締約国は，教育についての障害者の権利を認める。締約国は，この権利を差別なしに，かつ，機会の均等を基礎として実現するため，障害者を包容するあらゆる段階の教育制度及び生涯学習を確保する。当該教育制度及び生涯学習は，次のことを目的とする。

(a)人間の潜在能力並びに尊厳及び自己の価値についての意識を十分に発達させ，並びに人権，基本的自由及び人間の多様性の尊重を強化すること。

(b)障害者が，その人格，才能及び創造力並びに精神的及び身体的な能力をその可能な最大限度まで発達させること。

(c)障害者が自由な社会に効果的に参加することを可能とすること。

2　締約国は，1の権利の実現に当たり，次のことを確保する。

(a)障害者が障害に基づいて一般的な教育制度から排除されないこと及び障害のある児童が障害に基づいて無償のかつ義務的な初等教育から又は中等教育から排除されないこと。

(b)障害者が，他の者との平等を基礎として，自己の生活する地域社会において，障害者を包容し，質が高く，かつ，無償の初等教育を享受することができること及び中等教育を享受することができること。

(c)個人に必要とされる合理的配慮が提供されること。

(d)障害者が，その効果的な教育を容易にするために必要な支援を一般的な教育制度の下で受けること。

(e)学問的及び社会的な発達を最大にする環境において，完全な包容という目標に合致する効果的で個別化された支援措置がとられること。

3　締約国は，障害者が教育に完全かつ平等に参加し，及び地域社会の構成員として完全かつ平等に参加することを容易にするため，障害者が生活する上での技能及び社会的な発達のための技能を習得することを可能とする。このため，締約国は，次のことを含む適当な措置をとる。

(a)点字，代替的な文字，意思疎通の補助的及び代替的な形態，手段及び様式並びに定位及び移動のための技能の習得並びに障害者相互による支援及び助言を容易にすること。

(b)手話の習得及び聾（ろう）社会の言語的な同一性の促進を容易にすること。

(c)盲人，聾（ろう）者又は盲聾（ろう）者（特に盲人，聾（ろう）者又は盲聾（ろう）者である児童）の教育が，その個人にとって最も適当な言語並びに意思疎通の形態及び手段で，かつ，学問的及び社会的な発達を最大にする環境において行われることを確保すること。

4　締約国は，1の権利の実現の確保を助長することを目的として，手話又は点字について能力を有する教員（障害のある教員を含む。）を雇用し，並びに教育に従事する専門家及び職員（教育のいずれの段階において従事するかを問わない。）に対する研修を行うための適当な措置をとる。この研修には，障害についての意識の向上を組み入れ，また，適当な意思疎通の補助的及び代替的な形態，手段及び様式の使用並びに障害者を支援するための教育技法及び教材の使用を組み入れるものとする。

5　締約国は，障害者が，差別なしに，かつ，他の者との平等を基礎として，一般的な高等教育，職業訓練，成人教育及び生涯学習を享受することができることを確保する。このため，締約国は，合理的配慮が障害者に提供されることを確保する。

障害者の日常生活及び社会生活を総合的に支援するための法律（平成17年法律第123号）

（基本理念）

第1条の2 障害者及び障害児が日常生活又は社会生活を営むための支援は，全ての国民が，障害の有無にかかわらず，等しく基本的人権を享有するかけがえのない個人として尊重されるものであるとの理念にのっとり，全ての国民が，障害の有無によって分け隔てられることなく，相互に人格と個性を尊重し合いながら共生する社会を実現するため，全ての障害者及び障害児が可能な限りその身近な場所において必要な日常生活又は社会生活を営むための支援を受けられることにより社会参加の機会が確保されること及びどこで誰と生活するかについての選択の機会が確保され，地域社会において他の人々と共生することを妨げられないこと並びに障害者及び障害児にとって日常生活又は社会生活を営む上で障壁となるような社会における事物，制度，慣行，観念その他一切のものの除去に資することを旨として，総合的かつ計画的に行わなければならない。

障害を理由とする差別の解消の推進に関する法律（平成25年法律第65号）

（目的）

第1条 この法律は，障害者基本法（昭和45年法律第84号）の基本的な理念にのっとり，全ての障害者が，障害者でない者と等しく，基本的人権を享有する個人としてその尊厳が重んぜられ，その尊厳にふさわしい生活を保障される権利を有することを踏まえ，障害を理由とする差別の解消の推進に関する基本的な事項，行政機関等及び事業者における障害を理由とする差別を解消するための措置等を定めることにより，障害を理由とする差別の解消を推進し，もって全ての国民が，障害の有無によって分け隔てられることなく，相互に人格と個性を尊重し合いながら共生する社会の実現に資することを目的とする。

第3条 国及び地方公共団体は，この法律の趣旨に

のっとり，障害を理由とする差別の解消の推進に関して必要な施策を策定し，及びこれを実施しなければならない。

（国民の責務）

第4条 国民は，第1条に規定する社会を実現する上で障害を理由とする差別の解消が重要であることに鑑み，障害を理由とする差別の解消の推進に寄与するよう努めなければならない。

（社会的障壁の除去の実施についての必要かつ合理的な配慮に関する環境の整備）

第5条 行政機関等及び事業者は，社会的障壁の除去の実施についての必要かつ合理的な配慮を的確に行うため，自ら設置する施設の構造の改善及び設備の整備，関係職員に対する研修その他の必要な環境の整備に努めなければならない。

発達障害者支援法（平成28年法律第64号）

（目的）

第1条 この法律は，発達障害者の心理機能の適正な発達及び円滑な社会生活の促進のために発達障害の症状の発現後できるだけ早期に発達支援を行うとともに，切れ目なく発達障害者の支援を行うことが特に重要であることに鑑み，障害者基本法（昭和45年法律第84号）の基本的な理念にのっとり，発達障害者が基本的人権を享有する個人としての尊厳にふさわしい日常生活又は社会生活を営むことができるよう，発達障害を早期に発見し，発達支援を行うことに関する国及び地方公共団体の責務を明らかにするとともに，学校教育における発達障害者への支援，発達障害者の就労の支援，発達障害者支援センターの指定等について定めることにより，発達障害者の自立及び社会参加のためのその生活全般にわたる支援を図り，もって全ての国民が，障害の有無によって分け隔てられることなく，相互に人格と個性を尊重し合いながら共生する社会の実現に資することを目的とする。

（定義）

第2条 この法律において「発達障害」とは，自閉症，アスペルガー症候群その他の広汎性発達障害，学習障害，注意欠陥多動性障害その他これに類する脳機能の障害であってその症状が通常低年齢において発現するものとして政令で定めるものをいう。

2 この法律において「発達障害者」とは，発達障害がある者であって発達障害及び社会的障壁により日常生活又は社会生活に制限を受けるものをいい，「発達障害児」とは，発達障害者のうち18歳未満のものをいう。

3 この法律において「社会的障壁」とは，発達障害がある者にとって日常生活又は社会生活を営む上で障壁となるような社会における事物，制度，慣行，観念その他一切のものをいう。

4 この法律において「発達支援」とは，発達障害者に対し，その心理機能の適正な発達を支援し，及び円滑な社会生活を促進するため行う個々の発達障害者の特性に対応した医療的，福祉的及び教育的援助をいう。

（基本理念）

第2条の2 発達障害者の支援は，全ての発達障害者が社会参加の機会が確保されること及びどこで誰と生活するかについての選択の機会が確保され，地域社会において他の人々と共生することを妨げられないことを旨として，行われなければならない。

2 発達障害者の支援は，社会的障壁の除去に資することを旨として，行われなければならない。

3 発達障害者の支援は，個々の発達障害者の性別，年齢，障害の状態及び生活の実態に応じて，かつ，医療，保健，福祉，教育，労働等に関する業務を行う関係機関及び民間団体相互の緊密な連携の下に，その意思決定の支援に配慮しつつ，切れ目なく行われなければならない。

（国及び地方公共団体の責務）

第3条 国及び地方公共団体は，発達障害者の心理機能の適正な発達及び円滑な社会生活の促進のために発達障害の症状の発現後できるだけ早期に発達支援を行うことが特に重要であることに鑑み，前条の基本理念（次項及び次条において「基本理念」という。）にのっとり，発達障害の早期発見のため必要な措置を講じるものとする。

2 国及び地方公共団体は，基本理念にのっとり，発達障害児に対し，発達障害の症状の発現後できるだけ早期に，その者の状況に応じて適切に，就学前の発達支援，学校における発達支援その他の発達支援が行われるとともに，発達障害者に対する就労，地域における生活等に関する支援及び発達障害者の家族その他の関係者に対する支援が行われるよう，必要な措置を講じるものとする。

3 国及び地方公共団体は，発達障害者及びその家族その他の関係者からの各種の相談に対し，個々の発達障害者の特性に配慮しつつ総合的に応ずることができるようにするため，医療，保健，福祉，教育，労働等に関する業務を行う関係機関及び民間団体相互の有機的連携の下に必要な相談体制の整備を行うものとする。

4 発達障害者の支援等の施策が講じられるに当たっては，発達障害者及び発達障害児の保護者（親権を行う者，未成年後見人その他の者で，児童を現に監護するものをいう。以下同じ。）の意思ができる限り尊重されなければならないものとする。

5 国及び地方公共団体は，発達障害者の支援等の施策を講じるに当たっては，医療，保健，福祉，教育，労働等に関する業務を担当する部局の相互の緊密な連携を確保するとともに，発達障害者が被害を受けること等を防止するため，これらの部局と消費生活，警察等に関する業務を担当する部局その他の関係機関との必要な協力体制の整備を行うものとする。

（国民の責務）

第4条 国民は，個々の発達障害の特性その他発達障害に関する理解を深めるとともに，基本理念にのっとり，発達障害者の自立及び社会参加に協力するように努めなければならない。

（児童の発達障害の早期発見等）

第5条　市町村は，母子保健法（昭和40年法律第141号）第12条及び第13条に規定する健康診査を行うに当たり，発達障害の早期発見に十分留意しなければならない。

2　市町村の教育委員会は，学校保健安全法（昭和33年法律第56号）第11条に規定する健康診断を行うに当たり，発達障害の早期発見に十分留意しなければならない。

3　市町村は，児童に発達障害の疑いがある場合には，適切に支援を行うため，当該児童の保護者に対し，継続的な相談，情報の提供及び助言を行うよう努めるとともに，必要に応じ，当該児童が早期に医学的又は心理学的判定を受けることができるよう，当該児童の保護者に対し，第14条第1項の発達障害者支援センター，第19条の規定により都道府県が確保した医療機関その他の機関（次条第1項において「センター等」という。）を紹介し，又は助言を行うものとする。

4　市町村は，前3項の措置を講じるに当たっては，当該措置の対象となる児童及び保護者の意思を尊重するとともに，必要な配慮をしなければならない。

5　都道府県は，市町村の求めに応じ，児童の発達障害の早期発見に関する技術的事項についての指導，助言その他の市町村に対する必要な技術的援助を行うものとする。

（早期の発達支援）

第6条　市町村は，発達障害児が早期の発達支援を受けることができるよう，発達障害児の保護者に対し，その相談に応じ，センター等を紹介し，又は助言を行い，その他適切な措置を講じるものとする。

2　前条第四項の規定は，前項の措置を講じる場合について準用する。

3　都道府県は，発達障害児の早期の発達支援のために必要な体制の整備を行うとともに，発達障害児に対して行われる発達支援の専門性を確保するため必要な措置を講じるものとする。

（保育）

第7条　市町村は，児童福祉法（昭和22年法律第164号）第24条第1項の規定により保育所における保育を行う場合又は同条第2項の規定による必要な保育を確保するための措置を講じる場合は，発達障害児の健全な発達が他の児童と共に生活することを通じて図られるよう適切な配慮をするものとする。

（教育）

第8条　国及び地方公共団体は，発達障害児（十八歳以上の発達障害者であって高等学校，中等教育学校及び特別支援学校並びに専修学校の高等課程に在学する者を含む。以下この項において同じ。）が，その年齢及び能力に応じ，かつ，その特性を踏まえた十分な教育を受けられるようにするため，可能な限り発達障害児が発達障害児でない児童と共に教育を受けられるよう配慮しつつ，適切な教育的支援を行うこと，個別の教育支援計画の作成（教育に関する業務を行う関係機関と医療，保健，福祉，労働等に関する業務を行う関係機関及び民間団体との連携の下に行う個別の長期的な支援に関する計画の作成をいう。）及び個別の指導に関する計画の作成の推進，いじめの防止等のための対策の推進その他の支援体制の整備を行うことその他必要な措置を講じるものとする。

2　大学及び高等専門学校は，個々の発達障害者の特性に応じ，適切な教育上の配慮をするものとする。

（放課後児童健全育成事業の利用）

第9条　市町村は，放課後児童健全育成事業について，発達障害児の利用の機会の確保を図るため，適切な配慮をするものとする。

（情報の共有の促進）

第9条の2　国及び地方公共団体は，個人情報の保護に十分配慮しつつ，福祉及び教育に関する業務を行う関係機関及び民間団体が医療，保健，労働等に関する業務を行う関係機関及び民間団体と連携を図りつつ行う発達障害者の支援に資する情報の共有を促進するため必要な措置を講じるものとする。

（就労の支援）

第10条　国及び都道府県は，発達障害者が就労することができるようにするため，発達障害者の就労を支援するため必要な体制の整備に努めるとともに，公共職業安定所，地域障害者職業センター（障害者の雇用の促進等に関する法律（昭和35年法律第123号）第19条第1項第3号の地域障害者職業センターをいう。），障害者就業・生活支援センター（同法第27条第1項の規定による指定を受けた者をいう。），社会福祉協議会，教育委員会その他の関係機関及び民間団体相互の連携を確保しつつ，個々の発達障害者の特性に応じた適切な就労の機会の確保，就労の定着のための支援その他の必要な支援に努めなければならない。

2　都道府県及び市町村は，必要に応じ，発達障害者が就労のための準備を適切に行えるようにするための支援が学校において行われるよう必要な措置を講じるものとする。

3　事業主は，発達障害者の雇用に関し，その有する能力を正当に評価し，適切な雇用の機会を確保するとともに，個々の発達障害者の特性に応じた適正な雇用管理を行うことによりその雇用の安定を図るよう努めなければならない。

（地域での生活支援）

第11条　市町村は，発達障害者が，その希望に応じて，地域において自立した生活を営むことができるようにするため，発達障害者に対し，その性別，年齢，障害の状態及び生活の実態に応じて，社会生活への適応のために必要な訓練を受ける機会の確保，共同生活を営むべき住居その他の地域において生活を営むべき住居の確保その他必要な支援に努めなければならない。

（権利利益の擁護）

第12条　国及び地方公共団体は，発達障害者が，その発達障害のために差別され，並びにいじめ及び虐待を受けること，消費生活における被害を受けること等権利利益を害されることがないようにするため，

その差別の解消，いじめの防止等及び虐待の防止等のための対策を推進すること，成年後見制度が適切に行われ又は広く利用されるようにすることその他の発達障害者の権利利益の擁護のために必要な支援を行うものとする。

（司法手続における配慮）

第12条の2　国及び地方公共団体は，発達障害者が，刑事事件若しくは少年の保護事件に関する手続その他これに準ずる手続の対象となった場合又は裁判所における民事事件，家事事件若しくは行政事件に関する手続の当事者その他の関係人となった場合において，発達障害者がその権利を円滑に行使できるようにするため，個々の発達障害者の特性に応じた意思疎通の手段の確保のための配慮その他の適切な配慮をするものとする。

（発達障害者の家族等への支援）

第13条　都道府県及び市町村は，発達障害者の家族その他の関係者が適切な対応をすることができるようにすること等のため，児童相談所等関係機関と連携を図りつつ，発達障害者の家族その他の関係者に対し，相談，情報の提供及び助言，発達障害者の家族が互いに支え合うための活動の支援その他の支援を適切に行うよう努めなければならない。

（発達障害者支援センター等）

第14条　都道府県知事は，次に掲げる業務を，社会福祉法人その他の政令で定める法人であって当該業務を適正かつ確実に行うことができると認めて指定した者（以下「発達障害者支援センター」という。）に行わせ，又は自ら行うことができる。

一　発達障害の早期発見，早期の発達支援等に資するよう，発達障害者及びその家族その他の関係者に対し，専門的に，その相談に応じ，又は情報の提供若しくは助言を行うこと。

二　発達障害者に対し，専門的な発達支援及び就労の支援を行うこと。

三　医療，保健，福祉，教育，労働等に関する業務を行う関係機関及び民間団体並びにこれに従事する

者に対し発達障害についての情報の提供及び研修を行うこと。

四　発達障害に関して，医療，保健，福祉，教育，労働等に関する業務を行う関係機関及び民間団体との連絡調整を行うこと。

五　前各号に掲げる業務に附帯する業務

2　前項の規定による指定は，当該指定を受けようとする者の申請により行う。

3　都道府県は，第一項に規定する業務を発達障害者支援センターに行わせ，又は自ら行うに当たっては，地域の実情を踏まえつつ，発達障害者及びその家族その他の関係者が可能な限りその身近な場所において必要な支援を受けられるよう適切な配慮をするものとする。

（秘密保持義務）

第15条　発達障害者支援センターの役員若しくは職員又はこれらの職にあった者は，職務上知ることのできた個人の秘密を漏らしてはならない。

（報告の徴収等）

第16条　都道府県知事は，発達障害者支援センターの第十四条第一項に規定する業務の適正な運営を確保するため必要があると認めるときは，当該発達障害者支援センターに対し，その業務の状況に関し必要な報告を求め，又はその職員に，当該発達障害者支援センターの事業所若しくは事務所に立ち入り，その業務の状況に関し必要な調査若しくは質問をさせることができる。

2　前項の規定により立入調査又は質問をする職員は，その身分を示す証明書を携帯し，関係者の請求があるときは，これを提示しなければならない。

3　第一項の規定による立入調査及び質問の権限は，犯罪捜査のために認められたものと解釈してはならない。

（改善命令）

第17条　都道府県知事は，発達障害者支援センターの第十四条第一項に規定する業務の適正な運営を確保するため必要があると認めるときは，当該発達障害

者支援センターに対し，その改善のために必要な措置をとるべきことを命ずることができる。

（指定の取消し）

第18条　都道府県知事は，発達障害者支援センターが第十六条第一項の規定による報告をせず，若しくは虚偽の報告をし，若しくは同項の規定による立入調査を拒み，妨げ，若しくは忌避し，若しくは質問に対して答弁をせず，若しくは虚偽の答弁をした場合において，その業務の状況の把握に著しい支障が生じたとき，又は発達障害者支援センターが前条の規定による命令に違反したときは，その指定を取り消すことができる。

（専門的な医療機関の確保等）

第19条　都道府県は，専門的に発達障害の診断及び発達支援を行うことができると認める病院又は診療所を確保しなければならない。

2　国及び地方公共団体は，前項の医療機関の相互協力を推進するとともに，同項の医療機関に対し，発達障害者の発達支援等に関する情報の提供その他必要な援助を行うものとする。

幼稚園教育要領
（平成29年３月）

第１章　総　則

第5　特別な配慮を必要とする幼児への指導

1　障害のある幼児などへの指導

障害のある幼児などへの指導に当たっては，集団の中で生活することを通して全体的な発達を促していくことに配慮し，特別支援学校などの助言又は援助を活用しつつ，個々の幼児の障害の状態などに応じた指導内容や指導方法の工夫を組織的かつ計画的に行うものとする。また，家庭，地域及び医療や福祉，保健等の業務を行う関係機関との連携を図り，長期的な視点で幼児への教育的支援を行うために，個別の教育支援計画を作成し活用することに努めるとともに，個々の幼児の実態を的確に把握し，個別の指導計画を作成し活用することに努めるものとする。

保育所保育指針
（平成29年3月）

第1章 総則 3 保育の計画及び評価

(2) 指導計画の作成

キ 障害のある子どもの保育については，一人一人の子どもの発達過程や障害の状態を把握し，適切な環境の下で，障害のある子どもが他の子どもとの生活を通して共に成長できるよう，指導計画の中に位置付けること。また，子どもの状況に応じた保育を実施する観点から，家庭や関係機関と連携した支援のための計画を個別に作成するなど適切な対応を図ること。

第4章 子育て支援 2 保育所を利用している保護者に対する子育て支援

(2) 保護者の状況に配慮した個別の支援

ア 保護者の就労と子育ての両立等を支援するため，保護者の多様化した保育の需要に応じ，病児保育事業など多様な事業を実施する場合には，保護者の状況に配慮するとともに，子どもの福祉が尊重されるよう努め，子どもの生活の連続性を考慮すること。

イ 子どもに障害や発達上の課題が見られる場合には，市町村や関係機関と連携及び協力を図りつつ，保護者に対する個別の支援を行うよう努めること。

ウ 外国籍家庭など，特別な配慮を必要とする家庭の場合には，状況等に応じて個別の支援を行うよう努めること。

幼保連携型認定こども園教育・保育要領
（平成29年3月）

第1章 総 則

第2 教育及び保育の内容並びに子育ての支援等に関する全体的な計画等

3 特別な配慮を必要とする園児への指導

(1) 障害のある園児などへの指導

障害のある園児などへの指導に当たっては，集団の中で生活することを通して全体的な発達を促していくことに配慮し，適切な環境の下で，障害のある園児が他の園児との生活を通して共に成長できるよう，特別支援学校などの助言又は援助を活用しつつ，個々の園児の障害の状態などに応じた指導内容や指導方法の工夫を組織的かつ計画的に行うものとする。また，家庭，地域及び医療や福祉，保健等の業務を行う関係機関との連携を図り，長期的な視点で園児への教育及び保育的支援を行うために，個別の教育及び保育支援計画を作成し活用することに努めるとともに，個々の園児の実態を的確に把握し，個別の指導計画を作成し活用することに努めるものとする。

索　引 (＊は人名)

〈編者紹介〉（氏名／よみがな／現職／資格／主著／専門分野，執筆担当は本文末に明記）

尾崎康子（おざき やすこ）東京経営短期大学こども教育学科 教授

　公認心理師，臨床発達心理士スーパーバイザー，臨床心理士
　『知っておきたい発達障害のアセスメント』および『知っておきたい発達障害の療育』（編著・ミネルヴァ書房），
　『社会的コミュニケーション発達が気になる子の育て方がわかるふれあいペアレントプログラム』（単著，ミネルヴァ書房）
　乳幼児期における発達障害の発達支援と子育て支援

阿部美穂子（あべ みほこ）山梨県立大学看護学部 教授

　公認心理師，臨床心理士，臨床発達心理士，ムーブメント教育・療法士
　『障害のある子どものきょうだい支援に関する実践的研究』（単著，多賀出版），『MEPA-R活用事例集——保育・
　療育・特別支援教育に生かすムーブメント教育・療法』（編著，日本文化科学社），『コミュニケーションの支援と
　授業作り』（共著，慶應義塾大学出版会）
　障害のある子どもの発達支援臨床とその家族（親・きょうだい）支援
　発達に気がかりがある子どもの保育コンサルテーション

水内豊和（みずうち とよかず）帝京大学文学部 准教授

　公認心理師，臨床発達心理士
　『ソーシャルスキルトレーニングのためのICT活用ガイド』（編著，グレートインターナショナル），『新しい特別
　支援教育のかたち——インクルーシブ教育の実現に向けて』（分担執筆，培風館），『発達障害の子どもがのびる！
　かわる！ 自己決定力を育てる教育・支援』（分担執筆，明治図書）など。
　特別支援教育・臨床発達心理学・教育情報学

〈執筆者紹介〉（五十音順／氏名／よみがな／現職，執筆担当は本文末に明記）

東　　敦子（あずま あつこ）社会福祉法人のゆり会 児童発達支援センターのぞみ学園かめあり 園長
安沢恵実（あんざわ めぐみ）医療社団法人泰生会堀口クリニック 小児科発達外来
黒田綾子（くろだ あやこ）富山県舟橋村役場生活環境課
慶寺一枝（けいじ かずえ）社会福祉法人和田保育園 副主任保育士
小林麻如（こばやし まき）釧路市短期大学幼児教育学科 講師
齋藤正典（さいとう まさのり）相模女子大学学芸学部 教授
坂本正子（さかもと まさこ）社会福祉法人ジェイエイ氷見みどり会上庄保育園 園長
杉本拓哉（すぎもと たくや）国立障害者リハビリテーションセンター自立支援局 秩父学園
田倉さやか（たくら さやか）児童発達支援事業所奏音〜かのん〜
田中　　謙（たなか けん）日本大学文理学部 准教授
トート・ガーボル（Thoth Gabor）相模女子大学学芸学部 教授
豆本友江（とうもと ともえ）社会福祉法人和田保育園 保育士
戸田竜也（とだ たつや）北海道教育大学釧路校 准教授
中村有紀（なかむら ゆき）富山県射水市保健センター子ども発達相談室
日戸由刈（にっと ゆかり）相模女子大学人間社会学部 教授
野手ゆかり（のて ゆかり）富山県氷見市市民部子育て支援課
原　　秀美（はら ひでみ）県央福祉会若松保育園 園長・県央福祉会北部療育センター 所長
藤川志つ子（ふじかわ しつこ）東京経営短期大学こども教育学科 准教授
本多康子（ほんだ やすこ）黒部市役所市民生活部福祉課
松田麻美（まつだ あさみ）夕陽ヶ丘認定こども園 保育教諭
南　　真理子（みなみ まりこ）社会福祉法人若葉福祉会 幼保連携型認定こども園 若葉保育園 園長
宮　　一志（みや かずし）富山大学教育学部 教授
山本裕子（やまもと ゆうこ）元・富山県氷見市市民部子育て支援課
和田美奈子（わだ みなこ）認定こども園相模女子大学幼稚部 心理相談員

やわらかアカデミズム・〈わかる〉シリーズ

よくわかるインクルーシブ保育

2020年5月30日　初版第1刷発行
2023年3月25日　初版第2刷発行

〈検印省略〉

定価はカバーに
表示しています

	尾	崎	康	子
編著者	阿	部	美穂	子
	水	内	豊	和
発 行 者	杉	田	啓	三
印 刷 者	坂	本	喜	杏

発行所　株式会社　ミネルヴァ書房

〒607-8494 京都市山科区日ノ岡堤谷町1
電話代表　(075) 581-5191
振替口座　01020-0-8076

ISBN 978-4-623-08734-1
Printed in Japan